Em defesa dos
DIREITOS SEXUAIS

1412

E53   Em defesa dos direitos sexuais / org. Roger Raupp Rios; José Reinaldo de
Lima Lopes... [et al.] – Porto Alegre: Livraria do Advogado Editora,
2007.
195 p.; 23 cm.
ISBN 978-85-7348-483-0

1. Direitos humanos. 2. Sexualidade. 3. Direitos e garantias individuais.
I. Lopes, José Reinaldo de Lima. II. Rios, Roger Raupp, org.

CDU - 342.72/.73

Índices para o catálogo sistemático:

Direitos humanos
Direitos e garantias individuais
Sexualidade

(Bibliotecária responsável: Marta Roberto, CRB-10/652)

Roger Raupp Rios
Organizador

Em defesa dos DIREITOS SEXUAIS

José Reinaldo de Lima Lopes
Miriam Ventura
Paulo Gilberto Cogo Leivas
Roberto Arriada Lorea
Roger Raupp Rios
Samantha Buglione

Porto Alegre, 2007

©
José Reinaldo de Lima Lopes, Miriam Ventura,
Paulo Gilberto Cogo Leivas, Roberto Arriada Lorea,
Roger Raupp Rios, Samantha Buglione,
2007

Capa, projeto gráfico e diagramação de
Livraria do Advogado Editora

Revisão de
Rosane Marques Borba

Direitos desta edição reservados por
Livraria do Advogado Editora Ltda.
Rua Riachuelo, 1338
90010-273 Porto Alegre RS
Fone/fax: 0800-51-7522
editora@livrariadoadvogado.com.br
www.doadvogado.com.br

Impresso no Brasil / Printed in Brazil

Sumário

Apresentação 7

Introdução
Notas para o desenvolvimento de um direito democrático da sexualidade
Roger Raupp Rios 13

PRIMEIRA PARTE
**Estruturando o debate sobre direitos sexuais: princípios jurídicos e panorama
da legislação e políticas públicas na América Latina e Caribe** 39

1. Liberdade e direitos sexuais – o problema a partir da moral moderna
José Reinaldo de Lima Lopes 41

2. A rejeição da conduta homossexual por John Finnis
Paulo Gilberto Cogo Leivas 73

3. Um direito da sexualidade na dogmática jurídica: um olhar sobre as disposições
legislativas e políticas públicas da América Latina e Caribe
Samantha Buglione 89

SEGUNDA PARTE
**Questões e desafios para o desenvolvimento dos direitos sexuais:
autonomia, homofobia e laicidade estatal** 109

4. O conceito de homofobia na perspectiva dos direitos humanos e no contexto
dos estudos sobre preconceito e discriminação
Roger Raupp Rios 111

5. Transexualidade: Algumas reflexões jurídicas sobre a autonomia corporal e
autodeterminação da identidade sexual
Miriam Ventura 141

6. A influência religiosa no enfrentamento jurídico de questões ligadas à cidadania
sexual: Análise de um acórdão do Tribunal de Justiça do RS
Roberto Arriada Lorea 169

Apresentação

No Brasil e no mundo contemporâneo, os direitos sexuais se revelam tão necessários quanto desafiados.

De fato, na realidade social, política e jurídica nacional, cada vez mais surgem reivindicações e demandas em torno dos direitos sexuais. A constatação deste fenômeno não requer esforço: um rápido olhar sobre os principais jornais do país, um exame dos repertórios de jurisprudência, uma visita à produção e às lutas de movimentos sociais e de organizações não-governamentais, ou mesmo uma listagem de iniciativas governamentais, qualquer uma destas iniciativas é suficiente para nos darmos conta da emergência e do impacto dos direitos sexuais. No contexto internacional, o mesmo quadro se apresenta. Tribunais nacionais e internacionais, iniciativas legislativas, manifestações culturais, centros de pesquisa e movimentos sociais impulsionam a agenda dos direitos sexuais.

Este quadro decorre de uma incontrolável combinação: as lutas sociais contra desigualdades de gênero, a consolidação de movimentos identitários, a irrupção de novas formas individuais e coletivas de ser e de viver a sexualidade, o impacto da epidemia do HIV/AIDS e sua relação com a sexualidade. Estes, dentre outros fatores, deixam fora de dúvida a necessidade da afirmação dos direitos sexuais.

Todavia, se é fácil demonstrar a necessidade dos direitos sexuais, muitos desafios se apresentam para a sua compreensão e desenvolvimento. Ao mesmo tempo em que a humanidade experimenta, de forma inédita, a consagração de uma declaração universal de direitos com larga adesão, vários obstáculos se contrapõem à diversidade de identidades e de expressões humanas na sexualidade, tais como intolerância religiosa, fundamentalismos de toda ordem, higienismo sanitário, preconceitos, exclusão econômica e política, práticas culturais e institucionais arraigadas e historicamente construídas.

Neste quadro, compreender e fundamentar os direitos sexuais é tarefa urgente. Na perspectiva jurídica, onde se inserem os autores desta obra, a trajetória contemporânea dos direitos sexuais tem suas raízes na afirmação dos direitos humanos estampados na Declaração Universal de 10 de dezembro de 1948. Desde então, as iniciativas nacionais e internacionais, governamentais e não-governamentais, buscam fundamentação e legitimidade sob o manto dos princípios democráticos e pluralistas ali consagrados, posteriormente incorporados por várias Constituições nacionais, dentre as quais a nossa Constituição Republicana de 1988.

É a partir deste referencial, onde estão estabelecidas as diretrizes fundamentais no ordenamento jurídico dos direitos humanos e dos direitos constitucionais, que este trabalho se desenvolve. Após uma introdução, onde a emergência dos direitos sexuais é contextualizada no panorama dos direitos humanos e onde são destacados os princípios que estruturaram um tratamento jurídico democrático e pluralista da sexualidade, seguem-se duas partes.

Na primeira parte, são analisados princípios políticos e jurídicos fundamentais para a fundamentação dos direitos sexuais, assim como contextualizados nas disposições legislativas e políticas públicas na América Latina.

José Reinaldo de Lima Lopes inaugura esta seção. Ao privilegiar a fundamentação dos direitos sexuais a partir da esfera da liberdade individual (Liberdade e direitos sexuais, Capítulo 1), ele enfatiza a autonomia humana como ponto de partida moral neste debate. Examinando a contribuição de John Stuart Mill e de Herbert Hart para a filosofia moral da liberdade, ele assume que uma sociedade que aceite a diversidade se funda na concepção de justiça e de igual respeito entre os seres humanos, antes que em algum conceito de bem que seja valioso para a condução da vida pessoal. Passando rapidamente pelas circunstâncias históricas responsáveis pela mudança nos hábitos sexuais das sociedes livres, termina por defender que a liberdade sexual é, como todas as liberdades individuais, elemento essencial de manutenção da sociedade democrática e deve ser tratada como um dos locais de resistência à uniformidade e ao conformismo, na esteira do pensamento de John Stuart Mill.

Nesta linha, Paulo Gilberto Cogo Leivas analisa a "rejeição da conduta homossexual por John Finnis" (capítulo 2). Calcado em princípios filosóficos e constitucionais de cunho liberal, examina e critica os argumentos desenvolvidos pelo filósofo jusnaturalista contemporâneo no debate sobre emenda constitucional estadunidense, oriunda do Estado do Colorado, que proibia legislação antidiscriminatória em favor de *gays*, lésbicas e bissexuais. A par disso, o autor salienta a inadmissibilidade, no espaço das instituições formais da Justiça de um Estado laico e pluralista, de argumentos normativos fundamentados em uma metafísica do bem comum ou em uma teologia moral de determinada religião. No exame da argumentação de Finnis, o trabalho não deixa, inclusive, de questionar a validade de argumentos empíricos, na esfera de práticas e relacionamentos homossexuais, desacompanhados de evidências científicas, uma vez que não são sustentáveis meras ilações acerca dos danos causados à sociedade por determinados comportamentos. Daí a inexistência de apoio constitucional à tese discutida, que se caracteriza, em suma, como uma teoria paternalista em que o indivíduo não é levado a sério. Na esteira de Robert Alexy, a conclusão é que a sustentação de Finnis contra a conduta homossexual carece de verdades empíricas, e suas premissas normativas não podem ser impostas a cidadãos que não compartilham de suas premissas metafísicas

A primeira parte é encerrada pelo estudo de Samantha Buglione, que lança um olhar sobre as disposições legislativas e políticas públicas da América Latina e do Caribe (capítulo 3). Nele, os direitos da sexualidade são pensados como uma reflexão sobre o modelo de sociedade adotado em determinado contexto sociocultural. Partindo desse pressuposto, a autora analisa em que medida esses direitos estão sendo compreendidos a partir de pressupostos de justiça social, ou seja, de respeito a dignidade, liberdade e igualdade. Para desenvolver sua proposta, Samantha Buglione sistematiza diferentes legislações e políticas públicas da América Latina e do Caribe a partir de uma rigorosa metodologia de pesquisa. A análise de Buglione busca identificar não apenas como os diferentes Estados dispõem sobre o tema, mas: 1. em que medida a sexualidade é observada como integrante dos direitos humanos; 2. qual o significado dos direitos da sexualidade como direitos humanos e 3. se o paradigma de sociedades democráticas e laicas da maioria dos países da América Latina e do Caribe se realiza. A autora utiliza como marco teórico a razão pública de Jonh Rawls e o conceito de razão de Richard Hare. Por fim, conclui que a existência de um direito democrático da sexualidade como direito humano não decorre de um código normativo que dispõe, exige, obriga ou garante direito, ou mesmo da simples incorporação dos documentos internacionais de direitos humanos, mas implica a observação sobre o que um ser humano deve ou carece, na sua singularidade, para que a sua dignidade seja garantida.

Na segunda parte, são enfocadas algumas questões pontuais, mas de grande relevância e significado para o desenvolvimento dos direitos sexuais. Com efeito, analisados os principais fundamentos para a defesa dos direitos sexuais e sua expressão na América Latina e no Caribe, a atenção se volta para alguns obstáculos e expressões particularmente delicados na afirmação dos princípios de direitos humanos na esfera da sexualidade.

A primeira questão enfrentada é a homofobia. De fato, um dos maiores desafios para o avanço dos direitos sexuais é a intensa e difusa discriminação dirigida a homossexuais, bissexuais, transexuais e travestis. A investigação de Roger Raupp Rios sobre o conceito de homofobia, tendo por base o paradigma dos direitos humanos e mediante uma exposição do estado da arte dos estudos psicológicos e sociológicos sobre preconceito e discriminação (capítulo 4), objetiva desenvolver uma compreensão desta específica expressão discriminatória no quadro maior da reflexão acumulada sobre outras formas de discriminação, notadamente o anti-semitismo, o racismo e o sexismo. Valendo-se de categorias do direito da antidiscriminação (especialmente dos conceitos de discriminação direta e indireta) e da identificação das formas de violência homofóbica (física e simbólica) engendradas pelo heterossexismo, arrola possíveis respostas jurídicas à homofobia, no horizonte do paradigma dos direitos humanos.

Um caso emblemático dos desafios e dos debates levados a cabo pelos direitos sexuais é o tema de Miriam Ventura, ao refletir sobre a autonomia corporal e a autodeterminação da identidade sexual (capítulo 5). Mediante o exame do tratamento jurídico dado à transexualidade, ela discute o acesso às transformações corporais para a "mudança de sexo" e a correspondente alteração no registro civil. Por meio da análise dos precedentes jurisprudenciais dos tribunais superiores brasileiros e da produção doutrinária, são consideradas as conseqüências da normatização e da normalização realizadas pela medicina e pelo direito para a saúde e a cidadania das pessoas transexuais.

A última reflexão deste livro cuida de um obstáculo fundamental na consolidação dos direitos sexuais na perspectiva dos direitos humanos no Brasil. Roberto Lorea analisa e critica a influência religiosa nas decisões judiciais relativas aos direitos sexuais (capítulo 6). Mediante o estudo de um precedente do Tribunal de Justiça do Estado do Rio Grande do Sul, sobre união estável entre pessoas do mesmo sexo, ele demonstra como a utilização de uma concepção religiosa de família e de casamento, de inspiração católica, suplanta uma compreensão laica do conceito de família. Daí a advertência da necessidade de uma crítica a esta influência, importante fator de retardamento na implementação dos direitos sexuais e da cidadania em nosso país.

Por fim, é mais que justo e necessário registrar que este livro é fruto do esforço coletivo de um grupo de professores, pesquisadores e operadores do direito, sempre com o auxílio administrativo do acadêmico Clóvis Coimbra Charão Filho, realizado no âmbito maior do Projeto sobre Direitos Sexuais no Âmbito do Cone Sul, no seio do Núcleo de Pesquisa em Antropologia do Corpo e da Saúde, do Curso de Pós-Graduação em Antropologia da Universidade Federal do Rio Grande do Sul, com o apoio da *Ford Foundation*. Não fosse a abertura e o reconhecimento da importância do saber e da prática jurídicas por este renomado núcleo de pesquisa universitária, não seria possível a publicação destes estudos nem o construtivo e aprazível convívio, orientado pela consciência da necessidade da consolidação dos direitos humanos e, em particular, dos direitos sexuais no Brasil. Oxalá este humilde e coletivo esforço de reflexão seja útil e colabore para diminuir as injustiças decorrentes da violação dos direitos sexuais entre nós.

Roger Raupp Rios
organizador

— Introdução —

Notas para o desenvolvimento de um direito democrático da sexualidade

ROGER RAUPP RIOS[1]

Sumário: Introdução; Parte 1 – Cidadania sexual, direitos reprodutivos e direitos sexuais; 1.1. Direitos reprodutivos e sexuais no direito internacional dos direitos humanos; 1.2. Dos direitos reprodutivos e sexuais ao direito da sexualidade; Parte 2 – Elementos básicos para o desenvolvimento do direito da sexualidade; 2.1. Introdução; 2.2. Âmbito de proteção; 2.3. Princípios básicos: liberdade, igualdade e dignidade; 2.3.1. Liberdade e igualdade como defesas no direito da sexualidade; 2.3.2. Liberdade e igualdade como meios positivos de promoção no direito da sexualidade; 2.3.3. A responsabilidade no livre exercício da sexualidade; 2.4. Reconhecimento e distribuição no direito da sexualidade; 2.5. Um estudo de caso: uniões homossexuais no direito da sexualidade; 2.6. Minorias e direitos especiais no direito da sexualidade; 2.7. O alcance do direito da sexualidade: a dicotomia público-privado; Parte 3 – Objeções ao direito democrático da sexualidade; 3.1. Introdução; 3.2. O argumento majoritário; 3.3. O argumento moralista; 3.4. O argumento biomédico; Parte 4 – Alguns temas sensíveis no direito da sexualidade; 4.1. Relação com direitos reprodutivos; 4.2. Prostituição; 4.3. Pornografia; Conclusão; Referências bibliográficas.

Introdução

Esta análise tem como objetivo o desenvolvimento de uma abordagem jurídica que leve a sério a perspectiva dos direitos humanos na seara da sexualidade. Trata-se de um esforço de sistematização que se propõe a lançar bases para uma discussão jurídica mais abrangente e coerente dos direitos sexuais entre nós, a partir da enunciação de princípios jurídicos fornecidos pelos direitos humanos aplicáveis às questões trazidas pelos direitos sexuais.

Neste contexto, a sexualidade e os direitos sexuais que a ela se associam não serão abordados como objetos carentes de disciplina ética ou de

---

[1] Mestre e Doutor em Direito (Universidade Federal do Rio Grande do Sul – Brasil). Professor colaborador na UFRGS. Juiz Federal em Porto Alegre/RS – Brasil. Membro do Comitê Consultivo do Centro Latino-Americano de Sexualidade e Direitos Humanos (rogerrios@jfrs.gov.br).

intervenção terapêutica, para as quais o ordenamento jurídico seria um dos instrumentos privilegiados de formulação e de legitimação, ao lado de áreas de conhecimento tais como a medicina, a psicanálise ou o pensamento religioso. Nem serão abordados como elementos cujo significado só teria sentido acaso atrelados à família, às relações de parentesco, à constituição da subjetividade individual ou da realidade social (Loyola, 1999). Diversamente, sexualidade e direitos sexuais serão abordados como elementos cujo influxo dos princípios fundamentais fornecidos pelos direitos humanos pode e deve pautar, em uma sociedade democrática, os olhares das diversas ciências e saberes que deles se ocupam.

Com efeito, desenvolver a idéia de direitos sexuais na perspectiva dos direitos humanos aponta para a possibilidade do livre exercício responsável da sexualidade, criando as bases para uma regulação jurídica que supere as tradicionais abordagens repressivas que caracterizam as intervenções jurídicas nestes domínios. Implica, por assim dizer, uma compreensão positiva dos direitos sexuais, na qual o conjunto de normas jurídicas e sua aplicação possam ir além de regulações restritivas, forjando condições para um direito da sexualidade que seja emancipatório em seu espírito.

Para tanto, é preciso buscar princípios capazes de abarcar, simultaneamente, os grandes eixos[2] que têm estruturado o debate corrente sobre os direitos sexuais, a saber, as questões identitárias vinculadas à expressão da sexualidade (onde se inserem, principalmente, os temas das homossexualidades), as relações sexuais propriamente ditas e suas conseqüências (campo que alcança matérias diversas como consentimento, violência e aborto) e a busca da fundamentação dos direitos sexuais (historicamente atada à idéia de saúde sexual).

A construção desta abordagem exige que se considere a relação entre democracia, cidadania, direitos humanos e direitos sexuais, bases a partir das quais será proposto um modelo de compreensão democrático dos direitos sexuais, que denomino *direito democrático da sexualidade.*

De fato, democracia e cidadania são idéias centrais na pauta dos diversos movimentos sociais contemporâneos. Por meio de sua articulação, uma gama variada de reivindicações tem sido levada adiante, abrangendo os mais diversos setores da vida individual e coletiva. Um dos efeitos desta dinâmica é a compreensão, cada vez mais difundida, das múltiplas dimensões requeridas para a construção de uma sociedade democrática, donde as demandas por inclusão social, econômica, política e cultural. Estas dimensões também marcam uma ampliação do conceito de cidadania, uma vez

---

[2] Estes eixos foram listados por Sérgio Carrara, em palestra no seminário *Homossexualidades: identidade, política e produção cultural,* realizado pela ABIA – Associação Brasileira Interdisciplinar de AIDS, no Rio de Janeiro, em 29 de outubro de 2002.

que este, tradicionalmente, se associava somente ao *status* jurídico adquirido em virtude da pertinência nacional.

A idéia de direitos humanos, como entendida nos ordenamentos jurídicos internacional e nacionais, também reflete esta dinâmica. A evolução dos instrumentos internacionais de reconhecimento e de proteção dos direitos humanos, desde a declaração universal de 1948 até a afirmação de direitos econômicos, sociais e culturais, passando pela atenção a questões concretas relacionadas, por exemplo, com gênero e infância, permite esta constatação. Mais e mais o ser humano é visto como sujeito de direitos que vão muito além do mero pertencer a uma nacionalidade.

Dentre os aspectos implicados nestas dimensões, a sexualidade aparece como um dos mais polêmicos e de difícil progresso. Apesar das lutas cada vez mais visíveis e articuladas dos movimentos feministas, gays, lésbicos, transgêneros e de profissionais do sexo, ainda falta muito para a participação em igualdade de condições destes grupos na vida social; apesar da aprovação, aqui e ali, de legislação protetiva de certos direitos, ainda falta muito para a sua efetivação e sua expansão em domínios importantes. Muitos fatores concorrem para esta situação de privação de direitos e limitação de oportunidades, objeto de atenção de variadas perspectivas.

Do ponto de vista jurídico, os conceitos de direitos reprodutivos e direitos sexuais têm traduzido este esforço. Apesar dos avanços obtidos, razões de ordem teórica e de ordem prática recomendam avançar mais. Para tanto, é preciso desenvolver um "direito democrático da sexualidade", vale dizer, um exame, na perspectiva dos direitos humanos e dos direitos constitucionais fundamentais, das diversas normas jurídicas cujo âmbito de proteção atenta para as diversas manifestações da sexualidade humana.

A importância desta tarefa vai além da coerência téorico-científica e do cultivo do saber intelectual. Construir, na medida do possível, uma abordagem jurídica mais sistemática possibilita a profissionais do direito e a movimentos sociais um instrumento de intervenção mais eficaz, além de exigir o aprofundamento destes debates de modo coerente e possibilitar a democratização da discussão e, via de consequência, do sistema jurídico e político como um todo.

Este artigo pretende contribuir neste sentido. Para tanto, após contextualizar a idéia de direitos reprodutivos e sua ligação com os direitos sexuais (Parte 1), apresentarei alguns elementos que considero fundamentais para o desenvolvimento deste direito democrático da sexualidade (Parte 2), enfatizando seu âmbito de proteção, princípios básicos, alcance, relação com o conceito de minorias, finalizando esta parte com algumas considerações sobre as uniões homossexuais neste contexto. Por fim, as duas últimas seções cuidam das objeções mais freqüentes ao desenvolvimento de tal perspectiva (Parte 3) e de alguns temas sensíveis nesta elaboração (Parte 4).

Em Defesa dos Direitos Sexuais

Ao finalizar esta introdução, é importante situar este trabalho no contexto das grandes tradições jurídicas ocidentais contemporâneas. A proposição de um direito democrático da sexualidade nutre-se da experiência e do debate no sistema romano-germânico (donde se originam os sistemas jurídicos nacionais da Europa continental e da América Latina) e na *Common Law* (presente na Inglaterra, nos Estados Unidos e nos países de colonização anglo-saxã). Esta abordagem não só é compatível, como deflui diretamente das respostas que, num e noutro sistema jurídico, vêm sendo construídas. De fato, parlamentos e tribunais, cada um a seu modo, têm reagido às demandas que o exercício da sexualidade produz nos dias de hoje. A análise destas respostas, sem depender da tradição jurídica donde brotam e do predomínio parlamentar (romano-germânica) ou jurisprudencial (*common law*) na produção do direito em cada uma delas, são a base deste estudo; os princípios jurídicos ora propostos e sistematizados são pilares e chaves para a atualização destas tradições jurídicas em face da sexualidade.

PARTE 1 – Cidadania sexual, direitos reprodutivos e direitos sexuais

Nesta parte, faço um breve histórico do surgimento das questões relativas à sexualidade no âmbito dos instrumentos internacionais de direitos humanos. Esta abordagem justifica-se na medida em que, de modo geral, as questões de sexualidade no contexto dos direitos humanos partem da idéia de direitos reprodutivos para chegar aos direitos sexuais. Inicio esta parte anotando os principais momentos deste desenvolvimento para, em seguida, discutir alguns de seus limites.

1.1. Direitos reprodutivos e sexuais no direito internacional dos direitos humanos

No âmbito da sexualidade, os instrumentos internacionais de direitos humanos têm evoluído para o reconhecimento da situação de vulnerabilidade das mulheres, tendo como ponto de partida a idéia de direitos reprodutivos (Cabal, Roa e Lemaitre, 2001; Vargas, 1996). Com efeito, após as proclamações genéricas e abstratas relativas ao direito à vida, à saúde, à igualdade e não-discriminação, à integridade corporal e à proteção contra violência, ao trabalho e à educação (inscritos na Declaração Universal dos Direitos Humanos, no Pacto Internacional de Direitos Civis e Políticos, no Pacto Internacional dos Direitos Econômicos, Sociais e Culturais e na Convenção Americana de Direitos Humanos), sucederam-se documentos internacionais e conferências preocupadas especificamente com a reprodução e, neste contexto, a condição feminina.

16   *Roger Raupp Rios (org.)*

Neste sentido, a Primeira Conferência Internacional de Direitos Humanos (Teerã – 1968) reconheceu a importância dos direitos humanos da mulher e decidiu pela necessidade de medidas para promover tais direitos (art. 15). A Assembléia Geral das Nações Unidas declarou 1975 como Ano Internacional da Mulher, bem como estabeleceu o decênio 1976-1985 como especialmente voltado para a melhoria da condição das mulheres, dentro deste período realizando duas conferências mundiais: 1980, em Copenhagen, e 1985, em Nairobi. Antes destas datas, em 1979, é promulgada a importante Convenção sobre a Eliminação de Todas as Formas de Discriminação contra a Mulher.

Em 1993, a Conferência Mundial de Direitos Humanos, realizada em Viena, declarou que os direitos humanos das mulheres são parte inalienável, integral e indivisível dos direitos humanos, sendo dever sua participação em igualdade de condições sociais e a erradicação de todas as formas de discriminação baseadas no sexo e de todas as formas de violência contra a mulher.

Em 1994, a Conferência Mundial sobre População e Desenvolvimento (Cairo) estabeleceu um programa de ação que afirmou os direitos reprodutivos como categoria de direitos humanos já reconhecidos em tratados internacionais, incluindo o direito à escolha livre e responsável do número de filhos e de seu espaçamento, dispondo da informação, educação e meios necessários para tanto. Importante para os fins deste estudo foi a declaração de que a saúde reprodutiva implica a capacidade de desfrutar de uma vida sexual satisfatória e sem riscos. O documento, como um todo, reafirma a importância de relações de gênero mais igualitárias, com maior liberdade para a mulher, livre de discriminação e violência. Relevante também é a menção ao direito de homens, mulheres e adolescentes de obter informação e ter acesso a métodos seguros, eficazes, aceitáveis e de sua eleição para a regulação da fecundidade. Desta conferência decorreu o Plano de Ação do Cairo, que, além de introduzir o conceito de direitos reprodutivos, sinalizou para o reconhecimento de direitos sexuais, destacando o direito de exercer a sexualidade e a reprodução livre de discriminações, coerções e violências; na mesma oportunidade, também foi assentado que os Estados-Partes, além de estimular e promover o relacionamento respeitoso e igualitário entre homens e mulheres, devem (1) atentar para as necessidades dos adolescentes, capacitando-os a melhor decidir sobre o exercício de sua sexualidade e (2) dedicar atenção especial a segmentos populacionais mais vulneráveis às violações de direitos humanos nos campos da reprodução e da sexualidade (Ventura, 2003: 14).

Em 1995, a Quarta Conferência Mundial da Mulher foi realizada em Pequim, confirmando as diretrizes definidas no Cairo. Nela, reforçou-se a necessidade da proteção dos direitos estreitamente ligados aos direitos re-

Em Defesa dos Direitos Sexuais

produtivos, tais como direitos sexuais, direito à saúde, à integridade, à proteção contra violência, à igualdade e não-discriminação, matrimônio, educação e proteção contra exploração sexual. Importante salientar que a Plataforma de Pequim, no capítulo "Mulher e Saúde", cuidou de questões fundamentais como o reconhecimento de direitos sexuais e reprodutivos, afirmando o direito ao livre exercício da sexualidade, através, principalmente, da ênfase na saúde sexual.[3]

De âmbito regional, especialmente importante para a América Latina, foi a Convenção de Belém do Pará (1994), destinada a prevenir, punir e erradicar a violência contra a mulher, salientando-se a explícita preocupação com a violência perpetrada no âmbito doméstico e a responsabilidade estatal não só pelos atos de violência estatal, como também pela tolerância de atos privados contra a mulher.

Na interpretação destes diversos instrumentos normativos, vale ressaltar a subsunção da violência doméstica e as altas taxas de mortalidade materna ao direito à vida, à proteção da integridade física e às proibições de tratamentos desumanos, degradantes e da tortura; o acesso a serviços de saúde reprodutiva sem discriminação de gênero ao direito genérico à saúde; a violação sexual como tortura; violações sexuais durante conflitos armados como crimes contra a humanidade e crimes de guerra (conforme os tribunais *ad hoc* para Iugoslávia e Ruanda e o Estatuto da Corte Penal Internacional); o obstáculo ao controle de sua fecundidade pela mulher como violação à autonomia reprodutiva, assim como esterelizações involuntárias e a imposição de métodos contraceptivos; a denúncia médica de prática de aborto como violação à intimidade, direito que também abrange a tomada de decisões reprodutivas sobre o corpo.

No contexto destes instrumentos internacionais, o direito à igualdade e à não-discriminação tem sido desenvolvido de forma abrangente. Além de suas relações com muitos dos direitos acima indicados, seu mandamento de igualdade de condições para o exercício dos diversos direitos e de superação das barreiras discriminatórias aponta, na interpretação corrente, para a prevenção e repressão de condutas discriminatórias, a adoção de medidas positivas dada a situação de desvantagem da mulher, a proteção relativa ao assédio sexual, a gravidez ou sua possibilidade e o igual acesso a um sistema de ensino atento à educação sobre saúde reprodutiva.

---

[3] Reza o item 30 da Declaração da Conferência Mundial sobre a Mulher: "Assegurar a igualdade de acesso e a igualdade de tratamento de mulheres e homens na educação e saúde e promover a saúde sexual e reprodutiva das mulheres e sua educação." Por sua vez, o item 97 da Plataforma de Ação: "os direitos humanos da mulher incluem seu direito a ter controle sobre aspectos relativos à sexualidade, incluída sua saúde sexual e reprodutiva, e decidir livremente a respeito destas questões, sem estarem sujeitas à coerção, discriminação ou violência. As relações sexuais e a reprodução, incluindo o respeito à integridade da pessoa, exigem o respeito e o consentimento recíprocos e a vontade de assumir conjuntamente a responsabilidade quanto a conseqüências do comportamento sexual."

Outro aspecto importante, desenvolvido neste contexto do direito internacional dos direitos humanos, diz respeito ao direito ao matrimônio e à fundação de uma família. Ele implica o direito a contrair o matrimônio livremente, a dissolvê-lo, à igual capacidade e idade para com ele consentir.

Considerado o objetivo deste artigo, é de ressaltar que a (1) a sexualidade foi abordada nos instrumentos internacionais a partir da legítima e necessária preocupação com a situação da mulher, (2) que esta preocupação engendrou, a partir do espectro dos direitos reprodutivos, a noção de direitos sexuais e que, todavia, (3) esta perspectiva necessita ser alargada para o desenvolvimento de um direito da sexualidade (Miller, 2000). Tudo isto sem esquecer que, mesmo na Conferência de Pequim, onde a idéia de direitos sexuais começa a aparecer de modo mais claro, ela ainda está associada muito proximamente à de saúde sexual.

É preciso, portanto, diante do fenômeno da desassociação entre sexualidade e reprodução, realizar, no campo jurídico, o movimento verificado nas ciências sociais, dotando de legitimidade e dando consistência a um saber jurídico sobre a sexualidade, esfera da vida fundamental no contexto da sociedade ocidental contemporânea (Heilborn e Brandão, 1999: 7).

1.2. Dos direitos reprodutivos e sexuais
ao direito da sexualidade

Na abordagem jurídica da sexualidade, seus conteúdos são geralmente articulados a partir das demandas envolvendo situações específicas representativas das lutas e das reivindicações dos movimentos feministas, desde as realidades sociais da discriminação sexista e da violência até questões relativas à saúde reprodutiva, especialmente no que diz respeito ao acesso às técnicas contraceptivas e ao aborto.

Esta dinâmica engendra uma compreensão da temática dos direitos sexuais e dos direitos reprodutivos por meio de uma perspectiva centrada na situação da violação de direitos experimentada pelas mulheres, visualizadas tanto como vítimas de discriminação ou de violência, quanto como seres humanos direta e especialmente envolvidos com a reprodução.

Sem subestimar em nenhum momento tais realidades, avançar na compreensão dos direitos sexuais e dos direitos reprodutivos no quadro maior dos direitos humanos implica um alargamento de perspectiva. Isto porque direitos sexuais e direitos reprodutivos são categorias jurídicas vocacionadas a problematizar fenômenos e relações sociais entabuladas não só por mulheres, mas também por homens. Tais direitos se fazem necessários, de modo proeminente, nas discussões a respeito da expressão sexual, aqui entendida na sua forma mais ampla, abarcando orientação sexual homossexual, heterossexual, bissexual, transexualidade e travestismo. A eles tam-

Em Defesa dos Direitos Sexuais

bém não pode se furtar o debate sobre o acesso às diversas modalidades técnicas de reprodução assistida.

Efetivamente, todas estas situações, aqui apenas enumeradas, dizem respeito à pretensão do ordenamento jurídico de conformar uma série de relações sociais onde aspectos relacionados à sexualidade se apresentam de modo direto e decisivo. Para tanto, é necessário atribuir ao conceito de direitos sexuais e de direitos reprodutivos um espectro mais amplo, capaz de responder a tantas e tão distintas e variadas demandas.

Fixar a compreensão destes direitos exclusivamente às mencionadas realidades, vinculadas particularmente a certos aspectos da condição feminina, portanto, produziria lacunas diante da diversidade das questões envolvidas. Ademais, poder-se-ia correr o risco de reduzir a operacionalidade destas categorias jurídicas, inclusive no que respeita ao universo feminino, num enfraquecimento indesejável e desnecessário.

Não se pode esquecer que os direitos humanos, especialmente quando reconhecidos constitucionalmente de modo amplo e extenso, em um texto jurídico fundamental aberto a novas realidades históricas, têm a vocação de proteger a maior gama possível de situações. Neste ponto, por exemplo, a Constituição brasileira de 1988 consagra sem sombra de dúvida tal abertura, seja pela quantidade de normas constitucionais expressas, definidoras de direitos e garantias individuais e coletivas, seja pela explícita cláusula de abertura a novos direitos humanos, segundo a qual "Os direitos e garantias expressos nesta Constituição não excluem outros decorrentes do regime e *dos princípios por ela adotados*, ou dos tratados internacionais em que a República Federativa do Brasil seja parte." (art. 5º, § 2º). A esta cláusula explícita de abertura constitucional ao reconhecimento de outros direitos humanos, deve-se acrescer a enumeração constitucional de direitos nos artigos 5º, 6º e 7º, bem como a previsão de outros tantos direitos humanos individuais e coletivos ao longo do texto, tais como os direitos relativos à seguridade social e à comunidade familiar (artigos 194 e 226, respectivamente).

Dispositivos constitucionais desta espécie fornecem bases sólidas e terreno fértil para o reconhecimento dos direitos sexuais e dos direitos reprodutivos, na perspectiva aqui defendida. Todavia, para sua concretização e efetividade, estes dispositivos fundamentais, nacionais e internacionais, precisam ser objeto de estudo e sistematização, demandando reflexão teórica na academia e compromisso por parte dos operadores do direito.

Neste contexto, afirmar-se-á, mais e mais, a idéia de um "direito democrático da sexualidade" frente à difundida expressão "direitos sexuais". Uma abordagem jurídica da sexualidade, radicada nos princípios da igualdade, da liberdade e do respeito à dignidade, de fato, revela-se mais apta a responder os desafios teóricos e práticos que as orientações, expressões, práticas e identidades associadas à sexualidade produzem no contexto das sociedades democráticas contemporâneas. Não se trata de dissolver qualquer rol de direitos sexuais nem de invalidar o esforço de enumerá-los mais concretamente; objetiva-se, isto sim, alargar sua compreensão e aprofundar sua compreensão por meio de referenciais principiológicos mais coerentes e sistematizados.

PARTE 2 – Elementos básicos para o desenvolvimento do direito da sexualidade

2.1. Introdução

O ordenamento jurídico, entendido como conjunto de normas (princípios e regras jurídicas), é um processo de regulação social. Sua matéria-prima são as relações sociais, cujos diversos conteúdos (econômico, social, religioso, moral, sexual e assim por diante) são considerados (ou não) na elaboração da norma, visando à obtenção de um certo resultado, orientado por certos valores, que pode ser uma ação, uma omissão, a imposição de uma penalidade, a premiação de determinadas condutas. Os conteúdos a que me refiro podem ser os mais diversos em cada relação social juridicizada: às vezes, a norma considera certa condição pessoal como pressuposto para o reconhecimento de um benefício (ser cidadão de certo país para acesso a certo benefício público) ou prejuízo (ter sido condenado criminalmente para a privação de certo direito), outras vezes vislumbra somente certas condutas, tentando abstrair da condição pessoal do agente.

Assim estruturado, o ordenamento jurídico atenta para determinadas esferas da vida, gerando diversos ramos, cuja construção, afirmação e consagração acadêmica dependem de inúmeros fatores relacionados com os momentos históricos em que cada um destes ramos se desenvolve. Deste modo, as revoluções burguesas vão construir na Europa continental um sistema jurídico centrado no Código Civil, concebido como verdadeira "constituição da vida privada", atento para a regulação da propriedade e da herança, dos negócios e do comércio, e da família. O paradigma de sujeito de direito era claro: masculino, branco, europeu, cristão, heterossexual. A difusão deste paradigma também alcançava o direito público, sendo fácil entender porque as proclamações constitucionais de um sujeito de direito universal e abstrato operavam de modo tão excludente diante de mulheres e outros grupos sociais.

Cito todos estes elementos para pensar um direito da sexualidade a partir do desenvolvimento dos direitos sexuais e reprodutivos que acima historiei. A elaboração destes direitos nos inúmeros documentos internacionais é fruto da evolução do direito internacional público gestado após a

Em Defesa dos Direitos Sexuais

II Guerra Mundial. Este direito, partindo da necessária afirmação da dignidade de todos os seres humanos como reação às conseqüências dos totalitarismos, racismos "científicos" e à presença dos neocolonialismos, foi tendo que reconhecer as especificidades, abrindo espaço para o reconhecimento de minorias étnicas, lingüísticas e religiosas, chegando então à situação particular de vulnerabilidade feminina, como atestam os diversos encontros, conferências e instrumentos acima citados.

Os marcos desta construção histórica dos conceitos de direitos reprodutivos e sexuais, portanto, tornam necessário o alargamento destas noções, possibilitando postular um direito da sexualidade cujo âmbito de proteção reflita a amplitude da compreensão contemporânea dos direitos humanos e dos direitos constitucionais fundamentais.

2.2. Âmbito de proteção

No contexto historiado, a relação íntima entre a categoria dos direitos sexuais e dos direitos reprodutivos torna-se muito compreensível e positiva. Todavia, é preciso avançar. As concepções de direitos sexuais – direitos reprodutivos assim desenvolvidas acabam por concentrar o tratamento jurídico da sexualidade sob a condição pessoal de um determinado grupo de seres humanos (as mulheres), agrupando normas de distintos ramos do ordenamento jurídico a fim de proteger este grupo da discriminação, promover sua condição, possibilitar o mais amplo gozo e exercício dos direitos e liberdades fundamentais.

Nesta dinâmica, ficam sem a devida atenção – quando não em situação de confronto – outros dados fundamentais para o desenvolvimento de um direito da sexualidade.

Com efeito, um direito da sexualidade deve cuidar não só da proteção de um grupo sexualmente subalterno em função do gênero e do sexo. Outras identidades reclamam esta proteção, como ocorre com gays, lésbicas e transgêneros. Mais além: o direito da sexualidade não pode se esgotar na proteção identitária, seja de que grupo for. A proteção jurídica de condutas e preferências sexuais não necessariamente vinculadas a identidades aponta para isto, como demonstra o sadomasoquismo ou outras formas de erotismo "não-convencional" (Taylor, 1997:106).

Neste sentido, a proposição segundo a qual o direito da sexualidade não deve fixar-se somente em identidades e práticas sexuais pré-definidas, evitando rótulos e imposições heterônomas, atenta para o perigo de que classificações rígidas, fundadas em distinções sexuais monolíticas, acabem reforçando a lógica que engendra machismo ou heterossexismo no direito vigente (Calhoun, 1993). Isso sem falar do papel do sistema jurídico na construção destas identidades, via de rega no sentido da marginalização, decorrente da imposição de uma determinada visão sobre tal ou qual grupo. Trata-se, portanto, de elaborar um direito da sexualidade que tente evitar estes perigos, informado, como será visto a seguir, pelos princípios da liberdade e da igualdade. Sua aplicação, diante de cada caso concreto, deve promover um acerto de contas entre as identidades e práticas em questão e tais princípios.

O direito da sexualidade também não pode desconsiderar atividades social e economicamente relacionadas com o exercício da sexualidade, como acontece com os profissionais do sexo. Como será visto abaixo, quando trato da prostituição, trata-se de um dos temas sensíveis para a elaboração de um direito democrático da sexualidade.

Assim concebido, o direito da sexualidade pode propiciar proteção jurídica e promoção da liberdade e da diversidade sem fixar-se em identidades ou condutas meramente toleradas ou limitar-se às situações de vulnerabilidade social feminina e suas manifestações sexuais. É necessário invocar princípios que, velando pelo maior âmbito de liberdade possível e igual dignidade, criem um espaço livre de rótulos ou menosprezos a questões relacionadas a homossexualidade, bissexualidade, transgêneros, profissionais do sexo.

Quando se fala na regulação jurídica de certa esfera da vida, como no caso, a sexualidade, portanto, é preciso averiguar a extensão que se quer atingir ou, como dito de outro modo, o objeto de regulação. O direito da sexualidade, em suma, alcançaria identidades, condutas, preferências e orientações as mais diversas, relacionadas com aquilo que socialmente se estabelece, em cada momento histórico, como sexual (Weeks, 1986: 25). Numa perspectiva alinhada ao construtivismo social, cuida-se de nunca esquecer que a sexualidade está impregnada de convenções culturais que modelam as próprias sensações físicas (Parker, 1994).

Por fim, no desenvolvimento do direito da sexualidade, é mister também salientar a diversidade de perspectivas como elemento essencial a tal elaboração. Assim como no direito da antidiscriminação, onde a interseccionalidade da discriminação (Grillo, 1995) não se reduz à mera soma de situações discriminatórias (mulheres negras sofrem uma espécie de discriminação qualitativamente diversa do sexismo contra mulheres brancas ou do racismo contra homens negros, irredutível a um "somatório dos prejuízos"), um direito democrático da sexualidade deve ir além do catálogo das identidades e práticas sexuais. De fato, estas não existem como entidades abstratas, sem raça, classe, cor, etnia, idade e assim por diante.

Como estruturar um direito da sexualidade nestes termos?

Em Defesa dos Direitos Sexuais

2.3. Princípios básicos: liberdade, igualdade e dignidade

Assentado o âmbito de proteção do direito da sexualidade, necessitam-se explicitar seus princípios fundamentais. Liberdade e igualdade, princípios básicos das declarações de direitos humanos e do constitucionalismo clássico seriam estes princípios, cuja afirmação implica o reconhecimento da dignidade de cada ser humano de orientar-se, de modo livre e merecedor de igual respeito, na esfera de sua sexualidade.

Como conseqüência, o direito da sexualidade democrático rompe por princípio com o tratamento subalterno reservado a mulheres, homossexuais, soropositivos, crianças ou adolescentes, percebidos numa visão tradicional mais como objetos de regulação do que sujeitos de direitos (Collier, 1995). Ao adotar tal perspectiva e dedicar-se sobremodo a situações de vulnerabilidade, ele também não se compatibiliza com a vitimização, nutrida pela inferioridade e animada pela teatralização da infelicidade (Rosanvallon, 1998: 64). A situação de vulnerabilidade, diferentemente da vitimização, assume a perspectiva da igualdade e da dignidade, contextualizando-as nos cenários de injustiça, discriminação, opressão, exploração e violência que assolam inúmeras identidades e práticas sexuais subalternas ou outras condições a estas associadas, como a soropositividade para HIV-AIDS (Parker, 2000:103; Diniz, 2001: 27).

Corolário desta postura é a efetivação do princípio democrático na esfera da sexualidade. Este princípio, na seara dos direitos sexuais, assim como nos direitos reprodutivos, aponta para a garantia da participação dos beneficiários e destinatários das políticas públicas a serem desenvolvidas, participação esta que abrange a identificação dos problemas, a eleição de prioridades, a tomada de decisões, o planejamento, a adoção e a avaliação de estratégias.

Liberdade e igualdade, nesta perspectiva, são proteções e garantias da dignidade que se sobrepõem, como argumentos de "pura liberdade", "interferência discriminatória na liberdade" e "pura igualdade" (Wintemute, 1995: 185; Tribe e Dorf, 1990: 1094). Exemplifico com a homossexualidade: livre desenvolvimento da personalidade e privacidade sexual como "pura liberdade", proibição de manifestação pública de afeto restrita somente a certos grupos como "interferência discriminatória na liberdade" e restrição a certos empregos públicos ou privados como "pura igualdade".

Liberdade e igualdade, nexte contexto, desdobram-se em inúmeros direitos, manifestações mais concretas de seus conteúdos na esfera da sexualidade. Tal perspectiva, efetivamente, agrega a estes direitos conteúdo jurídico suficiente a enfrentar uma série de situações envolvendo relações individuais e sociais onde a sexualidade e a reprodução humanas estão envolvidas de modo significativo.

Esta aptidão depende da compreensão jurídica, principalmente daquela disseminada entre os operadores jurídicos, relativa às conseqüências jurídicas de muitos direitos humanos clássicos, bem como do nível de informação acerca da vigência e da eficácia jurídicas dos instrumentos internacionais de direitos humanos incorporados aos direitos nacionais. Um bom exemplo da necessidade desta compreensão pode ser fornecido pelos princípios vigentes no direito internacional dos direitos humanos, também aplicáveis diante das realidades da sexualidade e da reprodução: o direito à igualdade se desdobrou na proteção das diferenças dos diversos sujeitos de direito, vistos em suas peculiares circunstâncias e particularidades que demandam respostas e proteções específicas e diferenciadas, consagrando o princípio da diversidade.

2.3.1. *Liberdade e igualdade como defesas no direito da sexualidade*

Os direitos humanos de primeira geração, reconhecidos desde os primórdios do constitucionalismo liberal (identificados como direitos negativos, de defesa contra intromissões abusivas), registram liberdades individuais cuja dimensão contemporânea alcança diversas esferas constitutivas da sexualidade. Conteúdos jurídicos pertinentes a liberdades clássicas, tais como o direito à privacidade ou à liberdade de ir e vir, podem ser eficazmente concretizados em face de fenômenos como a prostituição ou ao exercício da autonomia reprodutiva.

Toda a compreensão jurídica sedimentada na doutrina e na jurisprudência constitucional pertinente às dimensões formal e material do princípio da igualdade, por sua vez, fornece diretrizes jurídica sólidas em face da discriminação fundada no sexo ou na orientação sexual.

Diversas questões relativas à regulação da transexualidade podem encontrar suas diretrizes fundamentais na conjugação do direito ao livre desenvolvimento da personalidade e do direito à igualdade, este concebido inclusive como direito à diferença. Isto sem falar em uma interpretação atualizadora da teoria geral dos direitos de personalidade, inicialmente desenvolvida no campo civilista em nossa tradição jurídica.

Trata-se, pois, do reconhecimento e do desenvolvimento do conteúdo jurídico dos princípios básicos de direitos humanos e dos diversos direitos constitucionais clássicos, tarefa apta a constituir formas de convívio diversificadas e renovadas; nelas, a afirmação da autonomia e da liberdade nas esferas da sexualidade e da reprodução podem concretizar-se, como ilustram decisões judiciais tratando da proibição de discriminação por motivo de sexo e de orientação sexual e também recomendações provenientes do Ministério Público em programas de saúde reprodutiva.

Em Defesa dos Direitos Sexuais

Direito à liberdade sexual; direito à autonomia sexual, integridade sexual e à segurança do corpo sexual; direito à privacidade sexual; direito ao prazer sexual; direito à expressão sexual; direito à associação sexual; direito às escolhas reprodutivas livres e responsáveis; direito à informação sexual livre de discriminações. Estes são alguns dos desdobramentos mais importantes dos princípios fundamentais da igualdade e da liberdade que regem um direito da sexualidade. Liberdade, privacidade, autonomia e segurança, por sua vez, são princípios fundamentais que se conectam de modo direto ao direito à vida e ao direito a não sofrer exploração sexual.

2.3.2. Liberdade e igualdade como meios positivos de promoção no direito da sexualidade

Um direito da sexualidade, na esteira do debate contemporâneo sobre as dimensões dos direitos humanos, avança para a consideração dos direitos sociais e econômicos, tidos como segunda geração de direitos humanos e qualificados na doutrina constitucional como direitos positivos, direitos a prestações, vocacionados para a promoção da liberdade e da igualdade fáticas. Proteção contra despedida arbitrária, direito à seguridade social, ao acesso ao sistema de saúde sem discriminação e de forma integral, ao sistema público ou privado de pensões e aposentadorias, são todos exemplos desta concretização positiva destes princípios fundamentais que o direito brasileiro tem desenvolvido.

Nesta linha, uma variada gama de prestações tem sido arrolada nos instrumentos internacionais de proteção de direitos humanos, tais como: (1) acesso a informações e educação sexual e reprodutiva; (2) serviços de saúde sexual e de saúde reprodutiva, acessíveis, seguros e adequados a toda população, incluindo o acesso ao progresso científico através da oferta de tratamentos e medicamentos, que garantam o controle por homens e mulheres de sua fecundidade; (3) serviços social e legal de suporte para o exercício desses direitos; (4) políticas de segurança para coibir e eliminar todo o tipo de violência; (5) políticas que promovam e garantam a igualdade e eqüidade entre os sexos, não permitindo a submissão das mulheres e meninas, eliminando toda e qualquer discriminação sexual; (6) políticas que promovam e estabeleçam a responsabilidade pessoal e social dos homens em relação ao seu comportamento sexual e fertilidade, e pelo bem-estar de suas companheiras e filhas (Ventura, 2003: 51).

De fato, direitos sociais de cunho prestacional, tais como os direitos à saúde, à previdência e à assistência social, mostram-se aptos a abarcar uma série de situações pertinentes ao exercício da sexualidade e da reprodução. Em sua implementação através de políticas públicas, a qualificação pela perspectiva de direitos humanos fornece bases para evitar-se o predomínio da medicalização ou o influxo do discurso religioso.

Sobre este ponto, vale registrar como o direito brasileiro tem desenvolvido a proteção jurídica contra discriminação por orientação sexual a partir, precisamente, dos direitos econômicos e sociais. Ao contrário do que se costuma esperar, onde liberdades negativas são mais facilmente (ou menos dificilmente) reconhecidas a "sexualidades desviantes" (exemplo disso é a jurisprudência da Corte Européia de Direitos Humanos e do Comitê de Direitos das Nações Unidas, que afirmaram inicialmente a proibição de discriminação por orientação sexual em casos discutindo a criminalização da sodomia), o direito brasileiro tem evoluído a partir de casos onde a discriminação por orientação sexual implicou a negativa de direito a tratamento de saúde e a benefícios de seguridade social. A partir da jurisprudência firmada em 1996, relativa à inclusão de companheiro do mesmo sexo em plano de saúde federal, os tribunais federais e estaduais têm mais e mais acolhido demandas sancionando discriminação por orientação sexual (inclusive, há poucos meses, o próprio Presidente do Supremo Tribunal Federal, em decisão inicial, confirmou liminar obrigando a Seguridade Social pública a não discriminar homossexuais em seu regime de benefícios).

2.3.3. A responsabilidade no livre exercício da sexualidade

O exercício dos direitos de liberdade e de igualdade, pelos diversos sujeitos nas mais diversificadas situações, manifestações e expressões da sexualidade, em igual dignidade, requer a consideração da dimensão da responsabilidade. Afirmada em convenções internacionais sobre direitos reprodutivos e sexuais, a responsabilidade traduz o dever fundamental de cuidado, respeito e consideração aos direitos de terceiros (sejam estes indivíduos ou a comunidade), quando do exercício livre e em igualdade de condições da sexualidade. Não se trata, neste diapasão, simplesmente da imposição do dever de reparar danos ou de preveni-los em face de bens jurídicos individuais e coletivos. Cuida-se, isto sim, da tentativa de conformar as relações sociais vivenciadas na esfera da sexualidade do modo mais livre, igualitário e respeitoso possível.

De fato, o exercício da sexualidade alcança a esfera jurídica alheia, dado que sua vivência requer, no mais das vezes, o concurso de terceiros. Situações como o sadomasoquismo e sobre a idade de consentimento para a participação em relações sexuais, por exemplo, perguntam sobre a liberdade e as condições de discernimento dos indivíduos, bem como sobre as posições de poder e os papéis desempenhados por cada um dos partícipes envolvidos em relações sexuais.

O exercício da sexualidade pode, ainda, repercutir além dos indivíduos, numa esfera transindividual, como notadamente se preocupa a saúde pública. Cuida-se, aqui, de aquilatar os deveres decorrentes do exercício responsável da sexualidade diante da comunidade, titular de direitos difusos e coletivos. Desde, por exemplo, a tradicional repressão penal das condutas objetivando a disseminação de doenças venéreas até a promoção de campanhas midiáticas de prevenção de doenças sexualmente transmissíveis, não há dúvida a respeito da posição responsável que se requer dos indivíduos em face da comunidade.

Afirmar o lugar da responsabilidade no seio de um direito democrático da sexualidade não significa adotar uma perspectiva repressiva, calcada no moralismo ou na exclusão das sexualidades estigmatizadas pelos grupos majoritários. O exercício responsável da sexualidade, informado pelos princípios jurídicos da liberdade, da igualdade e da dignidade, reforça uma compreensão positiva da sexualidade e de suas manifestações na vida individual e social, cuja realidade exige a consideração da pessoa em suas simultâneas dimensões individual e social. Sem esta percepção, o desenvolvimento do direito democrático da sexualidade padeceria de uma visão individuocêntrica incompatível com a reciprocidade e o caráter dos direitos fundamentais que o informam.

2.4. Reconhecimento e de distribuição no direito da sexualidade

Um direito democrático da sexualidade, enraízado nos princípios dos direitos humanos e nos direitos constitucionais fundamentais, deve atuar simultaneamente no sentido do reconhecimento do igual respeito às diversas manifestações da sexualidade e do igual acesso de todos, sem distinções, aos bens necessários para a vida em sociedade. Reconhecimento e distribuição, nas palavras de Nancy Fraser, são categorias fundamentais para a compreensão dos dos paradigmas da justiça socioeconômica e da justiça cultural ou simbólica (Fraser, 1997), universos habitados por diversos direitos sexuais.

No primeiro, a injustiça se relaciona com a estrutura econômica da sociedade, preocupando-se com situações de exploração (apropriação do trabalho alheio em benefício de outros), marginalização (confinamento a situações de baixa remuneração e impossibilidade de melhoria de condições) e privação de condições de vida materialmente adequadas – circunstâncias relacionadas com a sexualidade de muitas maneiras, tais como sexismo no mercado de trabalho, violência doméstica, reações diante do estupro, negativa de direitos previdenciários a homossexuais, prostituição, acesso ao sistema de saúde por soropositivos de HIV, etc.

No segundo, a injustiça diz respeito a padrões sociais de representação, interpretação e comunicação, exemplificados por situações de dominação cultural (sujeitar-se a padrões de interpretação e de comunicação próprios de outra cultura, alheios e hostis à cultura do grupo dominado), não-reconhecimento (práticas culturais dominantes que tornam invisível e irrelevante certo grupo) e desrespeito (ser cotidiamente injuriado ou menosprezo por meio de estereótipos presentes na cultura dominante e nas interações cotidianas).

Desta caracterização, decorrem os remédios apropriados a tais tipos de injustiça, cuja relação com questões do direito da sexualidade é direta: enquanto a injustiça econômica, ao reclamar redistribuição dos bens materiais, aponta para esquemas igualitários e universalistas, a injustiça cultural ou simbólica exige reconhecimento dos grupos estigmatizados, numa dinâmica diferenciadora e particularizante. Desta distinção, surgem o dilema e a complementariedade entre reconhecimento e distribuição. Dilema, porque, enquanto a primeira demanda tende a produzir diferenciação e particularismo, a segunda tende a enfraquecê-los; enquanto medidas redistributivas propõem esquemas universalistas e igualitários, políticas de reconhecimento tendem a condená-los. Complementariedade, porque remédios redistributivos geralmente pressupõem uma subjacente concepção de reconhecimento (por exemplo, alguns proponentes de redistribuição socioeconômica igualitária fundam suas reivindicações no "igual valor das pessoas"; assim, eles consideram redistribuição econômica como uma expressão de reconhecimento), assim como remédios de reconhecimento algumas vezes pressupõem uma subjacente concepção de redistribuição (por exemplo, alguns proponentes de reconhecimento multicultural fundamentam suas reivindicações em imperativos de uma justa distribuição dos "bens primários" de uma "estrutura cultural intacta"; eles portanto consideram reconhecimento cultural como uma espécie de redistribuição (Fraser, 2003).

Este esquema expliclativo é importante para a construção do direito da sexualidade, dada a diversidade de situações enfrentadas e a necessidade de sua sistematização. A conjugação e a ênfase entre medidas de reconhecimento e de distribuição dependerá de cada caso. Veja-se, por exemplo: para gays e lésbicas, a ênfase é no reconhecimento; na educação sexual, a necessidade de informação e de meios reclama reforço no acesso ao conhecimento e a técnicas contraceptivas; a situação feminina, por sua vez, parece ser uma hipótese bastante equilibrada, onde reconhecimento e distribuição se equivalem. Como dito, não se trata de defender a exclusividade de reconhecimento ou distribuição, mas de perceber a dinâmica apropriada para cada situação, sem menosprezar nenhuma destas necessárias dimensões.

2.5. Um estudo de caso: uniões homossexuais no direito da sexualidade

O caso do reconhecimento jurídico de uniões de pessoas do mesmo sexo possibilita refletir sobre estas duas dimensões e sua dinâmica.

Alguns defendem a necessidade do "casamento gay" por razões distributivas contraditórias aos direitos de reconhecimento. Uma primeira versão diz que se trata simplesmente de regular algo que já existe, que estaria inscrito até na biologia, apesar de ser minoritário. Outra versão, mais radical, e por isso mesmo mais palatável ao senso comum, parte da naturalização do modelo de família heterossexual pequeno-burguês, procedendo a uma "domesticação heterossexista" de todas as formas de sexualidade diversas deste modelo. Desde que adaptados ao esquema geral de tais regras, sexualidades alternativas serão toleradas.

Comum a estas duas proposições é a preocupação com a distribuição socioeconômica (eles ou elas consomem, pagam impostos, podem ser afetivos) e a pouca ênfase, na prática, no reconhecimento da igualdade e da liberdade, até mesmo na esfera das relações mais íntimas, de tudo que seja visto como "minoritário" (daí a enorme dificuldade diante de travestis, transgêneros, sadomasoquistas, profissionais do sexo, liberdade sexual, etc., quando não a expressa avaliação de que se trata de uma sexualidade minoritária, fruto não da doença nem do pecado, mas de algum desenvolvimento incompleto, merecedor, portanto, de compaixão e tolerância, desde que se esforce para bem comportar-se). As duas versões, portanto, enfatizam distribuição mas acabam por enfraquecer a demanda de reconhecimento. Ao subentenderem, de forma consciente ou não, normalidades estatísticas ou normalidades afetivo-comportamentais, tais versões implicam, na prática, a capitulação da demanda por igual respeito, simbólico e cultural.

Projetos de lei ou formulações jurídicas do direito de família fundadas nestas versões, portanto, contradizem um direito da sexualidade democrático, fundado nos direitos humanos e nos direitos constitucionais fundamentais.

De outro lado, há propostas que compatibilizam ou tentam rompem com esta tendência. De modo geral, o desenho jurídico dos chamados "pactos de solidariedade" pode ser utilizado como exemplo (caso francês e da recente lei de Buenos Aires). Com efeito, trata-se de legislação que estabelece liberdade, independente de orientação sexual, para parceiros autodeterminarem a dinâmica de suas vidas afetivas e sexuais, fornecendo-lhes um instrumento pelo qual o valor de tal união é reconhecido e respeitado juridicamente. Além da vantagem de assegurar proteção e reconhecimento estatal para a união, um pacto de solidariedade assim delineado evita a estigmatização decorrente de uma "regulação da exceção", como ocorre com as propostas originais da parceria civil registrada brasileira ou, de certo modo, com a inclusão das uniões homossexuais na categoria das "uniões estáveis" no direito brasileiro, na medida em que esta categoria, por mais comum que seja, esta prevista como uma espécie de "casamento de segunda classe", como se pode facilmente inferir da redação da Constituição brasileira de 1988.

Ainda que apresentado de modo esquemático e simplificado, o debate sobre uniões homossexuais permite contextualizar, a partir das categorias reconhecimento e distribuição, os conteúdos e premissas presentes no direito da sexualidade. Daí se pode constatar a relevância destas categorias para o desenvolvimento de um direito democrático da sexualidade, bem como o risco da adoção de alternativas equivocadas.

2.6. Minorias e direitos especiais no direito da sexualidade

Este rol de direitos sexuais pode ser visto como desdobramentos dos direitos gerais de privacidade, liberdade, intimidade, livre desenvolvimento da personalidade, igualdade, bases sobre as quais se têm desenvolvido a proteção jurídica da sexualidade das chamadas "minorias".

Este é um ponto importante. Focalizados sob esta perspectiva, questões tidas como específicas, minoritárias, vistas como exceções quase intoleráveis, porém admitidas, perdem esta conotação pejorativa. Assim contextualizadas, discussões sobre direitos de gays e lésbicas são concretizações de princípios fundamentais e de direitos humanos de todos (assim como a discriminação por motivo de sexo, cor ou religião), não exceções a minorias toleradas.

Este debate se apresenta vivamente por meio da polêmica entre "direitos iguais *x* direitos especiais". Direitos especiais seriam todas as previsões protetivas de discriminação, elaboradas pela legislação ordinária e não previstas expressamente na Constituição. Se atentarmos, todavia, à situação de privilégio de certos grupos (por exemplo, o privilégio branco, masculino, cristão e heterossexual), revela-se a impossibilidade de neutralidade sexual ao aplicar-se a Constituição diante de situações concretas, pois, na vida em sociedade, há grupos privilegiados e grupos oprimidos. Este dado aponta para o caráter conservador de certas formulações em torno da idéia de minorias, pois, como dito, no debate "direitos iguais x direitos especiais" elas conduzem para o equívoco de se tachar pejorativamente certos direitos, protetivos contra a discriminação, como "direitos especiais".

Neste horizonte, a utilização destas categorias "direitos especiais" (indesejados) *x* direitos iguais (desejados) revela uma manifestação do privilégio de certos grupos, confundindo a necessidade de concretizar o princípio geral da igualdade de acordo com as circunstâncias históricas da realidade dada (por exemplo, a existência do machismo e suas consequências no mercado de trabalho para a mulher) com a sua subversão.

Em Defesa dos Direitos Sexuais

2.7. O alcance do direito da sexualidade: a dicotomia público-privado

Ao encerrar esta parte, dedicada à exposição da estrutura do direito da sexualidade (abrangendo direitos civis e políticos e direitos econômicos e sociais), é mister ressaltar os âmbitos em que ele atua. Este dado é fundamental para a efetividade do direito da sexualidade, na medida em que, dentre as diversas manifestações da sexualidade por ele protegidas, muitas ocorrem no âmbito privado. Neste passo, cuida-se de prover o direito da sexualidade de um alcance que é, de modo geral, evitado pela doutrina tradicional dos direitos humanos.

Com efeito, as formulações mais tradicionais restringem a eficácia jurídica dos direitos humanos e dos direitos constitucionais a violações cometidas por agentes estatais, deixando à sua margem violações cometidas por agentes privados. Para estes casos, reserva-se a intervenção jurídica para normas de direito penal ou direito civil, aplicadas somente em casos extremos e concebidas de modo muito condescendente com as estruturas tradicionais de família e das relações entre os gêneros. No caso gravíssimo do estupro, por exemplo, percebe-se que uma abordagem exclusivamente de direito penal, descontextualizada do paradigma dos direitos humanos, tende a preocupar-se mais com a punição de um ato disfuncional, grave para a vida em sociedade, do que própria e primeiramente com a dignidade e a cidadania da vítima (Pimentel, Schrzitzmeyer e Pandjiarjian, 1988: 205).

O direito da sexualidade não pode restringir-se deste modo, sob pena de tornar-se inócuo diante de situações onde a opressão sexual é corriqueira e violenta. Esta é uma das principais lições do movimento feminista para a elaboração deste direito e, de resto, para a discussão constitucional mais geral sobre a eficácia dos direitos fundamentais sobre agentes privados. É preciso romper fronteiras estanques, cujos limites acabam consentindo com a violência doméstica, o estupro conjugal e o desrespeito ao desenvolvimento da sexualidade de adolescentes por parte de pais e educadores.

Do ponto de vista de um direito democrático da sexualidade, a esfera privada, especialmente familiar, não pode converter-se em refúgio para o machismo ou o heterossexismo, implicando a desvalorização cultural e econômica, feminina, infantil, adolescente ou homossexual. De fato, tais desigualdades no seio familiar atuam de modo decisivo e contínuo para a restrição da autonomia e da igualdade de oportunidades entre os sexos e entre pais e filhos.

Aliás, neste sentido, aponta a literalidade dos instrumentos internacionais de direitos humanos. Nas palavras do artigo 5º da Convenção Internacional sobre a Eliminação de todas as formas de Discriminação contra a Mulher, o compromisso assumido pelos Estados inclui a "modificação dos padrões socioculturais de homens e mulheres, com vistas a alcançar a eliminação de preconceitos e práticas consuetudinárias e de qualquer outra índole que estejam baseados na idéia de inferioridade ou superioridade de qualquer dos sexos ou funções estereotipadas de homens e mulheres."

Esta perspectiva de direitos humanos e de direitos constitucionais fundamentais, portanto, necessita ultrapassar a barreira tradicional que proscreve sua penetração na esfera privada, possibilitando que abordagens meramente condescentes ou preocupadas com a funcionalidade da vida em sociedade sejam superadas. Este dado conduz à consideração das funções de reconhecimento e distribuição a serem desempenhadas por um direito democrático da sexualidade.

PARTE 3 – Objeções ao direito democrático da sexualidade

3.1. Introdução

A afirmação de um direito da sexualidade concebido nestes termos enfrenta, basicamente, três grandes objeções. A primeira diz respeito à legitimação democrática de juízes e legisladores para proferirem decisões e medidas protetivas da "sexualidade desviante" contrárias à opinião pública majoritária, vale dizer, provendo identidades e práticas sexuais socialmente estigmatizadas de proteção jurídica, garantindo-lhes um espaço livre de discriminação. A segunda objeção invoca razões morais para opor-se a tal direito da sexualidade. Advogando uma determinada moralidade relativa à relação entre os sexos e o exercício da sexualidade por cada indivíduo, ela qualifica tais direitos como deturpações violadoras da moralidade. A terceira objeção aduz razões médicas, segundo as quais certas identidades e condutas na vida sexual não são mais que desvio, degeneração ou subdesenvolvimento.

3.2. O argumento majoritário

A primeira objeção coloca um argumento procedimental. Como a maioria dos indivíduos de determinada sociedade rejeita e estigmatiza certas identidades e práticas sexuais, decisão em contrário seria uma usurpação do processo democrático, um desrespeito à vontade popular, configurando um ato arbitrário por parte do órgão legislativo ou judicial que assim decida. Do ponto de vista dos direitos humanos, este argumento não prospera. Ele é refutado por uma das características fundamentais dos direitos humanos, especialmente quando inseridos em Constituições nacionais, qual seja, sua função de proteção de indivíduos e grupos contra violações perpetradas por maiorias.

Em Defesa dos Direitos Sexuais

De fato, na própria gênese da Declaração Universal dos Direitos Humanos e do constitucionalismo está a afirmação de certos direitos invioláveis e garantidos inclusive contra deliberações majoritárias. No caso da sexualidade, identidades e práticas estigmatizadas, uma vez subsumidas aos princípios básicos da igualdade e da liberdade, estão protegidas contra deliberações majoritárias que as violem. Nesta tradição do constitucionalismo e dos direitos humanos, inclusive, uma condição para a vida democrática é a preservação deste núcleo fundamental, pelo que sua afirmação não subverte a vida democrática; ao contrário, tal proteção é exigida pela democracia, regime que não se resume à vontade da maioria.

3.3. O argumento moralista

A segunda objeção invoca razões morais. Tais direitos, simplesmente, não seriam direitos, pois contrários à moral; seriam, antes disso, deturpações valorativas. Este argumento se aproxima do anterior, na medida em que associa à dinâmica majoritária das democracias a defesa de uma moralidade também majoritária. A resposta a tal objeção, numa perspectiva que privilegia liberdade e igualdade, vem de John Stuart Mill: a única moralidade que a democracia pode acolher é a moralidade crítica, em que os argumentos do gosto, da tradição, do nojo e do sentimento de repulsa da maioria não podem ser finais, sob pena das ameaças do integrismo, do fundamentalismo das tradições, do autoritarismo vindo daqueles que se considerem iluminados.

Com efeito, os critérios da (1) ausência de dano relevante a terceiros e (2) existência de livre e espontâneo consentimento fornecem as bases para o pensamento democrático responder à objeção moral diante da liberdade sexual. Assim como uma pessoa religiosa deve aceitar a liberdade de crença e a possibilidade de ateísmo daí decorrente como a melhor forma de garantir sua vivência religiosa, uma pessoa moralmente conservadora pode admitir as garantias de liberdade sexual, a fim de que o Estado, por meio de seus agentes, não tenha a possibilidade de interferir no exercício de sua moralidade. A idéia central, informadora destes critérios, é precisamente o respeito à dignidade humana: as regulações são incompatíveis com o igual respeito a todos devido quando interferem nas escolhas pessoais de modo a considerar os indivíduos incapazes de decidir por si mesmos (Nusbaumm, 1999: 22).

O argumento moralista muitas vezes se expressa de modo religioso. Diante disto, um direito democrático da sexualidade implica refutar discursos fundados em premissas religiosas, uma vez que a "juridicização" dos direitos sexuais e dos direitos reprodutivos na tradição dos direitos humanos coloca este debate na arena mais ampla do Estado laico e democrático de direito, em sintonia com ideais republicanos. Concebidos a partir destes marcos fundamentais, os direitos sexuais podem constituir-se como espaços onde sociedade civil e Estado mantêm-se autônomos diante das instituições religiosas, preservando o pluralismo e o respeito à diversidade.

3.4. O argumento biomédico

A terceira e última objeção relaciona-se com o discurso médico, que patologiza identidades e práticas sexuais socialmente estigmatizadas. Além de inexistir consenso ou muito menos reconhecimento oficial no meio científico acerca do caráter patológico de muitas das identidades e práticas sexuais estigmatizadas, o desenvolvimento do direito da sexualidade em bases democráticas e atento aos direitos humanos não pode deixar-se dirigir por postulados médicos ou biológicos, cujo papel como instrumento de controle social e político tem sido há muito tempo desvelado. Esta dimensão, longe de constituir um truísmo, implica a "desmedicalização" do discurso e das práticas a respeito dos direitos sexuais e dos direitos reprodutivos, num movimento de genuína democratização dos temas relacionados à sexualidade, especialmente das políticas públicas.

Nesta linha, numa combinação que geralmente agrega ao argumento médico conteúdos moralistas, alerta-se para o perigo da exposição de menores a ambientes de liberdade e igualdade sexuais. Sem adentrar na valoração negativa que está implícita nesta objeção, nem nos males causados aos jovens por esta posição (Levine, 2002), a preocupação com a "contaminação dos jovens" traz à tona os benefícios e os riscos da experiência democrática. O convívio com protestantes, judeus e mulçumanos pode parecer arriscado para famílias católicas tradicionais, na medida em que este contato pode redundar na conversão de seus filhos; todavia, abolir tal possibilidade importaria na supressão da dignidade humana de cada um, que ficaria não só impedido de reconhecer o valor da alteridade, como também de escolher por si mesmo suas convicções e práticas religiosas.

PARTE 4 – Alguns temas sensíveis no direito da sexualidade

Dentre vários temas particularmente sensíveis no direito da sexualidade, destacarei três: sua relação com os direitos reprodutivos, a prostituição e a pornografia.

4.1. Relação com os direitos reprodutivos

Como visto na primeira parte deste texto, a idéia de direitos sexuais está vinculada de modo íntimo à afirmação dos direitos reprodutivos. É

Em Defesa dos Direitos Sexuais

necessário, portanto, fortalecer o direito da sexualidade fazendo ir além da esfera reprodutiva, sem, todavia, esquecer que violações a direitos sexuais freqüentemente estão associadas à reprodução e tendo como vítimas mulheres em situações de vulnerabilidade.

Assim como o direito da sexualidade não pode reduzir-se a um direito da reprodução (o que deixaria de fora, inclusive, práticas não-procriativas heterossexuais) ele não deve restringir-se a um direito da sexualidade não-reprodutiva. Este dado é ainda mais importante diante do desafio que é desenvolver um tal direito da sexualidade em face dos enfrentamentos com o machismo predominante nas relações de gênero, o moralismo e as ideologias religiosas hegemônicas.

4.2. Prostituição

A prostituição é outro tema difícil. Ela desafia a ponderação da liberdade de emprego do próprio corpo em atividades econômicas, relacionadas ao exercício da autonomia sexual, com um histórico de inegáveis danos (principalmente a mulheres) decorrentes da exploração sexual, que atua num contexto onde o consentimento é muitas vezes, na prática, inexistente, dado o emprego da ameaça e da violência ou situações de absoluta necessidade. Neste campo, a legislação internacional de direitos humanos enfatiza, de modo muito claro, a intolerabilidade da exploração sexual e de todas suas atividades preparatórias e correlatas, como a capacitação, o transporte, a acolhida, o pagamento e o tráfico de mulheres, todos visando à exploração da prostituição.

Do ponto de vista de um direito da sexualidade informado pelos princípios da liberdade e da igualdade, a prostituição reclama o combate às situações de vulnerabilidade feminina, seja cultural ou econômica. Isto pressupõe a melhoria das condições sociais, propiciando a todos um leque maior de oportunidades – circunstância onde a designação "profissionais do sexo" adquire seu sentido mais preciso. Dentre as discussões recorrentes nesta área, surgem a criminalização ou não da prostituição e a legitimidade de exames de saúde compulsórios. Estes tópicos, envolvendo o debate entre proibicionistas, regulamentaristas e abolicionistas (Carrara, 1996), encontrou pela solução na não-criminalização e na não-regulamentação, conforme a Convenção Internacional para Repressão do Tráfico de Pessoas e do Lenocínio[4] – diretriz que se coaduna à preocupação com a melhoria das condições sociais, principalmente de mulheres pobres, situação que a criminalização parece somente agravar.

---

[4] Artigo 6º. "Cada Parte na presente Convenção convém em adotar todas as medidas necessárias para ab-rogar ou abolir toda lei, regulamento e prática administrativa que obriguem a inscrever-se em registros especiais, possuir documentos especiais ou conformar-se a condições excepcionais de vigilância ou de notificação às pessoas que se entregam ou que se supõem entregar-se à prostituição."

Outro aspecto digno de nota para a elaboração de um direito da sexualidade nas bases ora proposta é a prostituição masculina. Ela traz à tona, mais uma vez, a necessidade de construir o direito da sexualidade a partir de uma perspectiva mais ampla, considerando situações de homens e mulheres. O tratamento da prostituição na prática jurídica brasileira é ilustrativo. No Brasil, a prostituição, em si mesma, não é crime, tão-somente a exploração da prostituição (o chamado rufianismo). Todavia, quando se trata de prostituição masculina, diferente do que ocorre em regra com a feminina, a polícia e os operadores jurídicos subsumem-na, juridicamente de modo incorreto, ao delito de vadiagem. Na prática, isto redunda em ainda maior estigmatização de michês e travestis.

4.3. Pornografia

A pornografia é outra área sensível para a elaboração de um direito da sexualidade. Esta atividade apresenta possíveis danos causados a terceiros e às pessoas envolvidas, tais como a "objetificação" feminina e o reforço do machismo, com todos os efeitos colaterais de estímulo à violência e ao desrespeito daí decorrentes. Sua proibição generalizada, todavia, sem critérios mais precisos com relação à qual espécie de manifestação deve ser considerada danosa, pode causar restrições indesejáveis à liberdade de expressão, principalmente artística.

Com efeito, da correta e necessária condenação da violência e humilhação que decorrem de certas manifestações pornográficas, não se pode, todavia, deduzir que toda pornografia assim opere. Esta realidade aponta para a necessidade da análise, caso a caso, do contexto em que cada particular manifestação pornográfica se apresente, banindo-se somente aquelas capazes de provocar efetivamente tal espécie de danos. Trata-se, neste ponto, de inserir o debate sobre a pornografia no contexto mais geral do conteúdo e dos limites da liberdade de expressão, que, mesmo não sendo absoluta, admite restrições em determinados casos, onde a presença efetiva de danos relevantes fica patente (Nusbaumm, 1999: 249).

Conclusão

Liberdade, igualdade e dignidade são os princípios estruturantes, derivados da idéia dos direitos humanos e dos direitos constitucionais fundamentais, para a construção de um direito democrático da sexualidade. Neste artigo, sob seu influxo, procurei contribuir para sistematizar alguns dos debates mais importantes para a elaboração desta área do conhecimento e da prática jurídica.

Para a consecução desta tarefa, muito ainda há de ser ponderado, criticado e acrescentado. Deste esforço, pelo menos uma certeza fica: a da relevância deste desenvolvimento, dadas as necessidades, presentes e futuras, que a construção da democracia exige diante da diversidade sexual presente em nossas sociedades e dos desafios dela decorrentes.

Referências bibliográficas

CALHOUN, Cheshire. "Denaturalizing and desexualizing lesbian and gay identity", *Virginia Law Review*, out., 1993.

CARRARA, Sérgio. "A Luta Antivenérea no Brasil e seus Modelos". In: PARKER, Richard e BARBOSA, Regina Maria (orgs.). *Sexualidades Brasileiras*. Rio de Janeiro: Relume Dumará/ ABIA/IMS/UERJ, 1996.

COLLIER, Richard. *Masculinity, Law and Family*, Londres: Routledge, 1995.

DINIZ, Débora. "A vulnerabilidade na bioética", in *Bioética: Ensaios*, org. Sérgio Ibiapina F. Costa e Débora Diniz, Brasília: S.I.F. Costa, D. Diniz, 2001.

FRASER, Nancy. *Justice Interruptus: critical reflections on the "postsocialist" condition*, New York: Routledge, 1997.

——. "Social Justice in Knowledge Society: Redistribution, Recognition, and Participation", www.wissensgesellschaft.org-themen-orienterung-socialjustice.pdf, disponível em 08-02-2003.

GRILLO, Trina. "Anti-essencialism and intersectionality: tools to dismantle the master's house", *Berkeley Women's Law Journal*, 1995.

HEILBORN, Maria Luiza e BRANDÃO, Elaine Reis. "Ciências Sociais e Sexualidade". In: *Sexualidade: o olhar das ciências sociais*, org. Maria Luiza Heilborn, Rio de Janeiro: Jorge Zahar Ed., 1999.

LEVINE, Judith. *Harmful to Minors: the perils of protecting children from sex*. University of Minnesota Press, 2002.

LOYOLA, Maria Andréa. "A sexualidade como objeto de estudo das ciências humanas". In: *Sexualidade: o olhar das ciências sociais*, org. Maria Luiza Heilborn, Rio de Janeiro: Jorge Zahar Ed., 1999.

NUSSBAUM, Martha. *Sex and Social Justice*. New York: Oxford University Press, 1999.

PARKER, Richard. *Na contramão da AIDS – sexualidade, intervenção, política*, Rio de Janeiro: ABIA: Editora 34, 2000

PIMENTEL, Silvia; SCHRZITZMEYER, Ana Lúcia e PANDJIARJIAN, Valéria. *Estupro:crime ou 'cortesia' – abordagem sociojurídica de gênero*, Porto Alegre: Sergio Antonio Fabris, 1998.

ROSANVALLON, Pierre. *A Nova Questão Social: repensando o Estado Providência*, trad. Sérgio Barth, Brasília: Instituto Teotônio Vilela, 1998

TAYLOR, Wilson. "The discursive construction and regulation of dissident sexualities – The case of SM" in *Body Talk – the material and discursive regulation of sexuality, madness and reproduction*, p. 106-130, org. Jane M. Ussher, New York: Routledge, 1997.

TRIBE, Laurence e DORF, Michael. "Levels of Generality in the definition of rights", *University of Chicago Law Review*, outono, 1990.

VENTURA, Miriam (org.). *Direitos sexuais e direitos reprodutivos na perspectiva dos direitos humanos*, Rio de Janeiro: Advocaci, 2003.

WEEKS, Jeffrey. *Sexuality*. London: Tavistock Publications, 1986.

WINTEMUTE, Robert. *Sexual Orientation and Human Rights: the United States Constitution, the European Convention and the Canadian Charter*. Oxford: Clarendon Press, 1995.

PRIMEIRA PARTE

Estruturando o debate sobre direitos sexuais: princípios jurídicos e panorama da legislação e políticas públicas na América Latina e Caribe

— 1 —

Liberdade e direitos sexuais –
o problema a partir da moral moderna

JOSÉ REINALDO DE LIMA LOPES[1]

Sumário: 1. Como entender a liberdade; 2. De onde vem o falar de direitos sexuais; 3. Os valores e os limites da liberdade sexual; Referências bibliográficas.

"A natureza humana não é uma máquina que se deve construir seguindo um modelo e destinada a fazer exatamente o trabalho que dela se espera, mas uma árvore, que precisa crescer e desenvolver-se em todos os lados, de acordo com a tendência das forças internas que fazem dela uma coisa viva.(...) Até certo ponto, admite-se que nossas idéias sejam só nossas; mas não há a mesma disposição para aceitar que nossos desejos e impulsos sejam só nossos da mesma forma, ou que ter desejos e impulsos, com qualquer força, seja alguma coisa que não um perigo ou transtorno. No entanto, desejos e impulsos são uma parte tão integral dos seres humanos como crenças e autocontrole."
(John Stuart Mill, *On Liberty*)

"Preservar nossas categorias ou nossos ideais absolutos às custas de vidas humanas ofende igualmente os princípios das ciências e da história: é uma atitude encontrada em igual medida nas facções de direita e de esquerda em nossos dias, não sendo conciliável com os princípios aceitos por aqueles que respeitam os fatos. O pluralismo, com a dose de liberdade 'negativa' que acarreta, parece-me um ideal mais verdadeiro e mais humano do que as metas daqueles que buscam nas grandes estruturas disciplinadas e autoritárias o ideal do autodomínio 'positivo' por parte de classes, povos ou toda a humanidade. É mais verdadeiro, pois pelo menos reconhece o fato de que as metas humanas são muitas, nem

---

[1] Professor da Faculdade de Direito da Universidade de São Paulo. Direito GV – São Paulo.

Em Defesa dos Direitos Sexuais

todas comensuráveis, e em perpétua rivalidade umas com as outras. (...) É mais humano porque não priva os homens (como fazem os construtores de sistema), em nome de algum ideal remoto ou incoerente, de muito que eles têm considerado indispensável para sua vida como seres humanos que imprevisivelmente transformam a si mesmos."
(Isaiah Berlin, *Dois conceitos de liberdade*)

As duas citações acima indicam o que há de substancial no texto que se vai ler a seguir. A natureza humana não é uma máquina, e, portanto, há espaço para a ação e para as escolhas. Estas só se fazem presumindo-se e preservando-se a liberdade. Colocar ideais e categorias de pensamento acima das vidas conduziu repetidamente ao longo da história a catástrofes de nossa provisória espécie humana. E a meu juízo continua a produzi-las diariamente. Diante disso, resta-nos procurar uma defesa mais forte da liberdade, sobretudo em sociedades como a brasileira que pouco a prezam, muito especialmente a liberdade civil.

Falar de direitos sexuais e de liberdade exige, como em qualquer argumento sobre assuntos controversos, um esclarecimento prévio do que se entende pelos termos da discussão. O que seriam os direitos sexuais se não fossem liberdades propriamente? E como entender liberdade sem falar das fronteiras que a constituem, justamente porque de liberdade só se pode falar em situações de convivência e sociabilidade? E como falar de liberdade na sociedade contemporânea sem fazer apelo ao conceito de autonomia? E, finalmente, como discutir autonomia sem referir-se a concepções morais e à própria moral? Fecha-se, assim, um círculo de temas que nos levam do direito à moral e desta podem trazer-nos de volta ao direito. Pretendo fazer isto sem negar que uma das mais relevantes contribuições da filosofia moral moderna foi estabelecer que direito e moral, a despeito de serem duas esferas da razão prática, não se confundem totalmente, nem pelos potenciais objetos com que lidam, nem pelos meios de que se valem para resolver os impasses da ação. Mesmo assim, não nego que haja entre os dois campos alguma conexão. Espero que essas duas pressuposições fiquem evidentes ao longo do texto a seguir, sem que sejam propriamente o objeto cujo esclarecimento procuro.

No texto a seguir, procuro abordar o assunto esclarecendo termos fundamentais para o debate. Na primeira seção, exploro o conceito de liberdade, no qual se inclui o de liberdade sexual e de direitos sexuais. A liberdade que interessa é uma imunidade, do ponto de vista do direito e assenta-se na concepção crítica, não empírico-factual, de liberdade natural. Esta, por sua vez, existe em função da autonomia da pessoa, também este um conceito normativo, não empírico-descritivo. Trata-se da liberdade moral, que por sua vez se converte em liberdade civil na medida da proteção universal e simultânea de todos os membros de uma sociedade política (cidadãos). Esta é a idéia de liberdade que dá sustentação ao direito fundamental de liberdade individual, do qual decorrem tantos outros na esfera constitucional (como o direito de livre opinião, a liberdade de consciência, a proibição de o Estado impor pela lei um credo religioso, mesmo que de maneira indireta ou sub-reptícia etc.). Na segunda seção procuro mostrar como as condições materiais da vida contemporânea impuseram o fim das justificativas para a moral tradicional, e como deixaram visíveis as discriminações sociais e legais, em resumo os preconceitos, de modo que os limites impostos à liberdade sexual de alguns tornaram-se injustificáveis. Termino, na terceira seção, esclarecendo em maior detalhe a relação entre sistema jurídico e proteção da autonomia no campo da atividade sexual.

1. Como entender a liberdade

A primeira questão a ser esclarecida diz respeito ao conceito de liberdade. Vou concentrar-me na sua forma mais moderna que consiste em considerar a liberdade como uma espécie de imunidade.[2] Ter liberdade como um direito significa poder dispor de si sem dar satisfações a ninguém. Essa espécie de liberdade, tradicionalmente chamada também de *dominium sibi*, o domínio de si, o senhorio sobre si mesmo, nunca é completa, já que o sujeito humano, por definição, existe em situação de sociabilidade. Nascemos num mundo que nos precede, nas palavras de Ricoeur, que já está pronto, e nos tornamos livres nesse mundo de companhias humanas. Nesse mundo já pronto é que aprendemos uma língua e por meio dela somos capazes até mesmo da reflexão, da consciência e do diálogo interno (Taylor 1994, 32).[3] Não se trata de falar da liberdade de quem vive isolado, para quem os problemas de liberdade – que a rigor interessam – ficam suspensos ou desaparecem. Não se trata tampouco de falar dos que não são capazes de compreender ou contar com a presença de outrem, os *loucos*. Liberdade jurídica indica a existência de um campo de ação em que o sujeito está imune às imposições alheias, de um igual ou de um superior.

---

[2] Veja-se a conceituação dada por Rawls (1992, 202): uma pessoa (sujeito) é livre disto ou daquilo (a restrição da qual é livre) para fazer isto ou aquilo (para que). Assim, pessoas são livres de alguma coisa (imunes a alguma coisa) e livres para fazer alguma coisa. Ele destaca, na mesma linha de John S. Mill, que a liberdade consiste não apenas na ausência de restrições ou proibições jurídicas, mas também na ausência de coerção vinda da *opinião pública* e de *pressões sociais*. A distinção que fundamenta meu raciocínio é apontada por Isaiah Berlin (2002) e praticamente todos os clássicos do liberalismo, como Aléxis de Tocqueville e Benjamin Constant.

[3] "Nós não apenas aprendemos as línguas em diálogo e depois saímos usando-as para nossos fins. É claro que se espera que sejamos capazes de ter nossas próprias opiniões, visões, elaboração em relação às coisas, e em grande parte por meio de uma reflexão solitária. Mas não é assim que as coisas funcionam em casos importantes, como na definição de nossa identidade. Nós a definimos sempre em diálogo e às vezes em luta com coisas que as pessoas mais importantes para nós querem ver em nós mesmos. Mesmo depois de termos superado algumas dessas pessoas – como nossos pais, por exemplo – e depois que eles desaparecem de nossas vidas, a conversação com eles continua dentro de nós até nossa morte."

Essa liberdade que nos interessa – que não é a do isolado, nem a do louco – parece *natural* para alguns. Mas vale a pena perguntar por que seria natural e em oposição a que possível liberdade *artificial* ela pode ser pensada ou imaginada. Normalmente quando se fala dessa liberdade natural pode-se entender que ela não é um *artefato*, ou seja, algo produzido pelos seres humanos. Afirmar a liberdade natural significa muitas vezes destacar que ela não é feita, concedida por ninguém.

Nesse sentido, apenas pode ser que se confunda com o fato *natural* (empírico) da *igualdade numérica* de cada um consigo mesmo, ou seja, com a *identidade* de cada sujeito e de sua separação dos outros indivíduos ou *seres*. Pode ser que se confunda com o fato também *natural* empírico da existência de cada indivíduo independentemente de outros como organismo que existe e subsiste por si. Nesses termos, pode-se dizer que cada um (ser, ente, coisa) é livre de cada outro. Uma afirmação destas parece estranha ou impertinente, porque dificilmente esta existência – a de cada coisa por si – é compreendida como uma existência propriamente livre. Seres que existem independentemente como organismos podem ser chamados livres, embora não no sentido aplicado aos seres humanos.

Organismos como os nossos – de seres humanos – e vidas como as nossas não são completamente autônomos e disjuntivos. Nossos organismos, isto é, nós mesmos, estamos de alguma forma ligados pelo processo de geração aos que nos antecedem e sucedem, e nossas vidas individuais dependem em parte de nossa sobrevivência também como espécie, pois não parece muito pensável que cada um possa, ou mesmo queira, viver fora de um mundo de outros seres humanos. Podemos até não gostar especialmente dos seres humanos com quem vivemos, ou de alguns em particular. Mas dificilmente gostaríamos do deserto por si mesmo. Também não parece plausível pensar empiricamente na sobrevivência de cada um, visto que foi pela cooperação que a espécie desenvolveu ou adquiriu sua *vantagem evolutiva*. Não há uma disjuntiva completa entre cada ser humano do ponto de vista puramente empírico natural. Fixemo-nos por um breve momento na dependência recíproca de todos nós, na *divisão social do trabalho*, na impossibilidade mesma de provermos de uma hora para outra nossa própria sobrevivência, e a idéia de uma vida *solta*, indiferente e isolada mostra seu grau de absurdo prático. Logo, a liberdade não se confunde com a simples existência orgânica independente.[4]

---

[4] É na *Crítica à faculdade do juízo* que Kant apresenta sua importante idéia de *organismo*. Organismo possui em si uma força formadora, em oposição às coisas puras e simples, que só possuem força motora. No organismo existe um "produto" da natureza em que tudo é um fim e tudo é simultaneamente um meio. Sintetizando, diz ele que o que se chama força formadora dos organismos dá-lhes as seguintes características: (a) organismos produzem outras da mesma espécie – é a geração; (b) produzem a si mesmos – é o crescimento; (c) qualquer de suas partes se produz e a preservação de qualquer uma das partes depende da preservação de outra parte. Nota-se claramente que muitas teorias ou doutrinas

A sociabilidade torna a vida de cada um possível, e dá-se dentro de um universo não apenas natural empírico mas também de um universo de sentidos sociais, ou socialmente criados.[5] Não é por acaso que a famosa expressão aristotélica a respeito do ser social do homem é explícita em dizer que nossa sociabilidade difere da de outros animais, como as abelhas. Elas expressam dor, prazer, sentimentos digamos. Mas não têm o uso da fala (*logein*), e por isso a sociabilidade de que são capazes difere da nossa, pois pela fala podemos predicar o conveniente e o inconveniente, o bom e o mau. Pode-se avançar na interpretação do texto clássico para dizer ainda que a linguagem é um poderoso instrumento de memória da espécie (ou do grupo) e aprendendo-a aprendemos também muita coisa que se acumula ao longo das gerações.

Essa espécie de liberdade é natural apenas no sentido de ser *crítica* em relação aos arranjos sociais existentes, ou seja, àquilo que foi historicamente criado e convertido em hábito, arranjos cujo caráter *artificial* é ressaltado por oposição à *liberdade natural*. A liberdade natural, de que se fala no mundo moderno, opõe-se portanto à vida tradicional, à vida segundo regras convencionais aceitas como se fossem necessárias e dadas. Por isso que a *liberdade natural* é usada pelos seus defensores para opor-se às formas de vida tradicional. Ao apelarmos para a liberdade natural, é como se estivéssemos propondo a nosso interlocutor que deixasse de considerar as coisas como elas aparecem e se colocasse de fora dos arranjos institucionais existentes. Não se trata de pedir-lhe que se desfaça da idéia de arranjos institucionais ou de cooperação social. Trata-se de pedir-lhe que imagine uma situação em que se coloque em suspenso a *tradição pura e simples*.

Esse exercício é uma chamada ao pensamento, à consciência ou à reflexão sobre as formas de vida possíveis e desejáveis. Esse apelo à liberdade é *crítico* porque do fato de se reconhecer que a cooperação social é necessária para a sobrevivência da espécie não deriva a aceitação de todo arranjo social, qualquer que ele seja. Os arranjos existentes não são, só porque existem, necessários, determinados, causalmente *naturais*, não se *justificam* (isto é, não se dizem justos) pelo simples fato de existirem. Li-

---

políticas concebem a vidas social organicamente, e concebem a sociedade como organismo natural. A grande mudança de compreensão que se deu na filosofia moderna foi tomar a sociedade não por organismo mas por convenção, de modo que ela não é natural no sentido de produzir-se por uma *força formadora*. Sua natureza depende da natureza dos seres (partes) que a compõem. Assim, sendo esses seres livres, a composição social depende de regras aceitáveis, ainda que do ponto de vista empírico esses seres não se coloquem juntos para redigir nenhum contrato. Cf. Kant (1995, 217 ss).

[5] Não acredito que possa haver sentidos individualmente criados. O sentido, ainda que individualmente *assumido, ou abraçado* é social, o que se percebe claramente pelo fato de que se alguém abraça ou assume um sentido deve ser capaz de comunicá-lo e expressá-lo para outros. Isto não quer dizer que os sentidos não nasçam de ações ou *intenções* sempre singulares. Mas eles pretendem, por definição, ser passíveis de compreensão social. Creio que isto explica em boa parte a idéia de tipo-ideal presente na sociologia de Weber, que por sua vez provavelmente a elaborou com a ajuda de sua formação de bom jurista que conhecia a idéia de tipos no direito (tipos penais, tipos contratuais, etc.).

Em Defesa dos Direitos Sexuais

berdade, criticamente compreendida, significa dar à vida de cada um o valor de algo insubstituível. Essa vida, porque é capaz de se desenvolver até certo ponto por si mesma, pode ser valorizada como algo em si mesmo bom. Esse apelo à liberdade natural é normativo: pede-se ao interlocutor que tome como próprio dos seres humanos em princípio (não em casos particulares nem *a posteriori*) a capacidade de escolher alternativas, ou mais propriamente, de desenvolver a capacidade de escolher e, afinal, de fazer de sua vida singularmente o que bem entender, e da vida dos grupos sociais de que participa um lugar em que cada um possa escolher também o que fazer com a sua vida. Trata-se da liberdade entendida não como ausência de causalidade (como se poderia falar de *partículas livres*, ou seja, que se desprendem de algum contexto e cuja causalidade de desprendimento e trajetória não conhecemos), mas como capacidade de escolha de finalidades.[6] Mais do que um fato da natureza humana, ela é como um fim, um fim que se assume (pressupõe-se) para fazer qualquer discurso a respeito da vida propriamente humana. A ciência propriamente dita não se ocupa da liberdade e não pode pressupor a liberdade, já que seu olhar está à procura da necessidade e da causalidade.

Ora, se a pura e simples existência de organismos não é a liberdade que nos interessa, é porque a liberdade natural de que falamos não é só um fato empírico nos termos expostos acima, mas um fato desejável, é um valor. Liberdade nesses termos significa *liberdade moral* e *liberdade civil* em primeiro lugar, ou seja, uma forma de organizar a cooperação de modo a que alguns não vivam apenas em função de outros. Trata-se de um ideal político-moral. Há nesse sentido de liberdade, como disse antes, o conceito eminentemente normativo moral (a liberdade como *autonomia*) e jurídico de imunidade (a liberdade como liberdade fundamental ou *civil*). Garante-se a liberdade, garantindo-se uma esfera de não-interferência dos outros na vida de cada um. Por isso a imunidade gera deveres (negativos, de *não-interferência*) para qualquer um, indivíduo ou coletividade, com relação a quem goza da liberdade.

Esse, no entanto, pode ser apenas o lado externo da liberdade, que não consegue ir muito avante. Os problemas de justificação surgem quando se trata de pensar a liberdade para além daquela já aceita no *status quo*. Para ultrapassar esse aspecto, convém dar um passo a mais. A questão que se coloca é por que a liberdade assim definida, a imunidade, é importante ou

---

6 Embora possa parecer que esta é uma noção exclusivamente kantiana de liberdade, não creio que o seja. Tome-se a apresentação da *Ética a Nicômaco* de Aristóteles e lá se vê que tudo o que diz respeito à vida moral pressupõe que um sujeito capaz de escolhas. Aquilo que não pode ser escolhido não pode ser objeto de apreciação (valoração) e não é objeto de estudo da moral. Sobre o necessário não há aplicação das virtudes. "É às paixões e ações voluntárias que se dispensa louvor ou censura, enquanto as involuntárias merecem perdão e às vezes piedade, é talvez necessário a quem estuda a natureza da virtude distinguir o voluntário do involuntário." (E N, II, 1, 1109 b, 30).

46   *José Reinaldo de Lima Lopes*

valiosa. Uma segunda questão que não está completamente esclarecida pela simples definição de liberdade é: até que ponto ela deve ou pode ir?

A primeira pergunta, ou seja, por que ela é valiosa, pode-se responder dizendo que a imunidade ou liberdade jurídica serve para proteger uma outra coisa valiosa em si mesma que é a *autonomia*. A autonomia consiste na faculdade de cada um ser suficientemente capaz de conduzir sua vida e fazer suas escolhas. Pode-se viver sem autonomia, já que a vida vegetativa propriamente dita acontece mesmo para quem não é capaz de consciência ou de decisão. Mas de alguns séculos a esta parte considera-se que todos os seres humanos devem ser considerados capazes de vidas autônomas (no sentido moral) e que os arranjos sociais, outra vez, devem ser de tal sorte a permitir que se tornem autônomos.

É possível pensar, e de fato ao longo da história é possível ver, formas de sociedade em que a autonomia não é um fim socialmente prezado, nem procurado em primeiro lugar. O liberalismo é justamente o credo político que veio colocar como elemento valioso central da discussão política a autonomia dos sujeitos. Não importa, aqui, fazer uma crítica das dificuldades, dos paradoxos ou dos limites empíricos e mesmo lógicos da concepção liberal. Gostaria apenas de afirmar que, antes do liberalismo, a autonomia dos sujeitos, embora imaginada e desejada por muitos, não era o núcleo do debate político.

A posição central que a autonomia dos indivíduos passou a desfrutar no pensamento político levou a problemas com os quais ainda convivemos e que certamente não se resolvem com idéias feitas ou prévias. Ela faz ressaltar ainda mais a tensão permanente que há e pode haver entre o indivíduo, que se destaca da massa informe de membros de um grupo homogêneo, e o grupo social com o qual necessariamente deve viver. Como produzir cooperação quando cada um quer ser livre do outro? Como criar cooperação social quando todos são livres? Como criar regras sociais quando cada um quer se dar a si mesmo regras especiais? Essas questões vêm sendo objeto de debate constante na teoria política e na filosofia moral contemporâneas e vêm gerando, mais recentemente, estudos sobre a *racionalidade da ação coletiva*, ou seja, da ação de cada um (individual) tomada como parte de um todo. Assim, embora se possa imaginar que a ação de cada um é absolutamente sua, ela bem pode estar inserida em um processo social: desde uma dança de salão, até um jogo esportivo qualquer que se jogue em equipe, até o movimento dos mercados, e assim por diante (Taylor 1993, 187ss; 1995, 127ss). Outra, vez, o propósito desse texto não é discriminar todos os problemas de cooperação em sociedades nas quais autoridades e regras tradicionais foram abolidas ou quase abolidas. O propósito é indicar como a idéia de liberdade individual (autonomia) se complica à medida que nos damos conta do caráter essencialmente social dos sujeitos humanos.[7]

Em resumo, a noção de autonomia é que é valiosa, como um ideal a ser alcançado por cada um e, politicamente, como um ideal a impor limites às definições de vida que uma sociedade qualquer pode impor a seus membros. Nisto o ideal de vida liberal distingue-se de outros ideais e de outras propostas morais políticas: a despeito de em toda sociedade haver necessariamente concepções compartilhadas que permitem a vida comum, na sociedade liberal – e no ideal liberal de sociedade – essas concepções são *delgadas* e não *espessas* como diz a metáfora de John Rawls (Rawls 1992, 397). Elas restringem-se a alguns pontos e espaços (o espaço público por exemplo) e não procuram deixar abertas aos indivíduos escolhas significativas para suas vidas. O ideal liberal não é *totalizante*, pois nem pretende abranger todos os espaços vitais, nem propor uma forma final de sentido à vida individual.

Do ponto de vista individual, é certo que a vida de cada pessoa é pautada por uma forma de viver que pressupõe necessariamente um bem em torno do qual articulam-se outros bens. Mas essa pressuposição do bem para a vida humana, que funciona como compreensão na vida individual, ao ser transposta para a vida social muda, e o bem que se pode pressupor para uma comunidade política é propriamente a justiça. Certo que não se pode compreender (pensar) uma vida humana sem um propósito, um sentido, uma direção ao que se chama bem. Nesses termos, a noção de bem é uma condição de inteligibilidade da vida humana, e essa noção de bem para cada indivíduo é substantiva e espessa. Já na esfera social, a noção de bem também dá inteligibilidade à comunidade política, não há dúvida. Mas essa noção de bem não é determinada da mesma forma. Comunidades políticas

---

[7] É bom lembrar, no entanto, que a experiência liberal mostrou na prática a possibilidade de se organizar sociedades em que sujeitos livres cooperam com relativa independência de fins ou noções compartilhadas de bens ou mesmo de um bem. As sociedades liberais, que serviram de berço e estímulo ao pensamento livre e à livre investigação, foram capazes de extraordinário sucesso material. Em vastas porções do mundo já não se vive sob a ameaça cotidiana da fome; já não basta um inverno rigoroso, como acontecia com freqüência até o século XIX, para causar morte de milhões de pessoas por fome no ano seguinte, pelo menos naquelas partes do mundo em que um mínimo de organização liberal foi bem-sucedida. Dizer isso não significa ignorar que essas sociedades foram ao mesmo tempo aquelas que impuseram, a ferro e fogo, uma colonização generalizada sobre largas porções do mundo, nem que mesmo domesticamente essas sociedades ainda enfrentam sérios problemas de distribuição da produção (inclusive de alimentos). Também não significa ignorar que partes da Ásia e da África vivem ainda sob a pressão da fome iminente, nem que bastaria uma cultura liberal para resolver-lhes os problemas. Mas quer dizer que não fosse a liberalização da vida intelectual – que não existiu em boa parte da vida medieval ou da Europa das guerras de religião – avanços hoje partilhados por todos nos meios de transporte, na cura e tratamento de doenças, ou na produção de alimentos talvez não existissem, devido à perseguição pura e simples dos que pensavam diferentemente e não aceitavam os limites religiosos de seu tempo. Galileu, certo, é apenas o exemplo mais preclaro de quem sofreu pela simples expressão de pensamento. A lista dos que foram perseguidos e tiveram menos sorte do que Galileu é testemunho suficiente do que foi o pensamento organicista e antiliberal durante séculos.

são *open-ended*, não têm um bem determinado ou singular, mas seu bem é sempre universal e geral. Por isso, mesmo na tradição clássica, as comunidades políticas se chamavam comunidades perfeitas, pois compreendiam todas as outras comunidades (com fins mais específicos) e todos os indivíduos (com fins pessoais). Ora, a condição dessa vida comum é dada pelas regras da justiça (distributiva); daí a afirmação de Rawls (mas proveniente de clássicos) de que a "justiça é a primeira virtude das instituições". Assim compreendida, a finalidade ou bem de uma sociedade política não pode, por definição, confundir-se com as finalidades de indivíduos ou grupos determinados, como um grupo religioso, cujo fim pode bem ser o de preparar-se para a vida futura, conforme a imaginam, ou conforme crêem que lhes foi particularmente revelado.

Para que uma sociedade de pessoas livres exista e continue a existir, é preciso que ela diga menos a respeito do bem da vida de cada um, para dizer mais a respeito da vida de todos em comum, mesmo que todos pensem diferentemente. Isto implica que a sociedade política (a comunidade das comunidades) não tenha propósitos totalizantes, isto é, pretensões de definir o bem que deve ser buscado individualmente pelos seus membros. Esses bens são deixados à consciência de cada um. Mas as instituições políticas exigem a *justiça*, que é uma concepção delgada, fina, de bem, uma concepção que permite apenas organizar a vida comum. Ela pressupõe um bem – a vida em comum – mas desse bem comum e universal para qualquer e todos os cidadãos não deriva um bem comum na esfera individual; ela não postula, portanto, um fim, uma moral individual, uma cultura homogênea, uma crença religiosa, um privilégio de igreja. A justiça é, sim, um bem, mas um bem menos espesso, que tem leveza suficiente para deixar que outros bens se realizem na vida de cada um. Por isso Rawls insiste em dizer que sua concepção de justiça é política, não metafísica. E sendo política, é moral, isto é, político-moral, não simplesmente estratégica. Ora, essa concepção normativa (não estratégica) não pretende impor objetivos de vida para cada um dos membros de uma sociedade política.

O outro ponto que merece destaque já não é o da liberdade considerada do ponto de vista das relações entre os sujeitos moral e juridicamente livres e todos os outros sujeitos e a própria comunidade ou sociedade (a liberdade civil). Ele diz respeito à extensão da liberdade: ela se estende a todos ou apenas a alguns? Ela se estende a todos os campos da vida, ou apenas ao campo dos direitos patrimoniais ou direitos disponíveis? O ponto é, portanto, *quantos* têm liberdade e *quanto* de liberdade é possível.

A primeira pergunta tem tido, mesmo nas sociedades liberais, uma resposta restritiva. Do ponto de vista moral, a liberdade como autonomia é a meta a se alcançar, mas sabe-se que pode não ser alcançada por alguns. A proposição "todos os homens nascem livres e iguais em dignidade direi-

Em Defesa dos Direitos Sexuais

tos" (*Declaração universal dos direitos humanos*, art. 1º), ou a proposição "ninguém será obrigado a fazer ou deixar de fazer alguma coisa senão em virtude de lei" (*Constituição da República Federativa do Brasil*, art. 5º, II) não são descrições de fatos, mas normas. Dão-nos um ideal, uma finalidade, e ao se incorporarem em textos como a Declaração Universal dos Direitos Humanos ou a Constituição da República dizem que estes são ideais que devemos buscar enquanto sociedade (universal ou nacional) e que o sistema normativo de cada uma dessas esferas será organizado de tal modo a tornar lícitas as formas que promovem esse ideal e ilícitas as formas que a ele se opõem. São grandes proposições de *sentido* geral para o sistema.

Quando nossos códigos definem pessoas incapazes estamos diante dos casos em que mesmo nas sociedades mais liberais do mundo a lei presume que alguns são incapazes de gerir suas vidas, por incapacidade de apreender regras mínimas de convívio. As regras de convívio estão em toda parte. MacCormick lembra a dificuldade dos liliputianos em entenderem o que é um relógico, que acharam pendurado no bolso de Gulliver. É que os liliputianos não tinham a mais mínima noção de um "jogo" que se chama "marcar o tempo" e "dizer as horas". O objeto físico que encontraram para eles não passava disso, de um objeto físico. Como o marcar as horas, a *finalidade* do relógio, lhes era desconhecida, resultava que não entendiam o que era um relógio (Maccormick 1995, 291-292).[8] O exemplo serve apenas para ilustrar que aqueles que são, por qualquer motivo, incapazes de entender um jogo social e entrar para a vida segundo regras, são corriqueiramente tidos como "incapazes". A esses, em geral, não se estende a liberdade. Eles têm direitos, mas não são consultados sobre o que fazer com seus direitos. Não dirigem suas vidas, são dirigidos. Por isso, mesmo quando presumimos o potencial para a autonomia de todos os sujeitos humanos, temos convivido com limites à liberdade. Naturalmente esses limites, como o da incapacidade, permite-nos pensar melhor sobre a afirmação genericamente feita de que "todos nascem livres". Na verdade, todos nascem "potencialmente aptos para a liberdade", que pode ou não se realizar.[9]

---

[8] No mesmo sentido, isto é, no sentido da irredutibilidade do discurso prático à descrição, ver MacIntyre, 1984, 56-58. Para MacIntyre existem termos funcionais, ou seja, conceitos cuja compreensão só é possível a partir de uma perspectiva interna e intencional. O exemplo que dá é justamente o do relógio.

[9] Veja-se a respeito o argumento de Hobbes sobre a sociabilidade natural dos seres humanos: "Como hoje vemos de fato uma sociedade já constituída entre os homens, e ninguém vivendo fora dela, já que vemos todos desejando o congresso e a convivência mútuos, parece uma enorme estupidez colocar no próprio começo desta doutrina uma pedra de tropeço como essa diante do leitor, negando que o homem nasce apto para a vida social. Por isso devo dizer mais claramente que é de fato verdade que para o homem, por natureza, isto é, enquanto homem, ou seja, imediatamente após seu nascimento, a solidão é uma inimiga, pois as crianças precisam de quem as ajude a sobreviver, da mesma forma que os velhos precisam de quem os ajude a viver bem. Por isso não nego que os homens (até mesmo por força da natureza) queiram juntar-se. Mas a sociedade civil não é um simples ajuntamento, senão laços, para cujo estabelecimento confiança e acordos são necessários, cujas virtudes – para as crianças e os loucos – são totalmente desconhecidas, assim como são desconhecidas suas vantagens por aqueles que nunca

Em resumo, a liberdade nem sempre se estende a todos, embora se possa presumir que todos são, em princípio, capazes de liberdade. Para sermos mais precisos, pode-se presumir que todos podem desenvolver sua autonomia. Essa presunção pode ser contrariada por fatos, pode haver seres humanos incapazes de certos aprendizados sociais e, portanto, de se tornarem autônomos na condução de sua vida no meio de outros seres humanos. Mas ela pode ser presumida, e se quisermos restringir tal liberdade ou autonomia presumida, deve-se demonstrar detidamente os motivos.[10] Se esta liberdade extrapolar o campo limitado da vida individual, ela pode converter-se em liberdade política, isto é, pode-se presumir que os sujeitos capazes de autonomia também são capazes de interferência em negócios comuns a todos, ou seja, negócios *políticos*.[11]

A segunda questão pergunta: a imunidade estende-se a todos os campos da vida? A afirmação liberal e jusnaturalista é que sim, estende-se a todos os campos, quer na vida pública (esfera da política e dos poderes da autoridade política, dos direitos políticos e civis), quer na vida privada (esfera do mercado e das relações individuais de troca de coisas, dos direitos patrimoniais), quer na vida íntima (esferas da família e das trocas dos afetos, esfera dos direitos de personalidade). Em alguns deles, ela se exerce de um jeito; em outros, de outro jeito. Assim, no campo dos direitos patrimoniais e não-absolutos há muita liberdade para dispor de sua própria liberdade: posso comprometer-me a fazer certas coisas, ou seja, posso obrigar-me. Ao me obrigar, gastei parte de minha liberdade. Submeti minha liberdade pela promessa, pela fidelidade, pelas formas de contratação e obrigação.

---

experimentaram a miséria que sua ausência traz. Por isso acontece que os primeiros, como não sabem o que é a sociedade, não podem entrar nela, e os segundos, que ignoram os benefícios que ela traz, com ela não se importam. É evidente, portanto, que todos os homens, como nascem crianças, nascem inaptos para a sociedade. Muitos também, talvez mesmo a maioria, ou por uma deficiência em suas faculdades mentais, ou por uma deficiência na educação, permanecem inaptos para a vida social por toda sua vida; e, no entanto, todos, crianças ou mais velhos, têm uma natureza humana. Portanto, o homem se torna apto para a vida social não pela natureza, mas pela educação. Além do mais, embora o homen nasça em uma condição tal que a deseje, não se segue necessariamente que tenha nascido apto a fazer parte dela. Porque uma coisa é desejar, outra é ter a capacidade adequada para aquilo que se deseja; pois até mesmo aqueles que, por seu orgulho, não se submetem à igualdade, sem a qual não pode haver sociedade, desejam esta última." Hobbes, Thomas. *The citizen*. (Bernard Gert, ed) Garden City (NY): Doubleday & Co, 1972. e *Leviathan*.(C. B. MacPherson, ed) London: Penguin Books, 1985, p. 110. Hobbes mostra que a sociabilidade chamada *natural* pode faltar aos que nunca deixam um estado semelhante ao das crianças. Podemos dizer o mesmo dos que não ganham autonomia.

[10] Nessa esfera, quando se quer contrariar uma pressuposição moral como esta – ou uma pressuposição constitucional fundamental, o argumento não pode proceder por simples tradição ou por convicções de fato infundadas ou erradas, excluído o argumento da maioria. Como se sabe, os direitos fundamentais são o instrumento jurídico que se opõe aos argumentos de conveniência e maioria. Questões de direitos fundamentais só podem ser resolvidas por apelo a outros direitos fundamentais. Daí, como se verá na terceira parte desse texto, que seja necessário investigar se a *sociedade como um todo, a opinião pública, ou a maioria* têm um direito fundamental que se possa opor aos indivíduos e qual é ele.

[11] A passagem de certa concepção de ser humano (como a que subjaz este texto) para a concepção política ocidental pode ser bem apreciada em Luiz Fernando Barzotto (*A democracia na constituição*. São Leopoldo, RS: Editora Unisinos, 2003, p. 45-63).

Isso é compreensível e aceitável. Mas essa possibilidade está inserida em um campo que é também o das relações de mercado, relações que segundo Mill por definição são diferentes do âmbito da liberdade individual.[12]

O que dizer no campo da própria vida sexual? Posso dispor de mim da mesma maneira? Sim: a resposta é que cada um pode conduzir sua vida como quiser, e que o paternalismo não tem lugar apoiado no sistema jurídico. Pode-se recomendar, pode-se aconselhar, mas não se pode impor a cada um o bem. Mill chama a atenção também para esse ponto, insistindo que não se deve dizer, por meio da lei coercitiva, o que um adulto deve fazer com sua vida (e consigo mesmo), embora se possa adverti-lo e instruí-lo. Os deveres para consigo não podem ser impostos; só os deveres para com outros se impõem. Assim, quando as práticas sexuais dizem respeito aos outros é preciso que estes se vejam protegidos de interferências individuais indesejadas (pelas formas mais evidentes de força, abuso ou fraude), mas o ponto de partida para os deveres não é a moralidade social em si mesma, mas o direito fundamental dos indivíduos que se quer proteger.

É bom lembrar que a liberdade de que falamos é uma espécie de imunidade, mas, por isso mesmo, é um termo relacional. Assim como a igualdade é sempre uma relação de uma coisa (ser) com outra, a liberdade é sempre uma relação de um ser com outro(s). Isto por si já nos previne da interpretação, equivocada a meu ver, de que na tradição liberal a sociedade não é levada em consideração. Ela é levada em consideração, mas a liberdade de que se fala é justamente da relação moral e politicamente aceitável da sociedade (sociedade política, enquanto governo, ou sociedade civil, enquanto opinião pública, nos termos de Mill) com os indivíduos ou pessoas. Ora, no que diz respeito à liberdade sexual, estão em geral em confronto duas pessoas ou mais, que estabelecem entre si relações sexuais, e a política ou opinião pública.

Este é o ponto mais ou menos tabu em que se encontra a discussão sobre os direitos sexuais, já que ao falar de liberdade e direitos sexuais fala-se não de coisas, mas de ações. Nesse campo é que a liberdade tem um lugar especial, pois se pode dizer que cada um pode inventar sua vida até certo ponto, assim como cada grupo social pode, também até certo ponto, inventar suas formas de vida política. Nesses campos, estará tudo disponível? Bem aqui também a resposta é que nem tudo está disponível, porque não se pode inventar tudo a cada dia, ou mesmo a cada geração, sob pena de perda da comunicação entre os diferentes seres humanos e, por falta de identidade, perda de comunicação consigo mesmo. Mesmo assim, nesse

---

[12] O âmbito do mercado não é, para Mill, o lugar por excelência da liberdade de que ele trata. "Again, trade is a social act. Whoever undertakes to sell any description of goods to the public, does what affects the interests of other persons, and of society in general; and thus his conduct, in principle, comes within the jurisdiction of society." (Mill 1974, 227) Cf. adiante nota 21.

âmbito em que a liberdade está propriamente em casa, a invenção cotidiana de si mesmo, ou a invenção histórica e geracional das sociedades permite as mudanças de sentidos e configurações gerais. Se para o indivíduo tudo está mais ou menos disponível, a questão que se coloca é sobre suas relações com a moralidade convencional ou majoritária. Mas sobre isto haverá mais o que dizer adiante.

Proponho uma retomada rápida de uma distinção que se fazia na filosofia clássica entre o *agir* e o *fazer* para insistir em que o âmbito do exercício da sexualidade se insere naquelas coisas que se fazem, não as que se produzem.[13] Quando se age, a ação não se separa do sujeito: o que ele produz não é uma coisa, mas sua própria vida e sua própria forma de vida. A liberdade moralmente desejável diz respeito sobretudo à esfera dos *agibilia*. Na esfera dos *factibilia* o objeto mesmo pode impor-se ao sujeito e determinar suas escolhas. É o campo da técnica propriamente dita, que facilmente é dominado pelas regras de produção de um objeto. Ora, o campo dos *agibilia* é aquele em que as pessoas escolhem suas formas de viver, tanto na esfera pessoal quanto na esfera comum. Isso significa que o campo da liberdade sexual está justamente nos *agibilia* e, por isso, é uma questão em última instância moral. Não é, porém, solucionável na forma da moral tradicional ou convencional. Esta é um instrumento fácil e necessário, mas não o critério último de julgamento. A crítica precisa ser feita, portanto, com um critério, e o critério limite é o da autonomia da pessoa, mas da autonomia de todas as pessoas envolvidas. A direção que nosso argumento toma é, pois, que a liberdade fundamental de cuidar de sua vida e conduzir sua atividade sexual é uma liberdade civil, fundada por seu turno na liberdade moral ou autonomia dos indivíduos.

Por isso, um dos autores que ainda conserva grande atualidade nessa concepção é John Stuart Mill (1806-1873). Mill, como se sabe, definiu os limites da interferência do Estado e da sociedade sobre a vida de cada um, dando especial valor à individualidade. Os sujeitos humanos, na sua percepção – e a meu ver dando expressão às afirmações de Kant sobre o valor absoluto de cada ser humano –, não existem em função da sociedade, qualquer que ela seja, porque não existem em função de outra coisa (seja ela outra pessoa, seja ela um partido político, um governo, um Estado, uma instituição religiosa, uma causa...).

Mesmo assim, de forma consciente, Mill afirma que, embora haja uma esfera de vida completamente própria do agente e retirada de qualquer avaliação ou interferência social ou estatal, é preciso ter algum critério para definir esta esfera de liberdade. Ele insistia que a liberdade que pregava, e

---

[13] Tomás de Aquino divida o mundo da ação (o mundo dos *agibilia*) entre as coisas que se fazem (*operabilia*) e as coisas que se fabricam/produzem (*factibilia*).

que era mesmo absoluta, não poderia ser confundida com *licença (license)*. Então qual o critério para de-terminá-la? O critério fornecido é o dano a outrem (Mill 1974, 135). Isto justifica a diferença de tratamento em casos diferentes. Assim, a sociedade não deveria ser autorizada a impedir que alguém bebesse, na medida em que essa atitude não causa dano senão a si mesmo. Naturalmente, poderia valer-se de meios não-coercitivos para persuadir o sujeito a não beber. No entanto, um soldado ou policial pode ser punido por ficar bêbado em serviço. "Sempre que, em suma, há um dano determinado, ou um risco bem determinado de dano, para uma pessoa ou para o público, o caso sai da esfera da liberdade e se submete à da moral ou do direito." (Mill 1974, 213) As bebedeiras, por exemplo, só interessam à polícia quando degeneram em crimes, por isso é possível vigiar os bêbados, mas em nome apenas da paz pública.

Dito isto, pode-se enquadrar a discussão da liberdade sexual nesses termos em primeiro lugar.

2. De onde vem o falar de direitos sexuais

Depois dessa apreciação geral da liberdade, o que dizer dos *direitos sexuais?* Seriam eles direitos de liberdade e como se enquadrariam no ordenamento jurídico? O que afinal podem ser os direitos sexuais e que espécie de problemas podem gerar eles? Creio que o mais interessante se pode discutir não pelas definições, mas pelos casos. O que está realmente em jogo quando começamos a falar dos direitos sexuais? Creio que há uma primeira constatação a fazer e diz respeito à radical mudança dos hábitos sexuais provenientes da industrialização de meios contraceptivos. Meios de contracepção tornaram-se relativamente baratos e acessíveis em escala industrial a grandes parcelas da população. Essa mudança radical permitiu em larga escala a dissociação da atividade sexual regular tanto da reprodução quanto das disciplinas anteriores, em forma de rigidez da fidelidade conjugal, perpetuidade dos laços matrimoniais e necessidade de a atividade sexual ser reduzida aos limites dos casais juridicamente casados. Na mesma ordem de idéias, o avanço da medicina foi alterando aos poucos as condições da vida sexual em sociedades industriais ao saber mais sobre as doenças sexualmente transmissíveis e criar tratamentos para várias delas.

Assim como as descobertas da medicina dos séculos XIX e XX permitiram a expansão global da ocupação humana em escalas e locais antes não imaginados, a industrialização de contraceptivos e os tratamentos novos eliminaram uma série de hábitos e disciplinas sexuais que existiam exclusiva ou principalmente para se evitar a reprodução incerta. Naturalmente os resultados dessa mudança, muito recente, ainda não foram avaliados, e a mudança desses hábitos sofre de uma certa disjunção com relação à maturidade e experiência com que os indivíduos entram na vida sexual ativa. Os números a respeito de gravidezes indesejadas na adolescência são um exemplo de como a mudança social que desvinculou sexo de família e reprodução não corresponde à mudança cultural e social em todas as classes e grupos sociais.[14]

A dissociação de atividade sexual da reprodução abriu a porta a dois campos em que a discussão da liberdade sexual, e dos direitos sexuais, se manifestou mais claramente: as relações entre pessoas do mesmo sexo e o aborto.

O outro problema surgiu também por força das transformações culturais e sociais e diz respeito ao aborto. Pelo menos duas ordens de questões se abriram de forma nova: novos recursos médicos permitiram tanto o abortamento provocado de forma mais segura, quanto a detecção de problemas de saúde da mãe e do feto com maior antecipação. Nesses termos, o leque de ações com escolha ampliou-se. Se antes não era possível detectar-se uma série de conseqüências para mães e fetos, agora com esse saber a continuidade da gravidez já não se faz mais em estado de absoluta ignorância, ou seja, a continuidade da gravidez, que poderia ser completamente "natural" em outros tempos, passou a carregar uma carga de escolha, e conseqüentemente de angústias e aberturas à decisão que antes não eram pensáveis. Além disso, a valorização da atividade sexual e afetiva de pessoas adultas mas sem pretensão de criar filhos naquele preciso momento em que pode surgir uma gravidez indesejada ampliou também o campo aberto a novas decisões a serem tomadas. Não apenas a decisão de relacionar-se com outros fora dos padrões anteriores de estrita matrimonialidade, mas também a decisão necessária a respeito das conseqüências desse relacionamento que passam a afetar eventualmente uma nova potencial vida humana.

Quando as relações entre pessoas de sexo diferente puderam se estabelecer com outra finalidade que não a reprodução, o desfrute do prazer sexual ganhou um lugar especial na vida das pessoas. Em última instância, ganhou uma espécie de reconhecimento próprio, pois as conseqüências que pareciam necessárias e muitas vezes indesejadas das relações afetivas ou sexuais tornaram-se controláveis pelos parceiros ou por deliberação mútua ou por deliberação da mulher em primeiro lugar. Naturalmente essa possibilidade aberta gerou, especialmente para as mulheres, a capacidade totalmente nova de dispor das conseqüências de sua atividade sexual. Se os tabus e regras de direito haviam sido restritivas em parte pelo menos devido à necessidade de regulação das responsabilidades para com filhos, a determinação dos laços de parentesco para definir possibilidade de casamentos

---

[14] Para uma concisa e precisa história do tema que aqui interessa, ver Rios (2001) todo o primeiro capítulo.

futuros (e endogamia, por exemplo) e a transmissão de direitos por sucessão familiar, com essa dissociação perderam esta justificativa ou, pelo menos, essas justificativas já não têm o poder que chegaram a ter antes.

Isso fez que também as relações entre pessoas do mesmo sexo, porque em parte haviam sido estigmatizadas por não serem férteis, pudessem ser encaradas com um outro olhar. Se relações heterossexuais fossem admissíveis em função de si mesmas, por que não fazê-lo para as relações entre parceiros do mesmo sexo?

Essa, parece-me, é a questão que está em jogo ao se falar de liberdade e de direitos sexuais. E é disso que se pode falar mais detidamente em seguida: falamos de direitos de liberdade e no campo dos direitos da liberdade incluímos o direito à escolha de formas de vida da sexualidade. Quanto disso é determinado pelo sistema jurídico de uma sociedade qualquer? Dadas as mudanças pelas quais os padrões de relacionamento e autonomia estão passando, qual a medida das mudanças que se podem pretender na interpretação, na aplicação ou mesmo na criação de leis sobre o tema? Finalmente, quanto disso pode ser determinado por padrões sociais tradicionais, e quanto pode ser determinado ou avaliado por padrões morais críticos? Quanto pode ser determinado por padrões sociais, de hábitos, costumes, tabus, fobias, sem passar pelo crivo de uma crítica fundada na pretensão de autonomia dos sujeitos adultos?

3. Os valores e os limites da liberdade sexual

Pode-se começar dizendo que o direito de liberdade, e de liberdade fundamental na forma da constituição, significa que as pessoas podem viver mais ou menos como bem lhes aprouver, garantida igual e simultânea liberdade para todos. Dentro dessa perspectiva, os direitos sexuais não parecem oferecer maior dificuldade. "Cada um cuide da sua vida", como princípio legítimo de liberdade e de mesmo de justiça (Lucas 1989). A liberdade moral (cada um se desenvolve para tornar-se dono de sua vida e de suas escolhas) e a liberdade civil (todos têm igual liberdade até o limite do dano causado a outrem) dão suficiente apoio ao ponto de partida da tese de que os direitos sexuais são perfeitamente reconhecíveis como liberdades fundamentais na esfera da vida sexual.

E, no entanto, nem tudo é tão fácil como parece, pela espécie de objeção que às vezes se levanta ao reconhecimento da liberdade sexual e, mais especialmente, à igualdade de tratamento ou não-discriminação. A questão talvez mais essencial diga respeito a *quanto* pode o Estado ou a opinião pública, ou a *moralidade pública* interferir, limitar e restringir o exercício livre, inclusive em formas públicas (demonstração de afeto, reconhecimento legal das situações de convívio conjugal etc.), da autonomia sexual de cada pessoa humana em sociedades politicamente livres, democráticas e nas quais religião e direito foram apartados. Em resumo, o problema pode surgir quanto às formas de discriminação que o sistema jurídico de uma sociedade livre pode aceitar quando tais discriminações se basearem em critérios não *críticos* (como são o da maioria, da tradição, da religião) para restringir a expressão da vida sexual dos cidadãos dessa sociedade.

Poucos autores seriam tão claros quanto a esse tema quanto John Stuart Mill. No seu clássico ensaio sobre a liberdade, Mill indica com bastante precisão qual o perigo que antevê nas formas de liberalismo de seu tempo. Para o que nos interessa, ele demonstra consciência de que o controle puro e simples dos governantes não é o bastante para garantir a liberdade. A liberdade joga em sua filosofia moral e política o papel central, mas ele a define assim: "A única liberdade que merece o nome é a de buscar nosso próprio bem de nosso próprio jeito, desde que não tentemos privar os outros dos seus ou impedir seus esforços para obtê-lo." (Mill 1974,138)

Com isto, ele indica como as restrições à liberdade podem vir e cada vez mais freqüentemente vêm da opinião pública, da opinião da massa, da média aritmética das opiniões dominantes ou da mediocridade. Essa é uma forma de dominação e opressão que não se restringem ao espaço privado e não permitem aos indivíduos exercerem, ou melhor ainda, desenvolverem sua autonomia. Sem autonomia, não há liberdade. Logo, é preciso combater também as restrições desnecessárias à liberdade, aquelas que impedem a autonomia dos sujeitos.

O centro e o foco de seu argumento aparecem na introdução ao trabalho: "O objeto deste ensaio é um princípio muito simples para permitir de forma exclusiva o governo das relações da sociedade com o indivíduo na forma de obrigação ou controle, sejam os meios a força física, na forma de penalidades legais, ou *a coerção moral da opinião pública*. Esse princípio diz que a única finalidade se permite à humanidade, coletiva ou individualmente, interferir na liberdade de ação de qualquer um de seus membros, é a autoproteção. Que o único propósito para o qual o poder pode ser legitimamente usado sobre algum membro de uma comunidade civilizada, contra sua vontade, é evitar que ele cause dano a outros. Seu próprio bem, físico ou moral, não é uma razão bastante. *Ele não pode ser justamente obrigado a fazer ou a deixar que façam alguma coisa porque será melhor para ele*, porque isto o fará mais feliz, *porque na opinião dos outros isto seria aconselhável* ou mesmo certo. Essas são boas razões para opor-lhe, ou para persuadi-lo, o para argumentar com ele, mas não para obrigá-lo, ou causar-lhe algum mal caso ele proceda diversamente. (...) A única parte da conduta de qualquer um que deve ser aberta à sociedade é a que diz respeito aos outros. (...) Sobre si mesmo, sobre seu próprio corpo e mente, o indivíduo é soberano." (Mill 1974, 135) (grifos meus)

Em Defesa dos Direitos Sexuais

Nesse trecho, Mill afasta o paternalismo (obrigar as pessoas a fazerem o que é bom para si, mesmo que não queiram) e a condução da consciência alheia. A ação moral só tem valor se for realizada livremente; logo, aquilo que é bom para alguém ou para algum modo de vida não pode ser legalmente obrigatório. Somente aquilo que prejudica os outros deve ser proibido. Aquilo que não se deve fazer porque não é bom pode ser objeto de conselho, de admoestação, de diálogo, mas não pode ser objeto de decisão do Estado ou da opinião alheia. Esse em resumo o propósito do texto de Mill e de sua compreensão da liberdade.[15]

A religião fora, na história ocidental, um dos grandes obstáculos à autonomia moral. Claro que se pode recuperar nos textos cristãos que deram forma ao Ocidente uma linha de valorização da autonomia dos sujeitos e até mesmo de tolerância, mas não foi essa tradição tolerante que historicamente vingou.[16] Com o tempo, o ideal de autonomia, compatível abstratamente com algumas linhas da pregação cristã, foi submetido pelo ideal da disciplina, da assimilação, da homogeneização. Só a Ilustração do século XVIII conseguiu reunir forças intelectuais e sociais suficientes para enfrentar o sufoco a que se havia submetido a liberdade de consciência e a autonomia moral dos sujeitos.

Comecemos por um exemplo histórico, para analisar os limites da liberdade sexual, e comecemos pelo que é hoje de interesse e era também de interesse na virada do século XVIII para o século XIX. Naquela altura, pretendiam-se excluir os *crimes imaginários* dos crimes punidos pela lei penal (como a feitiçaria) e deixá-los ao âmbito da liberdade. Na mesma onda, os crimes de *sodomia*, que tanto serviam para perseguições e proveito pecuniário de inimigos pessoais e políticos dos homens e mulheres que se engajavam em práticas sexuais com pessoas do mesmo sexo, foram deixados ao âmbito da vida privada e aboliu-se muito cedo sua criminalização

---

[15] Aléxis de Tocqueville tem, como se sabe, preocupações semelhantes às de Mill. Depois de visitar por longo tempo os Estados Unidos, Tocqueville convence-se de que a liberdade pode facilmente conduzir à dominação da maioria sobre a minoria, e a maioria pode ser justamente a parte mais medíocre da sociedade, de menos recursos intelectuais, espirituais, racionais e sentimentais.

[16] Basta lembrar aqui a tradição lucana, cujo ápice se encontra na parábola do filho pródigo, que nada mais é do que a parábola do amor sem limites e do perdão sem limites (Lc. 15, 11-32), dentro dos longos capítulos das suas histórias de misericórdia. O mesmo sentido tolerante pode-se encontrar na tradição da comunidade joanina, em que na tentativa final de dar a entender o que era o *mandamento do amor* narra-se que Jesus faz um gesto (o lava-pés). Pelo gesto, não pelo discurso, sabe-se do amor (Jô 13, 12). E mesmo assim, a religião organizada não pode não ser um grupo social identitário e, por isso mesmo de identificar-se pelo contraste e até a rejeição de outros grupos. Para preservar-se, a religião cristã se identificou não com um ideal, mas com formas concretas de vida ou e na luta pela sobrevivência nunca se pejou de abençoar, quando não mesmo de estimular a eliminação física e moral dos diferentes. Em resumo, houve ao longo da história do cristianismo – e continua a haver – como seu discurso mais próprio aquilo que Peter Gay chamou de *o cultivo do ódio* ao referir-se a outro grupo identitário moderno, o Estado-nação. Este ódio teológico ao diferente é, aliás, lembrado por John Stuart Mill como um dos casos exemplares de boas intenções e fidelidade à própria consciência que priva os outros de sua liberdade e dignidade ("the *odium theologicum* of a sincere bigot", diz ele).

(no Brasil, o crime de sodomia desapareceu já com o Código Criminal do Império, de 1830).

O Código Criminal foi considerado a seu tempo exemplar de legislação moderna e progressista. Veio substituir o famigerado Livro V das *Ordenações Filipinas* (de 1603) e na esteira do iluminismo penal buscou abolir os crimes imaginários e separar crime de pecado, secularizando a ideologia da repressão penal.

Mesmo assim, encontra-se no seu artigo 280 a seguinte disposição: "Praticar qualquer ação, que *na opinião publica* seja considerada como *evidentemente ofensiva da moral*, e bons costumes, sendo em lugar público: Penas – de prizão por 10 a 40 dias, e de multa correspondente á metade do tempo." [grafia original, itálicos meus] De teor semelhante para o que nos interessa aqui havia também o art. 279: "Ofender evidentemente a moral publica, em papeis impressos, litografados, ou gravados, ou em estampas e pinturas, que se distribuirem por mais de 15 pessoas, e bem assim a respeito d'estas, que estejão expostas publicamente á venda: Penas – de prizão por 2 a 6 mezes, de multa correspondente á metade do tempo, e de perda das estampas, pinturas, ou, na falta d'ellas, do seo valor." (grafia do original)

Vejamos ainda outro exemplo do que o código, abolidor dos crimes imaginários, havia mantido. O art. 278 dizia: "Propagar por meio de papeis impressos, litografados, ou gravados, que se distribuírem por mais de 15 pessoas, ou por discursos proferidos em publicas reuniões, doutrinas, que diretamente destruão as verdades fundamentaes da existência de Deus, e da imortalidade da alma: Penas – de prizão por 4 mezes a 1 ano, e de multa correspondente á metade do tempo."

O Código Criminal do Império reproduz uma importante corrente de pensamento que pretendeu a seu tempo desvincular a disciplina penal da sociedade de sua disciplina religiosa. Claro que essa distinção entre crime e pecado não era nova e já se fizera de várias maneiras ao longo dos séculos em que se formou a tradição jurídica ocidental. Essa diferença servia de base para a separação de jurisdições (eclesiástica ou civil) e mesmo dentro da vida eclesiástica entre matéria sacramental (de confissão) e matéria disciplinar (de processo canônico). O que acontecia de maneira geral, porém, é que os critérios que ajudavam a definir o crime eram tirados da moral cristã e, por isso, confundiam-se substantivamente com eles, mesmo quando se reconhecessem propósitos distintos para cada uma das esferas.

Os artigos citados acima indicam, porém, os limites da simples *descriminalização*, pois a própria lei manteve como infração (na época chamada de *crime policial,* o nosso equivalente à *contravenção*) a *ofensa* à opinião corrente, à opinião dominante, à opinião da maioria ou dos mais poderosos pelo menos. É justamente contra essa idéia que Mill escreve. Por que sub-

Em Defesa dos Direitos Sexuais

meter alguns ao constrangimento legal por discordarem da opinião da maioria se essa opinião não causa dano a ninguém?

Ora, essa espécie de confusão entre convicções religiosas e limites à liberdade pessoal não foi abolida facilmente e talvez até hoje não esteja abolida totalmente. Se no Brasil de começo do século XIX ela se insinuou na punição de práticas que pudessem *ofender* o público ou *ofender* a opinião dos que acreditam em Deus, ela também foi alvo de discussão em outras partes. Apenas a título de exemplo, lembremos a expressão de Thomas Jefferson a respeito da liberdade religiosa. Como se sabe, Jefferson prezava de forma especial a liberdade religiosa, tanto que no seu epitáfio mandou inscrever pouquíssima coisa: "Aqui jaz Thomas Jefferson, autor da declaração de independência dos Estados Unidos da América e da lei de liberdade religiosa da Virgínia, e fundador da Universidade da Virgínia". Um típico epitáfio de um iluminista: alguém que expressou a liberdade de uma comunidade política, a liberdade dos indivíduos e fomentou da liberdade do espírito em geral.

Mas vamos a suas palavras sobre a liberdade religiosa, ou seja, a liberdade de opinião propriamente dita. Ele lamentava, nas suas *Notas sobre a Virgínia*, que o "bom povo da Virgínia", que tanto havia lutado pela independência da América inglesa, continuava vivendo sob leis que puniam os hereges (estava em vigor ainda o edito *de heretico comburendo)*: "Este é um resumo da escravidão religiosa sob a qual ainda quer viver um povo que consumiu suas vidas e fortunas no estabelecimento da liberdade civil. Parece que ainda não se erradicou suficientemente o erro de que a atividade da mente, como aquela do corpo, não está sujeita à coerção das leis. Nossos governantes não podem ter nenhuma autoridade sobre nossos direitos naturais a menos que lhes tenhamos concedido. Nunca lhes cedemos nossos direitos sobre nossas consciências. Só respondemos ao nosso Deus. O poder legítimo do governo só alcança os atos que causem danos a outrem. Mas não me causa nenhum dano que o meu vizinho diga que há vinte deuses, ou nenhum. Isso nem rouba minha carteira nem quebra minha perna. Se por causa disso se diz que seu testemunho no tribunal é suspeito, que seja rejeitado e ele arque com a má-fama. A coerção pode torná-lo pior ao fazer dele um hipócrita, mas nunca fará dele um homem mais íntegro. Pode aferrá-lo obstinadamente a seus erros, mas não curá-los. A razão e o livre exame são os únicos fatores eficazes contra o erro. Deixe-os à solta e eles apoiarão a verdadeira religião ao levar todas as religiões falsas a seu tribunal e investigá-las. Eles são os inimigos naturais do erro e só do erro. Se o governo dos romanos não houvesse permitido o livre exame, o cristianismo nunca teria despontado. (...) Só o erro precisa da ajuda do governo. A verdade se mantém por si mesma. Sujeitem a opinião à coerção: quem será seu inquisidor? Homens falíveis. Homens dominados por paixões más, por razões particulares e públicas. E por que submetê-la à coerção? Para produzir uniformidade. Mas a uniformidade das opiniões é desejável? Não mais do que a de rosto ou altura. (...) Milhões de homens, mulheres e crianças inocentes foram queimadas, torturadas, mutiladas, aprisionadas desde a introdução do cristianismo; e ainda assim não avançamos uma polegada na direção da uniformidade. Qual foi o efeito da coerção? Fazer da metade do mundo insensatos, e da outra metade hipócritas."

Ao longo do século XVIII, o que se afirma progressivamente com o espírito das *luzes* é a distinção possível de critérios. O iluminismo, com sua pretensão de universalidade, quer de certa maneira permitir a convivência dos diferentes, dos dissidentes sobretudo e, por isso, estava à procura de critérios superiores às diferenças e opiniões religiosas. Esse espírito não significava pura e simplesmente a abolição da religião, mas a busca freqüente de uma religião natural, uma religião da razão. Não por acaso, pois alguns princípios tidos como cristãos são convertidos em princípios universais, destilados de suas características mais detidamente religiosas, institucionais ou eclesiásticas.[17]

"Sapere aude", ousa fazer uso de teu próprio entendimento, liberta-te dos diretores de consciência, dos padres, pastores, ministros, jesuítas...Mas isto não significou imediatamente a conquista da total liberdade de pensamento nem a aposta, difícil, na incerteza angustiante de uma definição humana e própria da vida e do sentido da vida em primeiro lugar e até finalmente neste mundo. O que houve foi que alguns dos princípios cristãos foram transformados em princípios universais. O exemplo mais claro talvez seja, não por acaso, o de Kant. Ao procurar um critério crítico e de razão que fundamentasse a vida – e também a liberdade moral dos sujeitos autônomos – ele, como aliás uma longa tradição que o antecedia, explicava o mandamento do amor universal formulado na expressão "ama teus inimigos", recorrendo ao conceito de *respeito*. Não é o amor da afeição que os cristãos devem a seus inimigos, mas o amor universal que se diz respeito. Posso respeitar um inimigo, como também um estranho, sem ter para com ele nenhum sentimento ou afeto em particular, seja ele *irascível* ou *concupiscível*. O amor universal dos cristãos ficaria transformado em respeito, a forma universal do amor divino, *caritas,* sem qualquer intervenção do amor *eros,* ou mesmo do amor *philia*, o querer bem dos amigos.[18]

---

[17] Onora O'Neill afirma, com razão, que várias idéias européias "viajaram" relativamente bem porque pretendiam aplicabilidade universal. Tanto o liberalismo quanto o socialismo, diz ela, têm um ancestral no cristianismo que também se pretendia universal. Esse universalismo, ela destaca, pode ser compreendido porque não faz restrição de "audiência" (ou auditório): ele afirma que todo e qualquer ser humano é capaz de e habilitado a entrar na esfera da razão. A pretensão de justificação universal caminha ao lado da admissão do acesso universal à justificação. Cf. O'Neill 1988, 705.

[18] "Com efeito, o amor, como inclinação, não pode ser mandado; mas fazer o bem por dever, ainda quando nenhuma inclinação conduz a ele e até se oponha uma aversão natural e invencível, é amor prático e não patológico, amor que tem assento na vontade, não em uma tendência da sensação, que se

Assim, de forma indireta, a opinião da maioria, uma opinião de caráter metafísico (no sentido aristotélico, isto é, uma proposição sobre as verdades primeiras, logo não-demonstráveis, apenas *opináveis*) ou uma opinião religiosa (e, por isso mesmo, tendem a ser absoluta e derivada de *revelação*, logo também ela não demonstrável) insinua-se no sistema coercitivo.[19]

A palavra-chave dessa impostação é autonomia ou liberdade. Creio que é uma razão bastante forte para defender o fim das discriminações pelo exercício da liberdade sexual, dessa parte da vida que nos liga diretamente a outro ser humano e indiretamente a todos os outros seres humanos. A autonomia tem uma história recente entre nós. Não terá mais do que duzentos anos como idéia-força da vida social e da moral pública. Essa história recente é ainda mais recente e frágil em sociedades como a brasileira, em que não é difícil encontrar os que afirmam que a autonomia e as liberdades civis não são as primeiras questões de nossa vida pública. À direita e à esquerda encontram-se afirmações assim, sugerindo que as questões de liberdade são questões menores e que podem ser adiadas face à urgência avassaladora dos conflitos sociais, de classe, econômicos e de grande violência que enfrentamos.

Creio que não há nada de questão menor nesse ponto. Nesse ponto, creio que dizer algo nesse sentido, que a liberdade individual, inclusive a liberdade sexual é menor ou pode esperar, significa colocar a pessoa humana abaixo de objetivos falsamente mais altos. O argumento é típico dos que não valorizam a autonomia e acreditam que alguém está acima do próprio sujeito para determinar-lhe a vida. O argumento é encontradiço entre os que têm convicções religiosas (sejam elas religiosas no sentido vulgar, sejam

---

funda em princípios de ação, não em terna compaixão, sendo este o único que pode ser ordenado." (Kant *sdp*, 44) Esse amor que pode ser mandado depende, na ética kantiana, da noção de *respeito* que é o tratamento devido por cada ser humano a cada outro ser humano de forma impessoal (pois não procede da afeição) e universal (pois se dirige a qualquer um). O respeito, por sua vez, depende da noção mais fundamental do valor intrínseco de cada ser humano, sumariado na conceito de *dignidade*: cada ser humano deve ser tratado com um fim em si mesmo, não como uma coisa que se coloca diante de mim como um obstáculo. Por isso há na ética kantiana um potencial para a reflexividade e a inter-subjetividade. Esse potencial vem sendo explorado, a meu ver, por Karl-Otto Apel mais do que por qualquer outro na atualidade.

[19] A metafísica, ou *filosofia primeira*, indaga das causas primeiras, isto é, estabelece as condições de inteligibilidade e compreensão do que existe. Muitas vezes, as proposições desses primeiros princípios são evidentes, muitas vezes são opináveis (para Aristóteles as premissas podem ser primeiras e verdadeiras, ou primeiras e opináveis). As opináveis são as que se pode *refutar*, ou seja argumentar para tirar-lhes o fundamento; mas nelas não se pode obter certeza, não há como *verificá-las ou falseá-las*. Assim, a causa final de tudo, ou a causa eficiente e tudo, assim como a existência de Deus são coisas que não se pode saber com certeza, embora se possa raciocinar a partir delas, pressupô-las. Nessa esfera da indagação filosófica, que em Aristóteles aparece nos *Tópicos* e na mesma *Metafísica* não se obtêm certezas indefectíveis nem permanentes. No estado constitucional moderno essas questões não se arbitram pela autoridade, mas são deixadas à opinião de cada um. Toda vez que uma opinião destas se insinua no sistema jurídico, pode-se questionar sua validade. É isso o que acontece quando o ordenamento jurídico incorpora desavisadamente regras religiosas para impô-las a todos, mesmo aos não crentes.

elas convicções políticas com o caráter absoluto da verdade típico das convicções religiosas).[20]

A falsidade disso está em que essa espécie pressupõe muitas vezes um todo universal ("a sociedade") que existe acima e fora dos sujeitos que o compõem. Ora, a noção de autonomia que fundou o constitucionalismo moderno rejeita essa idéia normativa. Para o liberalismo, as pessoas não existem para a sociedade, para a família, para a tradição, para a religião, para uma outra coisa qualquer. Logo, não se pode, sem boas razões, submeter a autonomia dos sujeitos a fins que ele não escolheu e cuja realização não elimina a possibilidade de outros escolherem e realizarem fins diferentes. A liberdade, compreendida no limite do respeito simultâneo e compatível com igual liberdade de outrem, não é objeto de transação, pois se trata de um fim inerente à própria natureza humana, cuja proteção é a razão de ser de um estado de direito constitucional. A falsidade do argumento de que é preciso primeiro cuidar de necessidades materiais, para depois falar da liberdade também se nota pelo fato histórico da contingência (isto é, da não-implicação necessária) da relação entre supressão de liberdades individuais[21] e diminuição de desigualdades materiais.[22]

---

[20] Não é difícil notar que várias ideologias políticas dos últimos séculos tiveram este caráter religioso e totalizante, e não por acaso geraram regimes ditos *totalitários*.

[21] Destaco que estou aqui falando das liberdades fundamentais dos seres humanos, não da liberdade econômica. Trata-se de distinção feita com grande clareza por Mill, que também não pretendia que sua defesa da liberdade individual fosse confundida sem mais com a liberdade econômica: "O comércio é um ato social. Todos os que se dispõem a vender qualquer classe de bens ao público, fazem uma coisa que afeta os interesses de outras pessoas e da sociedade em geral; assim, sua conduta, em princípio, está sob a jurisdição da sociedade. Por isso, antigamente considerava-se dever dos governos fixar preços, em todos os casos considerados importantes, assim como regulamentar os processos de fabricação. Hoje, porém, admite-se – embora tenha sido preciso uma longa luta – que tanto o barateamento quanto a boa qualidade das mercadorias se conseguem mais eficientemente deixando-se os produtores e vendedores em perfeita liberdade, com a única restrição da igual liberdade de os compradores procurarem seus suprimentos em outra parte. Esta é a chamada doutrina do livre-comércio, que se assenta em princípios diferentes, embora igualmente sólidos, do princípio da liberdade individual sustentado neste ensaio." (Mill 1974,227) Mill defende em seguida a interferência do governo e da sociedade nas unidades privadas de produção em variadas circunstâncias, esclarecendo justamente que seu ponto de vista sobre a liberdade não equipara pura e simplesmente a pessoa humana ao sujeito de direitos e que qualquer transferência de sua tese para a esfera da atividade econômica é um erro categorial, visto que a liberdade de comércio assenta-se, para ele, em *princípios diferentes*, princípios morais diferentes. Mill chega mesmo a dizer que o princípio da liberdade individual não implica o da liberdade de comércio: "Como o princípio da liberdade individual não implica a doutrina do livre-comércio, tampouco implica as questões que surgem a respeito dos limites daquela doutrina, como por exemplo o quanto de controle público se pode admitir para prevenir a fraude ou a adulteração, ou quanto de cuidados sanitários ou acordos de proteção para os trabalhadores em ocupações perigosas deveria ser imposto aos empregadores." (Mill 1974, 227-8).

[22] Os países escandinavos, que têm os menores índices e pobreza e desigualdade são também os que têm os maiores índices de liberdade individual. Já os países em que as religiões tradicionais são mais fortes são também os países com maiores níveis de desigualdade social. É o caso de perguntar-se se as religiões tradicionais não fazem mais pela manutenção das diferenças do que as sociedades mais liberais. A conexão entre uma coisa e outra dá-se provavelmente pelo fato de as formas tradicionais de vida, inclusive religiosas, dividirem o mundo entre os de dentro e os de fora, os iguais e os diferentes, enquanto o ideário liberal assumir que a humanidade é a classe universal, para além das necessárias pertenças a grupos concretos e locais.

Em Defesa dos Direitos Sexuais

Direitos sexuais significam primeiramente a liberdade de o indivíduo conduzir sua atividade ou vida sexual de tal maneira que não lese igual liberdade dos outros. Trata-se do conceito mais corriqueiro de liberdade que se pode ter. Na mesma medida da liberdade alheia, é a liberdade de cada um conduzir-se. Restrições a essa liberdade podem ser auto-impostas por motivos variados, inclusive no caso de relações monogâmicas e exclusivas. Podem ser também impostas por determinação legal (isto é, social, heterônoma) em função da proteção da liberdade alheia. Nessa linha, vão algumas restrições fundamentadas na pressuposição da capacidade da pessoa escolher sua atividade sexual. Por isso, as idades mínimas determinadas em lei, para além das quais o direito presume a violência do contacto.

Essa primeira espécie de liberdade não esgota o âmbito da liberdade sexual quando houver determinações legais de outra natureza que, sem razão explícita e fundada, limitam indiretamente a liberdade sexual dos indivíduos. Os exemplos indicados no primeiro parágrafo estão nessa categoria de limitações indiretas no mais das vezes como um efeito colateral, não necessariamente pretendido, da naturalização de certas práticas tradicionais. Por esse caminho um pouco indireto, certas tradições sociais, sobre as quais nunca houve um debate jurídico mais próprio, ingressam na ordem legislativa de forma subreptícia. O caso fica mais claro quando se vê que a despeito de não haver no Brasil uma proibição expressa de práticas homossexuais, visto que desde 1830 (data de nosso primeiro código penal) elas deixaram de ser consideradas crimes, o cotidiano das pessoas de orientação sexual homoerótica é mais difícil do que o das outras pessoas. O caso do embarque em viagens, em separações indesejadas etc. são exemplos desse obstáculo não pensado, não pretendido pelo sistema, e que se faz presente por uma tradição social, sobrevivendo às vezes em conjuntos normativos isolados.

Parece que já foi assentada a descriminalização das práticas sexuais não-matrimoniais e não exclusivamente reprodutivas entre adultos de sexos diferentes. Essa descriminalização vem apoiada por atitudes sociais de respeito e tolerância, o que se pode notar pela aceitação pura e simples de certas manifestações públicas de afeto entre pessoas de sexo diferente . O mesmo valeria para a liberdade sexual das pessoas de sexo diferente? Ou será que pelo simples fato da diferença de sexos o sistema jurídico ainda pretende impor coercitivamente o que é bom para cada um e invocar a seu favor, contraditoriamente, a proteção ao público, nos termos da *ofensa* de que falava o revogado código criminal do império?

Aqui, outra vez, o que está em jogo, da perspectiva da afirmação forte e completa dos direitos de liberdade da pessoa e de defesa de sua autonomia, é o quanto da moral tradicional e não-crítica pode ser admitido para sustentar a hostilidade legal e social por exemplo às pessoas de mesmo sexo em atitudes de afeto, ou em outras formas de expressão pública de sua intimidade sexual (como o casamento, por exemplo). Toca-se aqui um ponto fundamental da própria concepção de democracia e de seu funcionamento. Como já foi dito, a preocupação de Mill (como a de Tocqueville) era que a democracia viesse a perder a noção forte de liberdade. O mecanismo da agregação numérica das preferências poderia gerar, temiam eles, a formação de um consenso em torno de médias majoritárias que seriam provavelmente mais medíocres do que medianas. Por essa prática, a tendência que temiam era a de que as individualidades se sufocassem pela força das maiorias medíocres que as calariam. Daí sua defesa das individualidades. Democracias que não respeitassem as atitudes individuais críticas e diferentes tenderiam com o tempo a tornar-se ditaduras das maiorias, estioladas pela falta de pensamento autônomo. A diversidade entre as pessoas deveria ser, portanto, valorizada e respeitada. "Se esperarmos para resistir até que a vida esteja reduzida a um tipo uniforme, todos os desvios daquele tipo serão considerados ímpios, imorais ou até monstruosos e contrários à natureza. A humanidade rapidamente se torna incapaz de imaginar a diversidade quando perde o costume de vê-la durante algum tempo." (Mill 1974, 204) Os hábitos costumeiros, diz Mill, são feitos para pessoas e circunstâncias costumeiras. È preciso tomar o cuidado de não transformá-los em hábitos impostos a todos pela legislação. Assim, já que "a maioria, estando conformada com os hábitos da humanidade do modo como são atualmente (pois é ela que os faz como são) não consegue compreender porque eles não bastam para todos; e o que é pior, a espontaneidade não faz parte do ideal da maioria dos reformadores morais ou sociais, mas é, ao contrário, olhada com suspeita, como um obstáculo preocupante e rebelde para a aceitação geral daquilo que estes reformadores, conforme seu próprio entendimento, crêem ser melhor para a humanidade." (Mill 1974, 185-6)

Esses hábitos da maioria, que podem em algumas circunstâncias ser realmente os melhores, são vistos com inegável desprezo por Mill, que não se conformava, em seu tempo, com o tratamento dado às mulheres, aos trabalhadores e a outros grupos sociais cuja liberdade, a seu juízo, era ignorada justamente pelos moralistas da época. "Quem deixa que o mundo, ou uma parcela dele, escolha seu plano de vida, não precisa de nenhuma outra faculdade a não ser aquela semelhante à dos macacos para a imitação. Quem escolhe seus planos, faz uso de todas as suas faculdades." (Mill 1974, 138)

A pergunta então permanece: será que no que diz respeito à liberdade sexual, o sistema jurídico está autorizado a impor a uniformidade? O debate até hoje pressupunha que sim, daí a dificuldade de se estender a pessoas que não se encaixam nos planos de vida que outros lhes desenharam a liberdade que se reconhece aos conformistas ou conformados.

Em Defesa dos Direitos Sexuais

Dessa forma, por exemplo, no que diz respeito ao casamento. Há um incentivo do sistema tributário para que as pessoas se casem. A razão de tal incentivo pode ser completamente tradicional e irrefletida ("é bom que as pessoas vivam em famílias") ou pode ser mais claramente econômica: pessoas casadas provêem reciprocamente mais apoio e, por isso, geram menos custos ao sistema social como um todo. Em qualquer dos casos, seria conveniente que se explicitasse a razão, pois para razões diferentes haveria fundamentos diferentes e, possivelmente, objeções diferentes. Assim, quando se incentiva o casamento porque se acredita que "é bom – em geral – que as pessoas vivam juntas" estamos diante de uma forma pressuposição da felicidade individual que talvez não seja justo o Estado presumir, muito menos impor. De outro lado, se a razão é o custo da vida social, talvez não seja levado em consideração com a devida objetividade o custo da vida em família, como por exemplo a geração de filhos, sua educação e até mesmo os males advindos da violência intrafamiliar, dos abusos físicos e morais que se dão entre cônjuges e contra os filhos e assim por diante.

Superadas essas razões, permanece o outro lado da questão. Imaginando-se que tanto a felicidade dos indivíduos ("é bom que as pessoas vivam em famílias") quanto o custo dos apoios cotidianos (aliviando os custos sociais da manutenção da vida) sugerem que seria bom alimentar os sentimentos de solidariedade independentemente do sexo das pessoas, por que desestimular, impedir ou tornar mais custosa uma vida entre pessoas do mesmo sexo? Certamente a resposta a tal pergunta revelará razões que em última instância se apóiam em crenças últimas, sejam elas religiosas, sejam elas científicas (ou ditas científicas), sejam elas sociais, sejam elas, finalmente, pura e simples emoção (o desconforto, o temor, o pânico, o nojo diante de comportamentos alheios).

Em uma cena do filme *The sum of us* (1994, dir. de Geoff Burton), o personagem principal lembra-se de ter visto sua velha avó sendo levada para uma casa de repouso para idosos separada de sua amiga de muitos anos com quem compartilhava uma casa. O filme mostra, porém, algo que ele mesmo não viu, mas de algum modo veio a saber: que as duas eram, de fato, mais do que amigas. Viviam como um casal, uma dupla de pessoas a dividir intimidade, afeto, amizade e projetos, sonhos, vida comum, na qual certamente entrava a intimidade dos corpos, o desejo e o gozo do corpo uma da outra. Mas não eram reconhecidas como um casal ou uma família e no momento em que mais precisavam uma da outra, na hora suprema da verdade de cada, que é a morte, ou nas vésperas da morte, foram separadas. Esta é uma cena verossímil e certamente acontece diariamente em todas as partes do mundo. Outra cena que se pode com facilidade ver é a de duas pessoas do mesmo sexo, que vivem como família ou como casal se quisermos, separadas em viagens de avião ou mesmo ônibus para ceder lugar a outras duas que, sendo heterossexuais, são reconhecidas como família e casal e gozam de prioridade no embarque em conjunto.

Mais cotidiano do que tudo isto é, claro, o fato de companheiros do mesmo sexo, aposentados, depois de uma longa vida em comum, enfrentarem a situação de ver a lei presumir que suas economias conjuntas não devem ser dadas ao que sobreviver, mas a parentes distantes, indiferentes, quando não hostis aos dois ou ao sobrevivente. Não menciono tampouco, para iniciar, as vantagens dadas aos heterossexuais em termos de imposto, em nome de serem a célula da sociedade, quando não poucos deles deixam seus filhos abandonados em toda parte, não pagam o mínimo de alimentos a que foram até condenados e abarrotam os tribunais com disputas típicas de gente sem muito sentido de solidariedade. A lei, porém, exclusivamente pela espécie de atividade genital que preferem ou exercem, dá-lhes direitos que não dá a outros. Isto faz sentido no século XXI? Estou entre os que acham que não, e creio que há boas razões para acabar com tal espécie de tratamento discriminatório.

Por tudo o que já foi dito, é evidente que há uma restrição forte ao exercício da liberdade sexual para determinados grupos, particularmente os homossexuais. Essa restrição procede de o sistema jurídico ser interpretado com critérios morais que não provêm do próprio sistema, mas lhe são enxertados pela opinião pública, uma opinião de massa em geral acrítica e sobretudo antiliberal, opinião que não aceita a autonomia dos sujeitos adultos.

Quero aqui acompanhar o raciocínio de Herbert Hart sobre o tema. Como se sabe, Hart envolveu-se na discussão sobre a moral sexual da Inglaterra de seu tempo para defender que o direito penal não deveria ser usado para criminalizar relações entre pessoas nem limitar a liberdade de imprensa e de expressão de pensamento. O texto de Hart, que se tornou um clássico, *Law, liberty and morality,* assume como ponto de partida algumas premissas de John Stuart Mill sobre os perigos da moral positiva da maioria ser usada como critério legal superior. A questão que ele se propõe a enfrentar no texto é: "O fato de que determinada conduta seja considerada imoral, de acordo com os padrões comuns, é suficiente para justificar sua punição pela lei?" (Hart 1987, 33) Lembremos que o que estava em jogo na altura em que o texto foi publicado originalmente (1963) era sobretudo o tratamento penal dispensado à prostituição e às atividades homossexuais. Nem na Inglaterra, nem nos Estados Unidos, tais condutas eram liberadas. Como o próprio Hart conta, em um caso de 1961, a Câmara dos Lordes havia ressuscitado uma decisão de 1774 para afirmar que a "promoção de subversão da moral pública" deveria ser reprimida pelos tribunais de direito.[23]

---

[23] Trata-se do caso *Shaw v Director of Public Persecutions* (1961) 2. A. E.R., p. 452-3 (1962) A C p.268 (indicação do próprio autor).

Inicialmente, e acompanhando John Stuart Mill, Hart sugere que se pode distinguir com relativa clareza o conceito de moral positiva ("a moral aceita e compartilhada por um dado grupo social") e princípios morais gerais ("usados na crítica às instituições sociais"). Ora, é possível realizar uma crítica moral das sanções legais que apóiam a, ou se apóiam na moral positiva. Em seguida explica que o uso da sanção ou da pena no sistema jurídico penal exige justificativa porque atinge coisas que são *prima facie* valiosas para os indivíduos, como sua liberdade. Sob que razões se pode tirar das pessoas um bem tão valioso? E como se faz isto? Ora, a intimidação geral que a penalidade impõe a um tipo é o resultado de intenções políticas de restringir liberdades. Ora, as sanções penais sobre o comportamento sexual atingem um impulso de caráter muito diferente dos outros: "Ao contrário dos impulsos sexuais, o impulso para roubar ou para lesar, ou mesmo matar, não é, salvo numa minoria de casos de anormalidade mental, uma constante e insistente parte da vida diária. A resistência à tentação de perpetrar esses crimes não é freqüente; o mesmo não se dá com a supressão dos impulsos sexuais, porquanto se apresentam como algo que afeta o desenvolvimento ou equilíbrio da vida emocional do indivíduo, sua felicidade, sua personalidade." (Hart 1987, 48) Assim, Hart sugere que a tentativa de controlar os impulsos sexuais e a tentativa de controlar os impulsos de roubo ou mesmo de assassinato dizem respeito a objetos (os impulsos) muito diferentes.

O argumento de Hart é dirigido ao presidente da mais alta corte inglesa à época, Lord Devlin, que fazia a afirmação simples e contundente de que é compreensível e também justificável que o sistema jurídico aceite a moralidade majoritária como sua própria, e onde houver a condenação majoritária de certas posturas, a minoria deve se submeter. Por isso, quando na Inglaterra a maioria dos ingleses abominava as práticas sexuais entre pessoas do mesmo sexo, o Parlamento não estaria legitimado a descriminalizá-las.

A resposta de Hart, seguida anos mais tarde por um ensaio de Ronald Dworkin no mesmo sentido e contrário ao juiz Devlin (Dworkin 1978, 240-265), insistia num ponto central, entre outros: o erro do juiz Devlin estava em considerar a defesa da moral da maioria um caso de autoproteção da sociedade. Como foi visto acima, Mill aceitava, em linha com o pensamento liberal, que em caso de necessidade de proteção de alguém em particular ou da sociedade em geral de um risco ou dano em particular, a liberdade individual pode ser restringida. Ora, o juiz Devlin acreditava que a prática sexual minoritária dos homossexuais consistia um caso de ofensa à moral majoritária e esta, ameaçada, poderia pôr a perder a própria existência da sociedade inglesa.

Claro que esta concepção de que uma sociedade se confunde com a moralidade de sua maioria ignora, ou teme, a mudança moral. Hart distinguiu a preservação da moralidade, da preservação de uma determinada moralidade. Esta última é em geral a atitude conservadora: ela confunde a moralidade (isto é a idéia de uma vida moral e de busca de regras morais para a vida – a *moral crítica*) com o código moral do *status quo* (Hart 1987, 88-91). Uma sociedade qualquer não desaparece por mudar, a não ser que o sentido de desaparecer seja usado de tal forma que se possa dizer, por exemplo, que a sociedade inglesa desapareceu e transformou-se em outra coisa quando, ao longo dos anos, já não conservou tudo o que a distinguia no século vitoriano (século XIX). Mas se for assim, sociedades não seriam vivas, mas estruturas reificadas, estruturas de museu. Por esse raciocínio, o "menino desapareceu" para dar lugar ao "homem". Ora, ninguém afirmaria que José deixou de ser José pelo fato de ter se transformado em adulto. Não é tão fácil aceitar que o que *ofende o sentimento público ou majoritário* possa por si ser proibido e deva por si ser rejeitado, a não ser que se conceba que mudanças sociais são sempre rupturas e ameaças à sobrevivência da sociedade. Se assim fosse admitido, como temia Mill, toda manifestação de individualidade e de diversidade estaria condenada.

Ora, se a concepção de autoproteção da sociedade confundir-se com a proteção de seu sistema moral vigente, cuja base é eventualmente o nojo, a repulsa e o desconforto de alguns ou mesmo da maioria de seus membros contra alguns outros cidadãos, o que se estará protegendo não é a própria sociedade mas o sentimento ou o gosto de certo grupo (mesmo que majoritário). A maioria tem, pelo simples fato de ser maioria, a última palavra em questões morais? Depende, claro, da espécie de sociedade em que se vive e se quer viver. Em sociedades de moral tradicional, regidas pelo tabu, pode ser que sim. A "educação moral" em tais sociedades não existe para que o agente se torne autônomo, mas conformado, disciplinado, bom cumpridor.

Em sociedades de moral crítica, a "educação moral" visa a transformar os sujeitos em pessoas capazes de escolha, e tolera que as escolhas não sejam as melhores de acordo com um padrão de excelência definido por grupo nenhum. Basta que a pessoa não elimine a igual liberdade do outro. De modo que a resposta moral universalmente convincente só pode ser um "não" à pergunta sobre o papel da maioria na legislação moral, toda vez que essa legislação disser respeito a comportamentos que não causam dano direto a ninguém. Sobretudo, a concepção moral que respeita a idéia de seres humanos como sujeitos capazes de escolhas e considera tais escolhas como inerentes à sua própria dignidade, não admite que lhe sejam impostas escolhas alheias sempre que o resultado de suas ações não crie dano a ninguém. E na idéia de dano não pode ser incluído sentimento de frustração ou desacordo com as escolhas de outrem. Assim, a forma de experimentar sua sexualidade, por aqueles que não se subordinam a credos religiosos ou à moral convencional, desde que exercida de forma que respeite a liberdade e o consentimento dos que com eles se engajam em atividades sexuais, não pode ser impedida porque ela é considerada "ofensiva" a alguém, ou a algum grupo. É que esta ofensa ao sentimento alheio não prejudica absolutamente a vida alheia, a não ser que a vida alheia incorpore um direito a determinar para outros, e não para si, a forma de viver. Exemplos claros dessa atitude estão no impedimento de alguns grupos homofóbicos,[24] motivados por religião ou medo, de estender a pessoas do mesmo sexo os benefícios da vida comum obtidos por pessoas de sexos diferentes. É que esta "ofensa" não lhes tira nada a não ser um pretenso direito de viver num ambiente homogêneo, não pluralista. Como se sabe, esta noção de sociedade homogênea é a fonte e origem de renovadas formas de genocídio, aceitas – e mesmo religiosamente abençoadas outrora – e que hoje só se ousam pronunciar contra alguns grupos, o dos homossexuais entre eles. Será que hoje alguma autoridade de público ousaria dizer que o comportamento de certos grupos sociais, que os diferenciam dos outros por simples identidade, enquanto tal, é objetivamente mau, sem que as pessoas que compõem o grupo façam coisa alguma que cause dano a outrem? No entanto, as autoridades eclesiásticas de vários grupos dizem tais coisas a respeito das pessoas de orientação homossexual impunemente, ofendem parcelas inteiras da população que não causa dano a ninguém de forma antidemocrática e, insista-se, impune![25] E com um tal discurso alimentam as fobias coletivas – como outrora se faziam nos tempos dos progroms – e impedem a aprovação de leis protetoras de grupos vulneráveis.

Claro que entre as liberdades do outro não se conta sua liberdade de continuar negando a autonomia dos que pensam diferente de si, pois nesse

---

[24] Sobre o conceito de homofobia ver neste volume o ensaio de Roger Raupp Rios.

[25] Veja-se, a respeito da Igreja Católica, cuja convivência com sociedades tolerantes e livres é, para dizer o menos, tradicionalmente tensa e problemática, uma pequena coletânea elaborada por Marazzani (1993), com o sugestivo título *La Chiesa che offende: due milleni di ingiurie contro tutti gli 'altri*. Diz ele na apresentação de sua coleção de textos católicos: "Conseqüentemente, sempre existiu na história do catolicismo uma literatura de combate e uma pregação correspondente contra o adversário da vez elaborada pela cúria papal, pelo clero regular e secular, mas também pelos intelectuais e pelas associações leigas. A ação difamatória documentada neste livro parece contrastar com a mensagem evangélica. Cristo, ainda que tivesse pronunciado em algumas ocasiões frases ofensivas contra pagãos e judeus, concentra seu evangelho na bondade e no respeito ao próximo. No Evangelho a tolerância é total, já que incluída no mandamento de amar a todos, inclusive os inimigos." (Marazzini 1993, 7-8) Nesses dias em que concluo este texto, os jornais noticiam que a igreja negou cerimônias fúnebres a um homem que, depois de viver uma década preso a um leito de hospital e a máquinas que o mantinham artificialmente vivo, pediu a seu médico que o ajudasse a morrer (*Folha de São Paulo*, 23 de dezembro de 2006, p. 1-14, "Igreja recusa funeral a morto por eutanásia"). Este ser humano, de nome Piergiorgio Welby, é o hoje o caso exemplar de submissão de uma vida humana a uma idéia, típica, como alerta Berlin na epígrafe que usei neste ensaio, das formas autoritárias e pouco humanas de pensar e agir. Sobre a tensão entre religião e sistema jurídico constitucional de liberdades ver neste volume o ensaio de Roberto Lorea.

caso sua liberdade seria excludente das liberdades alheias.[26] Fora esta hipótese, que consiste talvez no "mínimo de direito natural" de que falava Hart (1997, 193-202), não se justifica a imposição de uma moral não-crítica.

O grande perigo da atitude conservadora, acrescenta Hart em *Law, liberty and morality*, é que se passa de um princípio moral e político aceitável (que o poder político se exerce por delegação da maioria), com um princípio inaceitável (que o que a maioria faz está além da crítica e da resistência). E por que se dá essa passagem? Creio que pela ignorância justamente daquela separação entre a moral pública sustentada por regras de justiça e por uma idéia delgada de bem, e a moral privada, sustentada por uma idéia pessoal e espessa de bem. Esse perigo foi chamado por Hart de *populismo moral*: a concepção de que a maioria tem o direito de determinar a todos como devem viver (Hart 1987, 95).

Esse perigo, com os exemplos expostos acima, mostra como ele não apenas existe como funciona em sociedades contemporâneas e particularmente no Brasil, onde parece estar de tal forma incorporado a nossas práticas (anti)democráticas que chega a provocar em alguns a afirmação de que as liberdades pessoais são menores e podem aguardar na fila da distribuição das liberdades...

Referências bibliográficas

ARISTÓTELES. *Ética a Nicômaco.* Trad. L. Vallandro G. Borheim. São Paulo: Abril Cultural, 1973.

BERLIN, Isaiah. "Dois conceitos de liberdade", in *Estudos sobre a humanidade: uma antologia de ensaios.* (Henry Hardy e Roger Hauheer editores). São Paulo: Cia. das Letras, 2002.

DWORKIN, Ronald. *Liberty and moralism. Taking rights seriously.* Cambridge (Ma): Harvard Univ. Press, 1978.

HART, H. L. *Direito, liberdade, moralidade.* (trad. Gerson P. dos Santos) Porto Alegre: Sergio A. Fabris Editor, 1987.

———. *The Concept of law.* Oxford; Oxford Univ. Press, 1997.

KANT, Imanuel. *Crítica da faculdade do juízo.* Trad. V. Rohden e A. Marques, Rio de Janeiro: Forense Universitária, 1995.

———. *Fundamentos da metafísica dos costumes.* Trad. Lourival de Q. Henkel. Rio de Janeiro: Ediouro, 1785.

KOCH, Adrienne e Peden, William. *The life and selected writings of Thomas Jefferson.* New York: The Modern Library, 2004.

LUCAS, J. R. *On justice.* Oxford: Oxford Univ. Press, 1989.

MACCORMICK, Neil. *Legal reasoning and legal theory.* Oxford: Oxford Univ. Press, 1995.

MACINTYRE, Alasdair. *After Virtude,* 2 ed. Notre Dame; Notre Dame Univ. Press, 1984.

MARAZZANI, Pierino. *La Chiesa che offende: due milleni di ingiurie contro tutti gli "altri".* Roma: Erre emme edizioni, 1993.

---

[26] Por isso mesmo essa liberdade não é universalizável.

MILL, John Stuart. *On Liberty*. (Ed. Mary Warnock) New York: Meridian, 1974.

O'NEILL, Onora. Between consenting adults. *Philosophy and public affairs,* v. 14, n. 3, 1985, p. 252-277.

——. "Ethical reasoning and ideological pluralism". *Ethics,* v. 98, n. 4 (jul 1988), p 705-722., 1988.

RAWLS, John. *A Theory of justice.* Oxford: Oxford Univ. Press, 1992.

RIOS, Roger R. *A homossexualidade no direito.* Porto Alegre: Livraria do Advogado, 2001.

TAYLOR, Charles. The politics of recognition, *Multiculturalism.* Amy Gutman (ed) Princeton (NJ): Princeton Univ. Press, 1994.

——. *Philosophical arguments.* Cambridge (MA); Harvard Univ. Press, 1995.

——. *Philosophy and the human sciences.* Cambridge: Cambridge Univ. Press, 1993.

— 2 —

A rejeição da conduta homossexual por John Finnis

PAULO GILBERTO COGO LEIVAS[1]

Sumário: Introdução; 1. A imoralidade da conduta homossexual; 1.1. As teses; 1.2. Apontamentos críticos; 2. A teoria do direito natural; 2.1. As teses; 2.2. Apontamentos críticos; 3. Teoria dos direitos humanos; 3.1. A tese da sujeição dos direitos humanos ao bem comum; 3.2. A rejeição da igualdade de tratamento; 3.3. Apontamentos críticos; Conclusão; Referências bibliográficas.

Introdução

John Finnis, reconhecido internacionalmente por suas obras em temas relacionados à teoria do direito, filosofia moral e política, é atualmente Fellow do University College e Professor de Direito e Filosofia Jurídica pela Universidade de Oxford, onde também obteve o título de Doutor em Direito, e também Biolchini Professor of Law na Universidade de Notre Dame (Indiana, EUA).

É conhecido também por seus trabalhos em teologia moral católica. Ele foi membro do Catholic Bishops Joint Committee on Bioethical Issues (1981-88), da International Theological Commission (1986-92) e do Pontifical Council for Justice and Peace (1990-95). Desde 2001, integra o Pontifical Academy Pro Vita e é Vice-Chairman do Linacre Centre for Health Care Ethics (*governor* desde 1981).

No texto "Law, Morality and Sexual Orientation", Finnis desenvolve os argumentos apresentados originalmente perante a Suprema Corte dos EUA, no "Colorado Amendment 2 case", "Evans v. Romer", que resultou no julgamento de inconstitucionalidade da emenda constitucional do Estado

---

[1] Procurador Regional da República lotado na 4ª Região (RS/SC/PR) e Mestre pela Universidade Federal do Rio Grande do Sul – UFRGS. Coordenador acadêmico do curso de Especialização em Direitos Humanos (UFRGS-ESMPU)

Em Defesa dos Direitos Sexuais

do Colorado que proibia a promulgação de leis que protegessem gays, lésbicas e bissexuais.[2]

Esse artigo tem por objetivo analisar esses argumentos contrários à conduta sexual apresentados por Finnis e relacioná-los a aspectos de sua obra mais geral sobre direito natural, mais particularmente os desenvolvidos no livro "Natural law and natural rights".[3] A teoria dos direitos humanos de Finnis é conseqüente com sua epistemologia metafísica e sua teoria moral paternalista.

Finnis é conhecido por ser um dos mais importantes representantes da escola contemporânea de direito natural, que se caracteriza, entre outros aspectos, por sua oposição ao liberalismo político e à concepção (de base kantiana) de autonomia moral do sujeito. A conseqüência disso é a sujeição do indivíduo ao bem comum.

A rejeição de toda conduta homossexual e sua inscrição no campo jurídico está fundada na negativa de conceder ao indivíduo sua autonomia para o exercício de sua sexualidade. Sexo é apenas uma função biológica a serviço do bem comum do casamento e seus significados da amizade e procriação. Dessa maneira, não é possível falar-se em liberdade sexual, e são admitidos tratamentos desiguais de indivíduos em base em sua conduta sexual.

Tal teoria não é compatível com a dogmática (ciência do direito) dos direitos fundamentais majoritariamente aceita em nosso país e com a jurisprudência de nossos tribunais nacionais. Com isso, ela afasta-se do teor liberal adotado pelo constitucionalismo ocidental e pela Constituição Federal de 1988.

Outrossim, mesmo que aceitos os seus fundamentos jusnaturalistas e metafísicos, sua rejeição da conduta homossexual dependeria de evidências empíricas que foram pressupostas, mas não comprovadas. Este é o caso da tese de que os casais homossexuais não podem realizar o bem comum da amizade.

1. A imoralidade da conduta homossexual

1.1. As teses

Finnis intenta justificar sua rejeição de toda conduta homossexual e da "ideologia gay moderna". Como conduta homossexual, entende os atos

---

[2] FINNIS, John. Law, Morality and Sexual Orientation. In Corvino, John (ed.). *Same sex: debating the ethics, science, and culture of homosexuality.* Lanham-New York-London: Rowman and Littlefield, 1997, p. 31-43. Disponível em 8 jan. 2007 em:http://scholar.google.com.br/scholar?hl=pt-BR&lr=&q=cache:oYJERiTeWakJ:www.princeton.edu/~anscombe/articles/finnisorientation.pdf+%22Law,+Morality+and+Sexual+Orientation%22

[3] FINNIS, John Mitchell. *Natural law and natural rights.* New York: Oxford University Press, 1980. 425 p. (Clarendon law series). Há uma tradução para o espanhol: *Ley natural e derechos naturales.* Buenos Aires: Abeledo-Perrot, 2000.

corporais sobre corpo de uma pessoa do mesmo sexo, no qual estão envolvidos com o objetivo de garantir satisfação sexual orgástica para um ou mais parceiros.[4]

Os atos homossexuais são não-razoáveis, não-naturais e imorais. São três as teses básicas do autor para fundamentar tal enunciado:

1) O compromisso entre homem e mulher (matrimônio) é intrinsecamente bom e razoável (bem comum) e possui dois significados intrínsecos: a procriação e a amizade.

2) O sexo é uma função biológica com finalidade reprodutiva e que só pode ser realizado com o objetivo de propiciar que os cônjuges alcancem o bem comum do casamento;

3) Atos homossexuais não podem realizar os significados intrínsecos do casamento (procriação e amizade) e, portanto, não podem ativar e alcançar o bem comum do casamento.[5]

A idéia do matrimônio como bem em si mesmo (tese 1) é formatada a partir de dois outros bens: procriação e amizade. Nesse sentido, cita Santo Agostinho, *Do Bono coniugal, para* afirmar que o bem da comunhão matrimonial é apresentado primariamente como um bem instrumental a serviço da procriação e da educação de crianças. Finnis rejeita esta posição para afirmar que a amizade, e não somente a procriação, é também um significado intrínseco do casamento.[6]

Segundo a tese (2), o sexo só pode ser exercido no matrimônio e exclusivamente com função reprodutiva porque somente o ato sexual de tipo reprodutivo realizado entre homem e mulher casados pode permitir a experiência do matrimônio como bem comum:

(...) a união de órgãos reprodutivos de marido e mulher realmente os une biologicamente (e sua realidade biológica é parte, não meramente instrumento, de sua realidade pessoal); reprodução é uma função e assim, em respeito desta função, os esposos são, verdadeiramente, uma realidade. Então sua união em um ato sexual de tipo reprodutivo (seja ou não atualmente reprodutivo ou até mesmo capaz de gerar filhos neste caso) pode realizar e permitir a eles ter a experiência do verdadeiro bem comum (real common good).

Segundo a tese (3), todos os atos sexuais que não estão a serviço do bem comum do casamento e não são atos de tipo reprodutivo são imorais, mesmo se praticados entre cônjuges. São atos sexuais imorais, entre outros, o adultério, a fornicação, o intercurso estéril intencional (uso de preserva-

---

[4] FINNIS, John. Law, *Morality...*
[5] Idem.
[6] Idem.

Em Defesa dos Direitos Sexuais **75**

tivo), a felação, o *coitus interruptus*, a masturbação solitária e a masturbação mútua (na qual inclui a sodomia).[7]

Portanto, atos homossexuais são julgados imorais porque: a) não são atos de tipo reprodutivo e, portanto, não podem atualizar e experimentar a procriação (paternidade); b) não podem atualizar e experimentar a amizade.[8]

Quanto a essa impossibilidade de realização da amizade, diz Finnis:

> Somente uma pequena proporção de homens homossexuais que vivem como "gays" tentam seriamente qualquer coisa assemelhada ao casamento como um compromisso permanente. Somente uma minúscula proporção tenta seriamente a fidelidade conjugal, o compromisso a exclusividade...[9]

1.2. Apontamentos críticos

Quanto à tese (1), sem dúvida que o casamento e a amizade são bens apreciados universalmente. Entretanto, é perfeitamente admitido, em nossa cultura, o casamento sem procriação.

Seria absurdo afirmar que casais heterossexuais que não desejam ter filhos ou que não podem tê-los estariam praticando uma conduta contrária ao bem comum, principalmente se estes casais vivem a experiência da amizade em maior grau que casais com filhos e cuja amizade tenha-se deteriorado a ponto de serem mantidos laços matrimoniais exclusivamente por força de crenças religiosas acerca da indissolubilidade do matrimônio.

Quanto à realidade dos casais estéreis, aduz Finnis:

> Um marido e uma esposa que unem seus órgãos reprodutivos em um ato de intercurso sexual que, na medida em que eles podem realizar, é de tipo apropriado para procriação, funcione como uma unidade biológica (e, por conseguinte, pessoal) e então pode ser atualizado e experimentado o bem comum dois-em-uma-carne (*two-in-one-flesh*) e a realidade do casamento, até mesmo quando algumas condições biológicas acontecem de prevenir que aquela unidade resulte na geração de uma criança. Suas condutas diferem radicalmente dos atos de um marido e esposa cujo intercurso é masturbatório, por exemplo sodomítico ou por *fellatio* ou *coitus interruptus*. No direito (*in law*) tais atos não consumam um casamento porque em realidade (sejam quais forem as ilusões do casal acerca da intimidade e abnegação – *self-giving* – de tais atos) eles não atualizam o bem conjugal uma-carne, duas-partes (*one-flesh, two-part marital good*).[10]

Portanto, para Finnis não importa que casais heterossexuais não possam consumar a procriação, o que importa é que eles possam unir-se sexualmente por meio não-masturbatório (para Finnis um meio não-masturbatório resulta ser exclusivamente a penetração vaginal seguida de ejaculação).

---

[7] FINNIS, John. Law, *Morality...*

[8] Idem.

[9] Idem.

[10] Idem.

Com isso, ele chama de procriação um ato sexual em que a geração de filhos é impossível objetivamente e em que sequer os parceiros acreditam nessa possibilidade.

Trata-se de um ponto de vista com conseqüências cruéis para casais heterossexuais em que ambos ou um dos parceiros tem impossibilidade absoluta para a realização do ato sexual preconizado. Nesse caso, estas pessoas estariam impossibilitadas de ter a experiência do bem comum do casamento?

Quanto à tese (2), sexo como finalidade exclusivamente reprodutiva, segue uma concepção do que é natural e não-natural. Merece transcrição a análise de Stephen Buckle sobre isso:

> Embora haja diferentes versões desta visão, todas elas dependem da idéia que não-naturalidade consiste na violação de princípios básicos do funcionamento biológico do homem. Isso é mais comumente aplicado a aspectos de comportamento sexual (...). Embora atividade sexual possa *dar* prazer (*give pleasure*), ela não é *para* prazer (for pleasure): prazer é parte dos meios para o fim, mas o fim da atividade sexual é a procriação humana.[11]

Segundo Buckle, para Finnis, qualquer atividade realizada contrariamente a sua função biológica relevante é errada. Assim, mãos são desenhadas para comer e boca para falar, e não para beijar, assim como não faz parte da função biológica da mão o escrever e o digitar.[12]

Quanto à tese (3), mas especificamente a assertiva de que casais homossexuais não sejam capazes de realizar o bem da amizade, exige a apresentação do significado da amizade para Finnis:

> No sentido mais pleno da "amizade", A é o amigo de B quando (i) A age (ou está disposto a atuar) pelo bem estar de B, no interesse de B, enquanto B age (ou está disposto a agir) para o bem estar de A, no interesse de A, (iii) cada um deles sabe da atividade e disposição do outro e do conhecimento do outro, e (iv) cada em deles coordena (pelo menos alguma de) sua atividade com a atividade (incluindo atos de amizade) do outro de modo que há um compartilhamento, comunidade, correspondência mútua e reciprocidade não somente de conhecimento, mas também de atividades (e então, normalmente, de gozo e satisfação). E quando nós dissemos que A e B agem um no interesse do outro, nós queremos dizer que a preocupação de cada um pelo outro é fundada, não por devoção a algum princípio de acordo com o qual ao outro (como um membro de uma classe identificada por este princípio) é conferido um direito à preocupação, mas em atenção ou afeição para a pessoa individual como tal.[13]

---

[11] BUCKLE, Stephen. Natural law. In: SINGER, Peter. *A companion to ethics*. Oxford, Uk: Blackwell Publishing, 1991, p. 172.

[12] Idem.

[13] *Natural Law...*, item VI.4. Neste artigo far-se-á referência às divisão e subdivisões realizadas pelo autor em seu livro.

A afirmação de que casais homossexuais não possam preencher tais pressupostos da amizade (compartilhamento, comunidade, correspondência mútua, reciprocidade, gozo, afetividade) é inverídica, como veremos. Pesquisadores, militantes e voluntários vinculados à Associação da Parada do Orgulho GLBT de São Paulo, ao Núcleo de Estudos de Gênero Pagu da Universidade Estadual de Campinas, ao Departamento de Antropologia da Universidade de São Paulo, ao Centro de Estudos de Segurança e Cidadania da Universidade Cândido Mendes e ao Centro Latino-Americano em Sexualidade e Direitos Humanos do Instituto de Medicina Social/Universidade do Estado do Rio de Janeiro conduziram em 2005 pesquisa de perfil quantitativo na Parada do Orgulho GLBT de São Paulo. Foram entrevistados transexuais e homens e mulheres homossexuais e bissexuais.[14]

Na pergunta sobre situação amorosa, 44% se declararam sozinhos, enquanto 44,9% dos entrevistados se declararam que estavam em situação mais ou menos estáveis (casados ou namorando). Esta última cifra sobe para 60,4% quando considerados os que tinham 40 anos ou mais. Além disso, do total de entrevistados, 23% estavam morando com o companheiro, o que coincide com o número dos que se consideraram casados. Quanto ao tempo de relação amorosa, entre as pessoas com mais de 40 anos, 38,6% declararam relações com mais de 6 anos e 27,6% relataram relações com mais de 10 anos.

Por meio desta pesquisa, não é possível medir o grau de diferença entre relações homossexuais e heterossexuais e provavelmente existam diferenças importantes, entretanto, este estudo refuta a assertiva de que casais homossexuais não compartilham, não formam uma verdadeira comunidade, com correspondência mútua, reciprocidade, gozo e afetividade, em suma, os elementos que compõem uma verdadeira amizade na formulação de Finnis.

2. A teoria do direito natural

2.1. As teses

Em "Natural Law and Natural Rights", Finnis justifica a existência de valores básicos da existência humana e que são, também, os princípios básicos da razão prática. Tais valores são básicos porque, em primeiro lugar, cada um é uma forma de bem igualmente evidente. Em segundo lugar, nenhum pode ser reduzido analiticamente a ser só um aspecto de algum dos

---

[14] Carrara, Sérgio. *Política, direitos, violência e homossexualidade*. Pesquisa. 9ª Parada do Orgulho GLBT – São Paulo 2005 /Sérgio Carrara, Regina Facchini, Júlio Simões, Silvia Ramos. – Rio de Janeiro: CEPESC, 2006. Em 5 jan 2007 este trabalho estava disponível em: www.paradasp.org.br.

outros, ou a ser meramente instrumental na busca de qualquer dos outros. Em terceiro lugar, cada um, quando nos concentramos nele, pode ser razoavelmente o mais importante.[15]

Portanto, não há hierarquia objetiva de valores entre si. Entretanto, cada um de nós pode razoavelmente eleger tratar um ou algum dos valores como de maior importância de sua vida e assim estabelecer uma ordem subjetiva de prioridades dentro do plano de vida de cada um.[16]

Tais bens são também auto-evidentes e inquestionáveis. São, portanto, inderivados e nem sua inteligibilidade e nem sua força se fundam em um princípio ulterior.[17]

São sete os bens comuns: a vida, o conhecimento, o jogo, a experiência estética, a sociabilidade (amizade), a racionalidade prática e a religião. Assim, é considerado por Finnis um erro moderno tratar de encontrar uma forma de bem-estar humano mais básica e importante para o homem que qualquer dos sete valores básicos, a saber, alguma forma de experiência (tais como o prazer, a paz da mente ou a liberdade considerada como uma experiência "flutuante"[18]) ou conjunto da experiências, como a felicidade.[19]

Se alguma experiência humana para a realização dos bens comuns proporciona prazer, isso é somente um aspecto de sua realidade como bens humanos, nos quais não se participa plenamente a menos que sua bondade se experimente como tal. Mas mesmo que uma participação nos bens básicos seja seca, subjetivamente insatisfatória, de toda maneira é boa e tem sentido dentro de seus limites.[20] Em suma, seja a experiência humana prazerosa ou não, isso é irrelevante para a realização do bem básico.

É o bem da racionalidade prática que orienta os compromissos e permite a participação nos demais bens comuns, pois cada uma das formas dos bens básicos pode ser participada de diferentes formas, em uma variedade imensa de combinações. Assim, o bem da racionalidade prática responde às questões sobre o que fazer, o que se pode deixar de fazer e o que não se há de fazer.[21]

Embora Finnis considere adequados os critérios de Aristóteles[22] para identificar se uma decisão é razoável praticamente, diz que eles são dificil-

---

[15] *Natural law...*, (IV.4).

[16] Idem.

[17] *Natural law...*, (III.1).

[18] No original *floating*. Na tradução espanhola "volar sin trabas".

[19] *Natural law...*, (IV.5).

[20] *Natural law...*, (IV.5).

[21] *Natural law...*, (V.1)

[22] Aristóteles, para Finnis, diz que a ética só pode ser satisfatoriamente explicada por quem e para quem são experimentados e sábios e realmente possuem hábitos bons, e que somente é provável que se encontrem estas características em sociedades que já possuem pautas de conduta suficientemente corretas e que a moral popular de tais sociedades é um indicador geralmente correto para a elaboração

mente úteis para quem se pergunta se sua própria opinião sobre o que há de fazer é razoável ou não. A resposta a esta pergunta há de ser dada a partir do conteúdo da racionalidade prática, que apresenta como as exigências fundamentais, inderivadas e irredutíveis para a participação no bem da racionalidade prática.

São exigências da racionalidade prática um plano de vida coerente, nenhuma preferência arbitrária entre valores, nenhum preferência arbitrária entre as pessoas, desprendimento e compromisso, a relevância (limitada) das conseqüências: eficiência, dentro do razoável, respeito por todo valor em ato, as exigências do bem comum, seguir a própria consciência. O produto destas exigências corresponde, então, à moral, bem como cada uma destas exigências pode ser pensada como um modo de obrigação moral ou de responsabilidade.[23]

Por meio da exigência "respeito por todo valor básico em todo ato", Finnis manifesta sua oposição a critérios utilitaristas e a ponderações conseqüencialistas, porque de modo algum está justificado que se possa causar dano a um bem básico diretamente para a proteção de um algum outro bem básico.[24]

Ao tratar desta exigência "respeito por todo valor básico em todo ato", Finnis faz ainda a afirmação de que a principal portadora de uma teoria explícita do direito natural, em nossa civilização, é a Igreja Católica Romana, embora diga que não compromete esta Igreja com nenhuma explicação semelhante à intentada no seu livro:

(...) essa Igreja elaborou rigorosamente as implicações desta sétima exigência (...) e formulou essas implicações mediante princípios negativos estritos tais como esses que declaram ilícito todo ato de matar um inocente, quaisquer atos sexuais anti-procriativos, o mentir e a blasfêmia.[25]

Além disso, no que se refere à rejeição da conduta homossexual, essas verdades já teriam sido alcançadas pelos filósofos gregos Sócrates, Platão e Aristóteles:

---

da ética: "O que vive à altura destas exigências é deste modo o *phronimos* de Aristóteles; possui a *prudentia* de Tomás de Aquino; são exigências de racionalidade ou sabedoria prática e não viver à altura delas é irracional (...) é também o *spoudaios* (homem maduro) de Aristóteles, sua vida é *eu zen* (viver bem) e, ao menos que as circunstâncias sejam muito adversas, podemos dizer também que possui a *eudaimonia* de Aristóteles (a abrangente e integral realização ou bem estar – não exatamente traduzível como felicidade) (...) em terceiro lugar, as formas básicas do bem são oportunidades de *ser* (...) Aristóteteles adotou o temo *physis*, que foi traduzido ao latim como natura. Assim Tomás de Aquino dirá que estas exigências são exigências não só da razão e da bondade, senão também (por implicação) da natureza (humana) (V.1)

[23] *Natural law...*, (V.10)

[24] Natural law..., (V.7)

[25] Natural Law.... (V.7) Para BUCKLE, esta exigência da razão prática destina-se a servir a um duplo papel: não só para refutar todas as formas de razões conseqüencialista, mas também para consagrar o ponto de vista moral da Igreja Católica Romana em uma ordem de temas controversos, tais como a contracepção e masturbação (op. cit., p. 171).

Todos os três dos maiores filósofos gregos, Sócrates, Platão e Aristóteles, consideraram a conduta homossexual como intrinsecamente vergonhosa, imoral e realmente depravada ou depravadora (*depraved or depraving*). Isto é, todos os três rejeitaram os eixos da moderna ideologia e estilo de vida gay.[26]

2.2. Apontamentos críticos

Martha Nussbaum rejeita veementemente a asserção que Sócrates, Platão e Aristóteles consideraram a conduta homossexual como intrinsecamente vergonhosa, imoral e depravada:

> Os textos gregos mostram, e mostram repetidamente, que o amor apaixonado de duas pessoas do mesmo sexo pode servir a muitos fins sociais valiosos independentemente da procriação. Eles podem comunicar amor, amizade, alegria (...) Os gregos mostram-nos que não há um único tipo de unidade em paixão que pode promover um bem humano.[27]

Para Habermas, de outro lado, Finnis elaborou uma epistemologia aristocrática de viés platônico, segundo a qual o conhecimento da verdade dependeria de um acesso privilegiado.[28]

De fato, há em Finnis uma tentativa de restauração da "justificação ontológica de normas e valores por meios metafísicos" (p. 20) após o "desmoronamento de uma visão de mundo católica, obrigatória para todos, e com a passagem para as sociedades de cosmovisão pluralista, [em que] não mais podem ser justificados [os mandamentos morais] segundo um ponto de vista transcendente".[29]

3. Teoria dos direitos humanos

3.1. A tese da sujeição dos direitos humanos ao bem comum

É com base na noção de bens comuns que Finnis traça o significado dos direitos e liberdades previstas na Declaração Universal dos Direitos do Homem, nos tratados de direitos humanos no âmbito da ONU e nas declarações de direitos enumeradas nas constituições.

Os direitos humanos, ou seu exercício, estão sujeitos ao bem comum; e a proteção dos direitos humanos é um componente fundamental do bem comum. De outro lado, a maioria dos direitos humanos está sujeita ou limitada entre si por outros aspectos do bem comum, aspectos que podem ser

---

[26] Law, *Morality...*

[27] NUSSBAUM, Martha Craven. *Sex and Social Justice.* New York: Oxford University Press, 1999, Cap. 12, p. 328.

[28] HABERMAS, Jürgen. A short reply. *Ratio Juris.* n. 12, vol. 4,. dez. 1999, p. 445-53.

[29] HABERMAS, Jürgen. *A inclusão do outro:* estudos de teoria política. São Paulo: Loyola, 2002, p. 16. HABERMAS não menciona FINNIS nesta sua crítica à restauração de uma justificação metafísica da moral, contudo entendo que ela se aplica a este autor.

Em Defesa dos Direitos Sexuais

subsumidos sob uma concepção muita ampla de direitos humanos, mas que são adequadamente indicadas por expressões tal como "moralidade pública", "saúde pública" e "ordem pública".[30]

Com base no art. 29 da Declaração Universal, Finnis enumera os quatro fundamentos de limitação aos direitos e liberdades: a) para assegurar o devido reconhecimento e o respeito dos direitos e liberdades dos outros; b) para satisfazer as justas exigências de moralidade em uma sociedade democrática; c) para satisfazer as justas exigências de ordem pública em uma sociedade democrática; d) para satisfazer as justas exigências de bem-estar em uma sociedade democrática.[31]

A referência ao "bem estar geral" não funciona como um fundamento distinto e separado para a limitação de direitos. Não é possível apelar ao "bem estar geral" contra o exercício dos direitos. Para Finnis, a referência do art. 29 ao bem-estar geral deve ser lida em conjunta com o primeiro dos fundamentos expressos neste artigo: para assegurar "o devido reconhecimento e respeito para os direitos e liberdades de outros". Todavia, os direitos listados são "simplesmente um caminho de delinear os contornos do bem comum (*outlines of common good)*, os vários aspectos do bem-estar individual em comunidade".[32]

Já as referências à moralidade pública, à ordem pública,[33] à saúde pública, etc., em todas as modernas declarações de direitos, não são nem conceitualmente redundantes e nem substancialmente irracionais. Moralidade pública e ordem pública são ambos os benefícios difusos e comuns em que todos participam em partes indistinguíveis e intransferíveis.[34]

Quanto à moralidade pública, Finnis busca justificar a necessidade e não-redundância deste conceito a partir dos limites que devem ser impostos ao exercício da sexualidade, embora reconheça que estas limitações poderiam ser expressas, e diz que muitas vezes o são, por meio de direitos humanos:

> Salvo as condições especiais do casamento, nenhum direito humano de alguém inclui um direito que outro homem ou mulher não devam conduzir eles próprios

---

[30] *Natural law...*, (VIII. 4).

[31] "Art. 29. 1. O indivíduo tem deveres para com a comunidade, fora da qual não é possível o livre e pleno desenvolvimento da sua personalidade. 2. No exercício deste direito e no gozo destas liberdades ninguém está sujeito senão às limitações estabelecidas pela lei com vista exclusivamente a promover o reconhecimento e o respeito dos direitos e liberdades dos outros e a fim de satisfazer as justas exigências da moral, da ordem pública e do bem-estar numa sociedade democrática. 3. Em caso algum estes direitos e liberdades poderão ser exercidos contrariamente e aos fins e aos princípios das Nações Unidas."

[32] *Natural law...*, (VIII. 4)

[33] FINNIS diz que no sentido da *common law*, ordem pública significa a manutenção não tanto do substrato psicológico do respeito mútuo, senão do ambiente físico e da estrutura psicológica do respeito mútuo, senão do ambiente físico e da estrutura de expectativas e de confiança essenciais para o bem estar de todos os membros de uma comunidade, especialmente os fracos. Incitar o ódio entre os setores da comunidade não é simplesmente uma lesão dos direitos de quem são odiados; ameaça a todos na comunidade e esta ameaça é em si mesma um prejuízo ao bem comum e razoavelmente se a considera como uma violação da ordem pública.

[34] *Natural law...*, (VIII. 4)

sexualmente em certos modos, mas há razões para buscar um ambiente em que crianças possam ser criadas de modo que elas sejam livres de sujeição a uma sexualidade egoísta, impulsiva ou despersonalizada. O que tal ambiente concretamente corresponde e exige para sua manutenção é algo que é matéria para discussão e decisão, mas que *é um aspecto do bem comum e encontra lugar em leis que limitam o exercício de certos direitos*, pode ser dificilmente posto em dúvida por alguém que se preocupa para os fatos da psicologia humana como elas sustentam a realização dos bens comuns básicos.[35]

3.2. A rejeição da igualdade de tratamento

A exigência de justiça constitui um conjunto de exigências de razoabilidade prática que existem porque a pessoa humana deve buscar realizar e respeitar os bens humanos não simplesmente em si mesmos e em seu próprio benefício senão também em comum, em comunidade.[36]

Por bem comum entende "conjunto de condições de colaboração, que aumenta o bem-estar (ou ao menos as oportunidades de realizar-se plenamente) de todos os membros da comunidade".[37] Esse conjunto de condições pode ser dividido em duas classes: o primeiro compreende os problemas da distribuição de recursos, oportunidades, benefícios e vantagens, papéis e encargos, responsabilidades, impostos e cargas (justiça distributiva); o segundo são os problemas que surgem nas relações e tratos entre os indivíduos e/ou entre grupos (justiça comutativa).

Uma disposição é distributivamente justa, então, se é uma razoável resolução de um problema de alocação de algum objeto-tema (*subject-matter*) que é essencialmente comum, mas que necessita (em nome do bem comum) ser destinado a indivíduos.[38]

A igualdade é um elemento fundamental na noção de justiça e, assim, de justiça distributiva. Entretanto, para resolver problemas de justiça distributiva, a igualdade é um princípio residual. Porque o objetivo da justiça não é a igualdade, mas o bem comum, a realização de todos os membros da comunidade.[39]

Para Finnis, a busca de qualquer forma de comunidade humana em que os direitos humanos sejam protegidos mediante a imposição de deveres pressupõe necessariamente tanto a seleção de algumas concepções de bem

---

[35] *Natural law...*, (VIII. 4).

[36] Para FINNIS, o conceito de justiça apresenta três elementos: orientação-para-outro (relações e tratos de cada um com outras pessoas, é intersubjetiva ou interpessoal); o dever (o que é devido – *debitum* – a outro e, como conseqüência, o de aquilo a que esta pessoa tem direito); e a igualdade (VII.1). Igualdade pode ser entendida de maneira variada: igualdade aritmética do 2 + 2; igualdade geométrica do 1:1 = 2:2 ou de 3:2 = 6:4 ou uma igualdade proporcional (VII.1).

[37] *Natural law...*, (VII. 3).

[38] *Natural law...*, (VII. 3).

[39] *Natural law...*, (VII. 4).

comum como o rechaço de outras, e restrições consideráveis às atividades de todos. *Assim não é injusto tratar com desigual consideração e respeito àqueles membros da comunidade cujas concepções de bem humano caem fora do âmbito preferido e cujas atividades, por conseguinte, são ou podem ser restringidas pela legislação*[40] (grifo meu).

Ao invés do princípio de igualdade de respeito e consideração, Finnis então propõe o seguinte princípio: "toda pessoa tem igual direito a uma consideração respeitosa na distribuição do acervo comum e dos inconvenientes da vida comum, incluindo a proteção jurídica e as funções e as cargas".[41]

3.3. Apontamentos críticos

Para Finnis, portanto, os direitos humanos catalogados nos tratados internacionais de direitos humanos e nas constituições nacionais constituem, ao mesmo tempo, uma expressão ou um delineamento do bem comum e, ao mesmo tempo, são limitados pelo bem comum a partir de cláusulas restritivas, tais como da moralidade e ordem pública.

Segundo a concepção liberal dos direitos humanos, de base kantiana, os princípios básicos de direitos humanos são a universalidade e a autonomia. Segundo o princípio da universalidade, todos os homens têm os mesmos direitos. Autonomia, por sua vez, divide-se em autonomia privada, que confere o direito à eleição individual e à realização de uma concepção pessoal do bem, e autonomia pública, a eleição em comum com os outros e a realização de uma concepção política do justo e o bom.[42]

O que distingue o liberalismo de outras tradições políticas é sua insistência na separação de uma vida de outra e a igual importância de cada vida, vista em seus próprios termos ao invés de ser vista como parte de um todo orgânico mais amplo ou compartilhado. Em suma, o liberalismo enfatiza a idéia de igual valor de seres humanos como tal, em virtude de suas capacidades humanas básicas para escolha e razão. Todos, em virtude destas capacidades humanas, são dignos de igual preocupação e respeito.[43]

Habermas aponta, então, para a incompatibilidade da teoria de Finnis com as exigências liberais do pluralismo e de um direito igual de todos de seguir sua própria concepção do bem.[44]

---

[40] *Natural law...*, (VIII. 6).
[41] Idem.
[42] ALEXY, Robert. *Teoría del discurso y derechos humanos*. Bogotá-Colômbia: Universidad Externado de Colombia, 1995, 9. 62-64.
[43] NUSSBAUM, op. cit., p. 10.
[44] HABERMAS, Jürgen. A short reply. *Ratio Juris*. n. 12, vol. 4,. dez. 1999, p. 445-53.

Igualdade de consideração e respeito conduz à igualdade de tratamento e à proibição de discriminação. Isso não significa que não possam ser admitidos tratamentos desiguais devidamente justificadas em direitos e princípios constitucionais, todavia em uma comunidade pluralista e liberal não podem ser justificados tratamentos desiguais a partir de determinadas concepções de bem comum, principalmente quando fundados em premissas não demonstráveis ou evidentes somente para alguns.

Conclusão

As premissas do liberalismo político pertencem à tradição de nosso constitucionalismo e foram incorporadas pela Constituição Federal de 1988.

No preâmbulo de nossa Constituição, vemos a consagração dos valores fundamentais da liberdade, igualdade (sem preconceitos), participação democrática (direitos políticos) e do pluralismo:

> Nós, representantes do povo brasileiro, reunidos em Assembléia Nacional Constituinte para instituir um Estado Democrático, destinado a assegurar o exercício dos direitos sociais e individuais, a liberdade, a segurança, o bem-estar, o desenvolvimento, a igualdade e a justiça como valores supremos de uma sociedade fraterna, pluralista e sem preconceitos, fundada na harmonia social e comprometida, na ordem interna e internacional, com a solução pacífica das controvérsias, promulgamos, sob a proteção de Deus,[45] a seguinte *Constituição da República Federativado Brasil.*

Outrossim, está prevista a proibição de toda discriminação, de qualquer natureza, no art. 3º, a garantia do exercício da liberdade em todas as suas manifestações, no art. 5º, e do direito à igualdade, no *caput* do art. 5º. Tais princípios confirmam ainda a concepção liberal adotada pela Constituição Federal, sufragada ainda pela jurisprudência e dogmática constitucional pátria e de todos os países do mundo ocidental.

Uma dogmática constitucional fundada em uma constituição liberal não ignora a existência de bens coletivos, como é caso da ordem pública, saúde pública, meio ambiente equilibrado, etc., e até mesmo reconhece colisões entre estes bens e os direitos individuais.

Em tais casos de colisão entre bens coletivos e direitos fundamentais, há de se proceder à análise dos preceitos da proporcionalidade em sentido amplo, de modo a se verificar se eventual restrição a um direito individual realmente é eficaz para a proteção do bem coletivo (adequação), se não há

---

[45] A referência a Deus não justifica a incorporação de determinada doutrina de direito natural ou de bem comum de determinada religião, uma vez que a exigência de pluralismo inclui a liberdade de crença religiosa ou concepção filosófica, como expresso na Constituição: "art. 5º, VIII – ninguém será privado de direitos por motivo de crença religiosa ou de convicção filosófica ou política, salvo se as invocar para eximir-se de obrigação legal a todos imposta e recusar-se a cumprir prestação alternativa, fixada em lei".

Em Defesa dos Direitos Sexuais

outro meio restritivo menos gravoso ao direito individual e, ao mesmo tempo, eficaz para a proteção do bem coletivo (necessidade) e se, no caso concreto, o grau de afetação no direito individual é justificado pelo grau de importância do bem coletivo (proporcionalidade em sentido estrito ou ponderação).[46]

Uma constituição que incorpora os princípios liberais não prescinde ainda de uma prioridade *prima facie* dos direitos de liberdade diante dos bens coletivos, sem que isso signifique uma hierarquia valorativa abstrata entre eles. Neste sentido, a fórmula desenvolvida pelo Tribunal Constitucional Federal da Alemanha: *in dubio pro libertate*.[47]

Além disso, do direito à igualdade e à proibição de descriminação, reconhece-se um direito a tratamento igualitário. Tal mandamento impõe a quem quer justificar um tratamento desigual o ônus de demonstrar a existência de razões para tanto. Em um estado laico e pluralista não serão admitidos, no espaço institucional, argumentos normativos fundamentados em uma metafísica do bem comum ou em uma teologia moral.[48]

Além disso, os argumentos empíricos exigem evidências científicas e não meras ilações acerca dos danos causados à sociedade por determinados comportamentos. Por este motivo não serão aceitos os argumentos de Finnis relativamente aos danos causados à comunidade pelas condutas homossexuais.

Em suma, a teoria aqui esboçada de Finnis não encontra apoio em nossa Constituição porque implica reconhecer uma hierarquia valorativa de bens coletivos sobre direitos fundamentais individuais, ignora o pluralismo axiológico reconhecido em seu preâmbulo e rejeita o tratamento igualitário. Enfim, é uma teoria em que o indivíduo não é levado a sério.

A rejeição da conduta homossexual pode ser comparada, no que diz respeito à inconsistência de suas premissas normativas e empíricas, à defesa do racismo. Um renomado jurista à época do nacional-socialismo alemão assim se pronunciou sobre o racismo:

> Com base no mais rigoroso exame científico sabemos hoje que o homem, até os mais profundos sentimentos de sua alma, mas também nos mais pequenos filamentos do cérebro, se adentra na realidade e o caráter inelutável de seu povo e pertença racial. A raça marca sua fisionomia espiritual, não menos que sua forma externa. Ela

---

[46] Sobre a proporcionalidade como critério para a solução de princípios ver, de minha autoria, *Teoria dos Direitos Fundamentais Sociais*. Porto Alegre: Livraria do Advogado, 2006.

[47] Sobre a relação entre direitos individuais e bens coletivos sob uma ótica liberal, ver: ALEXY, Robert. Derechos individuales y biens coletivos. In: *El concepto y la validez del derecho*. 2ª ed. Barcelona: Gedisa, 1997, p. 179-208.

[48] Sobre a igualdade de tratamento e proibição de discriminação por motivo de orientação sexual ver: RIOS, Roger Raupp. *O princípio da igualdade e a discriminação por orientação sexual*: a homossexualidade no direito brasileiro e norte-americano. São Paulo: Revista dos Tribunais, 2002.

determina seus pensamentos e sensações, forças e instintos; constitui sua singularidade, sua essência.[49]

Diz Alexy que tal sustentação racista fracassaria por falta das mais elementares exigências da verdade empírica e clareza conceitual. Da mesma entendo que a sustentação de Finnis contra a conduta homossexual carece de verdades empíricas e suas premissas normativas não podem ser impostas a cidadãos que não compartilham de suas concepções metafísicas

Referências bibliográficas

ALEXY, Robert. Derechos individuales y biens coletivos. In: ALEXY, Robert. *El concepto y la validez del derecho.* 2ª ed. Barcelona: Gedisa, 1997. p. 179-208.

——. *Teoría del discurso y derechos humanos.* Bogotá-Colômbia: Universidad Externado de Colombia, 1995. 138 p. (Teoría Jurídica y Filosofía del Derecho).

BUCKLE, Stphen. Natural law. In: SINGER, Peter. *A companion to ethics.* Oxford, Uk: Blackwell Publishing, 1991. p. 1-565. (Blackwell companion to philosophy).

CARRARA, Sérgio. *Política, direitos, violência e homossexualidade.* Pesquisa. 9ª Parada do Orgulho GLBT – São Paulo 2005 /Sérgio Carrara, Regina Facchini, Júlio Simões, Silvia Ramos. – Rio de Janeiro: CEPESC, 2006. Disponível em: www.paradasp.org.br. Acesso em 8 jan. 2007.

FINNIS, John Mitchell. *Natural law and natural rights.* New York: Oxford University Press, 1980. 425 p. (Clarendon law series).

——. Law, Morality and Sexual Orientation. In Corvino, John (ed.). *Same sex: debating the ethics, science, and culture of homosexuality.* Lanham-New York-London: Rowman and Littlefield, 1997, p.31-43. Disponível em: http://scholar.google.com.br/scholar?hl=pt-BR&lr=&q=cache:oYJERiTeWakJ:www.princeton.edu/~anscombe/articles/finnisorientation.pdf+%22Law,+Morality+and+Sexual+Orientation%22. Versão html. Acesso em 8 jan. 2007.

——. *Ley natural e derechos naturales.* Buenos Aires: Abeledo-Perrot, 2000.

HABERMAS, Jürgen. A short reply. *Ratio Juris.* n. 12, vol. 4,. dez. 1999, p. 445-53.

——. *A inclusão do outro*: estudos de teoria política. São Paulo: Loyola, 2002. 390 p. (Humanística).

LEIVAS, Paulo Gilberto Cogo. *Teoria dos Direitos Fundamentais Sociais.* Porto Alegre: Livraria do Advogado, 2006

NUSSBAUM, Martha Craven. *Sex and Social Justice.* New York: Oxford University Press, 1999.

RIOS, Roger Raupp. *O princípio da igualdade e a discriminação por orientação sexual*: a homossexualidade no direito brasileiro e norte-americano. São Paulo: Revista dos Tribunais, 2002.

---

[49] W. Stuckart/H. Globke. Kommentare zur deutschen Rassengesetzgebung, Bd. 1, München/Berlinm 1936, p. 10, *apud* ALEXY, Robert. *Teoría del discurso y derechos humanos.* Bogotá-colômbia: Universidad Externado de Colombia, 1995.

— 3 —

Um direito da sexualidade na dogmática jurídica: um olhar sobre as disposições legislativas e políticas públicas da América Latina e Caribe

SAMANTHA BUGLIONE[1]

Sumário: 1. O ponto de partida: sexualidade, liberdade e democracia; 2. Os Direitos da Sexualidade na América Latina e Caribe; 3. Direito da sexualidade e direitos humanos: a previsão de direitos no campo da dogmática jurídica; Referências bibliográficas.

SEXUALIDADE
Acepções
- *substantivo feminino*
1. qualidade do que é sexual
2. conjunto de caracteres especiais,
externos ou internos, determinados
pelo sexo do indivíduo.

SEXUAL
Acepções
- *adjetivo de dois gêneros*
1. de, relativo ou pertencente ao sexo
2. que possui órgãos sexuais

1. O ponto de partida: sexualidade, liberdade e democracia

É possível observar três tendências históricas em relação à regulação jurídica da sexualidade. Em nenhuma delas, porém, há referência ou configuração de uma categoria ou instituto jurídico dos "direitos sexuais"; ou

---

[1] Mestre em direito e doutoranda do Programa de Doutorado Interdisciplinar da UFSC. É professora de direito e consultora jurídica nas áreas de direitos humanos e bioética.

mesmo de um explícito reconhecimento de um direito subjetivo[2] do desenvolvimento da sexualidade ou dos direitos da sexualidade[3] como direitos humanos. Contudo, considerando a moderna teoria dos direitos fundamentais e direitos humanos, essa não-referência explícita através de um dispositivo normativo não significa a inexistência de direitos.

Rebecca Cook (2002) afirma que a primeira tendência se caracteriza pelo uso de leis criminais como instrumento de manutenção de uma moral hegemônica. A segunda relaciona a sexualidade como parte do direito à saúde, ou seja, há uma integração entre saúde, reprodução e sexualidade. A sexualidade não implicaria um direito autônomo ou um campo de direitos, mas estaria observada indiretamente nas políticas públicas como elemento da reprodução. A última tendência traz a necessidade de uma posição mais ativa do Estado através da promoção de políticas de saúde que observem tanto a reprodução quanto a sexualidade como integrantes do campo dos direitos de liberdade.[4] Essa tendência pode ser compreendida como os "ordenamentos jurídicos com grau máximo de proteção" (Rios, 2005) que significa não apenas a descriminalização das diferentes práticas sexuais e do sancionamento de atos discriminatórios, mas implica a instituição de medidas positivas de proteção e do reconhecimento de práticas e identidades sexuais diversas, especificamente, conforme Roger Rios (2005): práticas e identidades de "gays, lésbicas e transgêneros".

O ponto essencial é que a norma não se reduz a um dispositivo, mas ao sentido desse dispositivo dentro de um sistema que deve ser observado de forma integrada. Assim, a afirmação de que a não-referência explícita não significa a inexistência de direitos decorre do fato de que a estrutura normativa se estabelece dentro da lógica de um Estado democrático, como é o caso do Brasil; logo, de respeito à diversidade de pensamento, de crenças e não discriminação como direitos fundamentais, isso é, de forte respeito às liberdades. Com isso, a compreensão de um direito deve ir ao encontro desse postulado. Pensar um direito à sexualidade como direito fundamental não é uma aberração jurídica. Afinal, os direitos fundamentais, na sua aber-

---

[2] A idéia de direito subjetivo nos serve neste artigo no sentido de ser algo vinculado ao sujeito de forma que implique direitos e deveres para si e para terceiros, ou seja, é algo na esfera das relações e da liberdade e autonomia.

[3] Apesar de ser partir das idéias de Roger Rios (2005, 2006) sobre um direito democrático da sexualidade neste artigo ora se usa a categoria no plural: direitos da sexualidade, ora no singular. A razão é pedagógica, vez que se parte do pressuposto de que há diferentes campos do direito que integram a categoria de "um direito democrático da sexualidade". O uso no plural facilita demarcar esse pressuposto, ao tempo que uso no singular marca a necessidade de um campo específico e objetivo a ser pensado.

[4] Diferentes autores buscaram investigar quais seriam os direitos mais fundamentais, definidos possivelmente como direitos humanos. Para Ronald Dworkin (1999), é a igualdade perante a lei, para Herbert Hart (1994), o direito de liberdade, e para John Rawls (1997), há certos direitos fundamentais que correspondem a certas obrigações fundamentais (Beuchot,1999). Neste artigo trabalha-se com a metodologia de Rawls, a partir da perspectiva que se considera que no caso dos direito da sexualidade os "certos direitos" são direitos do âmbito da liberdade.

tura material, por se dirigirem, priva facia, a proteção do indivíduo e por terem, igualmente, uma base axiológica, representam, conforme observa Ingo Sarlet (2007), junto com o conceito de Estado e democracia, uma estrutura de permanente aquisição e significação de direitos. O que não se refere apenas a criação de novos dispositivos, mas a interpretação dos que já existem. ,

Uma definição básica dos direitos fundamentais é que eles são os direitos humanos conhecidos e positivados na esfera do direito constitucional positivo de determinado Estado (Canotilho, 1992; Sarlet, 2007). Porém, o sentido que melhor contribui para pensar a sexualidade como um direito fundamental está na relação dos direitos fundamentais com a liberdade e a democracia na medida em que se tornam sua condição e realização. Sarlet (2007) observa que os direitos fundamentais de terceira geração podem ser pensados como uma resposta ao fenômeno denominado de "poluição das liberdades", conforme conceitua Pérez Luño. Isso é, a terceira geração "... caracteriza o processo de erosão e degradação sofrido pelos direitos e liberdades fundamentais, principalmente em face do uso de novas tecnologias. Nessa perspectiva, assume especial relevância o direito ao meio ambiente e à qualidade de vida...". Considerando que não há um conceito abstrato e universal de "qualidade de vida" o respeito à diversidade, ou seja, às diferentes formas de realizá-la, torna-se condição para sua efetivação. É, nesse âmbito, por exemplo, que as discussões sobre mudança de sexo encontram garantia jurídica. Alguns autores, como Paulo Bonavides (1997), observam uma quarta geração, a qual é composta pelo direito à democracia, que, por conseqüência, contempla o direito ao pluralismo e pode ser observado na já consagrada liberdade de pensamento das primeiras gerações dos direitos fundamentais.

Entretanto, a compreensão dos direitos da sexualidade como um direito fundamental e mesmo como um direito humano não é simples, em parte porque os conflitos e tensões sobre a configuração de um direito [subjetivo e objetivo] decorrem, principalmente, do fato desse tema inserir-se, concomitantemente, em diferentes esferas jurídicas. Falar em direitos da sexualidade é, ao mesmo tempo, fazer referência aos direitos individuais e sociais e trazer à tona a velha discussão sobre o público e o privado. Trata-se, em outras palavras, de pensar "quais direitos" são objeto de um direito da sexualidade: proteção à conduta [prática] ou à identidade [personalidade] ou ambas? (Nussbaum, 1999). E, ainda, uma discussão sobre a forma como são reconhecidos e as implicações decorrentes desse reconhecimento. Afinal, a criação de um direito positivo de liberdade [uma obrigação de fazer do Estado] implica a criação de direitos negativos [obrigações de não fazer por parte dos sujeitos e do próprio Estado]. Direitos como vida, qualidade de vida, liberdade e propriedade, por exemplo, que são considerados fundamentais, geram, a partir do seu reconhecimento, uma gama de deveres que, por conseqüência, restringem a própria liberdade dos sujeitos. O que se quer destacar com essas observações preliminares é a conseqüência paradoxal do reconhecimento de um direito: ao se promover a liberdade em termos normativos se estará, também, restringindo a liberdade, face os novos deveres postos em conseqüência das novas liberdades (Berlin, 2004).

Por essa razão, é preciso observar qual dos elementos, se o individual ou o social, será o padrão de referência última da organização social de determinada sociedade. Trata-se de definir um *lócus* para os direitos da sexualidade, que dependerá da referência do modelo social vigente. Ao se ter claro qual o paradigma de sociedade, é possível compreender o que fundamentará esses direitos: se a liberdade [o indivíduo] ou a tradição [a sociedade]. Por óbvio que não há uma dicotomia entre estas duas esferas, afinal, o ser humano não pode existir fora de um contexto social (Nussbaum, 1999). O ponto central, porém, é a reserva de um espaço de autodeterminação. Mesmo que o social condicione ou influencie interesses e capacidades, o parâmetro último da liberdade de pensamento e desenvolvimento das capacidades deve ser resguardado. Com isso, o enfoque não é o de uma sociedade que delibera sobre o tipo de capacidade a ser desenvolvido, mas que resguarda o seu livre desenvolvimento (Sen, 2000).

A sexualidade como direito é uma excelente metáfora para compreender as tensões relacionadas à liberdade porque ora ocupa a esfera das políticas públicas, como um direito à saúde, e ora relaciona-se a não discriminação e aos direitos de autodeterminação, incluindo a garantia do livre desenvolvimento da personalidade através do respeito a diferentes práticas e identidades. O que se confunde, entretanto, é o princípio da efetividade [do direito] com a natureza do direito em si. O fato de um direito ocupar duas esferas da ordem social em razão da sua natureza interdependente e transindividual – isto é, ser, ao mesmo tempo, uma categoria autônoma [sexualidade] e vinculada a outras categorias como a cidadania, justiça, saúde – não significa que o direito individual sobre a prática e a identidade sexual esteja subjugado às deliberações de determinada ordem social. O sentido de efetividade adotado após a Constituição da República Federativa do Brasil de 1988 é o de que o direito não se reduz a uma atividade meramente declaratória, mas abarca a realização mesma dos direitos. Em parte essa compreensão decorre do processo histórico de construção dos direitos humanos[5] e da incorporação desta compreensão nos ordenamentos domésticos.

---

[5] Este processo histórico é constante, para compreendê-lo faz-se uso da clássica divisão de Norberto Bobbio (1992) das diferentes "ondas" de direitos humanos. A primeira onda é aquela que reconhece sujeitos e direitos: direitos civis e políticos, e a perspectiva negativa de ação do Estado, ou seja, a não

A questão é que o exercício da sexualidade pode repercutir para além dos indivíduos ou das suas práticas privadas, como o direito à seguridade social, ao acesso ao sistema de saúde, ao acesso à informação, bem como à variada gama de prestações arroladas nos instrumentos internacionais de proteção dos direitos humanos que podem ser relacionadas ao tema da sexualidade (Rios, 2006; Ventura, 2003). Todavia, as características interdependentes e transindividual dos direitos da sexualidade não significam que o que irá fundamentar a ordem social é um paradigma coletivista, no qual o individuo se subjuga à vontade da maioria, até porque, cabe destacar, não é a vontade da maioria em termos quantitativos ou de um sufrágio universal que caracteriza as democracias liberais. Se assim fosse, estaríamos à mercê de retrocessos como o retorno irrestrito da pena de morte no Brasil ou, nas palavras de John Rawls (1997), estaríamos à mercê da "tirania da maioria ou tirania da multidão" (em algumas situações a tirania das minorias). As democracias liberais se qualificam pelo respeito às liberdades de forma que direitos sejam igualmente reconhecidos e garantidos, ou seja, efetivados; o que também implica a exigência de responsabilidade dos sujeitos capazes e igualmente livres e autônomos.

É preciso perceber que em alguns casos a norma que se refere à prática e à identidade sexual pode não estar fundada em pressupostos de liberdade, mas de controle do Estado. Um exemplo claro é a epidemia de HIV/AIDS ou a esterilização de mulheres. Sob um manto de benevolência e garantia de direitos, são mantidas situações reiteradas de exclusão e práticas paternalistas de medicalização "do outro". A identidade e a forma "do outro" viver a vida torna-se ou um desvio moral ou uma enfermidade, devendo, assim, ser corrigido ou tratado. Em diferentes situações, o discurso dos direitos humanos serve como argumento retórico para amenizar razões de uma ordem social na qual a liberdade e a dignidade dos indivíduos não são, ou não são mais, o valor fundamental. Sob o argumento do cuidado e do acesso à saúde se promovem, por exemplos, serviços públicos para "curar" homossexuais. Por essa razão, é preciso, preliminarmente, observar sobre qual modelo de sociedade o debate se instaura; caso contrário, corre-se o risco de contradições lógicas básicas e de perderem-se os critérios que irão indicar a construção do sentido e da compreensão acerca dos direitos de sexualidade e dos direitos humanos.

A discussão sobre os direitos de sexualidade pode ser pensada como uma reflexão sobre o modelo de sociedade adotado em determinado contexto sociocultural. No Brasil, o princípio democrático e laico de um mo-

---

discriminação. A segunda "onda" refere-se as ações positivas do Estado na perspectiva de garantir direitos: direitos sociais, difusos e políticas públicas; e a terceira "onda" como aquela que reconhece as conexões globais e os contextos desses direito: cultura local, diferentes sujeitos morais, meio ambiente, política internacional, interesses econômicos, tecnologia, etc.

delo de organização social liberal garante não apenas a não-discriminação em relação a diferentes práticas e identidades sexuais, mas precisa prever instrumentos capazes de garantir o respeito a essa diversidade [*ethoi*]. Contudo, o dinamismo do "ser" sexual exige um questionamento sobre um conceito jurídico para esses direitos da sexualidade. Trata-se aqui da necessidade de pensar a universalidade, a igualdade e a liberdade associadas à diferença, à diversidade e à dignidade. O problema a ser enfrentado é que o reconhecimento de uma identidade não implica diretamente o reconhecimento e a garantia das suas conseqüências; por exemplo, a questão da adoção por casais homossexuais, os transgêneros e o registro civil e a seguridade social. Ou seja, a interdependência e transindividualidade desses direitos ainda é um ponto obscuro quando se refere ao reconhecimento de direitos em questões que afetam a moral de diferentes grupos sociais.

Não se pode esquecer que o Direito, na modernidade, é entendido a partir de duas perspectivas, conforme explica Hans Kelsen (1998, 2001): o da ciência e o da política. O sentido científico de Direito, além de ser moderno/iluminista, calcado em livres acordos fundados na razão humana, é o de ser um sistema de normas, no qual a legitimidade e a validade pressupõem um procedimento válido dentro de um sistema válido e legítimo. O sentido político do Direito, por sua vez, permite um diálogo com a idéia de Justiça, bem como de Bem. Nesse campo do debate sobre o bem público é que a moralidade em relação às práticas e identidades sexuais promove tensões. Os conflitos são tanto entre crenças quanto de compreensões sobre a ordem social vigente e o bem viver. Isso porque, para a dogmática jurídica, no molde positivista formado a partir da tradição do direito privado, não se observam direitos derivados da mera condição humana, mas apenas de estatutos, atos, negócios e fatos jurídicos previamente definidos pelo ordenamento jurídico positivo vigente (Barzotto, 2005). Assim, os princípios que viabilizam a discussão sobre o bem e o justo na própria dogmática permitem não apenas pensar sobre os sentidos dos direitos, mas, sobre a incorporação e reconhecimento de novos direitos. O desafio está em ir além de taxações expressas e limitantes como as categorias de eleitor, cidadão, propriedade, "compra e venda", por exemplo. Por essa razão pensar os direitos da sexualidade implica observar de forma integrada: 1. o modelo de sociedade vigente; 2. se os direitos sexuais são observados como direitos humanos e 3. o princípio da efetividade, ou seja, o reconhecimento e a garantia destes direitos.

Esse artigo objetiva analisar em que medida os direitos de sexualidade estão sendo compreendidos a partir de pressupostos de justiça social, ou seja, de respeito à dignidade, liberdade e igualdade. Em outras palavras, busca-se verificar se o paradigma de sociedades democráticas e laicas da maioria dos países da América Latina e do Caribe se realiza. Para isso, vai-se observar não apenas como os diferentes Estados dispõe sobre o tema, mas em que medida a sexualidade é observada como integrante dos direitos humanos – e o que isso significa. Parte-se do pressuposto da razão pública ser condição para a configuração de "um direito democrático da sexualidade" conforme advoga Rios (2006). Conforme Rawls, a razão pública é "... a razão de seus cidadãos, daqueles que compartem igual status de cidadania. O objeto dessa razão é o bem público..." (Rawls, 2000: 261). Trata-se da supremacia do justo, logo, do bem público, sobre concepções particulares de bem.

2. Os Direitos da Sexualidade na América Latina e Caribe

Um "direito democrático da sexualidade" implica observar e compreender os direitos que envolvem a sexualidade a partir da perspectiva dos direitos humanos e dos direitos constitucionais fundamentais, cujos princípios básicos são a liberdade, a igualdade e a dignidade (Rios, 2006). Assim concebido, "... o direito da sexualidade pode propiciar proteção jurídica e promoção da liberdade e da diversidade, sem fixar-se em identidades e condutas meramente toleradas..." (Rios, 2006 : 14).

Considerando um modelo social democrático, laico e liberal, é possível afirmar que os direitos da sexualidade se fundamentam: 1. na autodeterminação, tendo como base a liberdade sexual e a liberdade de decisão; 2. no respeito à intimidade e à eqüidade; 3. no acesso à informação; 4. a serviços e 5. a recursos. É preciso ressaltar que esse paradigma não ignora a "relação" entre os sujeitos de forma que os direitos sejam observados apenas como atributos, ignorando o fato de que as qualidades em si dependem de contextos históricos e culturais para fazerem sentido.[6] Ou seja, o que se advoga é que o princípio *prima facie* está nos direitos de liberdade (fundamento) mesmo que a adjetivação sobre o que isso signifique (explicação) decorra de realidades socioculturais diversas. É sob esse prisma que se vai analisar o discurso jurídico, na sua esfera legislativa e de políticas

---

[6] Michel Villey (2003) e outros comunitaristas, bem como teóricos conservadores modernos como Isaiah Berlin (2002) e Michel Oakeshott (2003), advogam que o direito da filosofia jurídica liberal rompe com a lógica de um direito – jus – que se configura na relação com o outro dentre de uma tradição que lhe confere sentido. De forma geral estes autores fazem uma crítica ao liberalismo ocidental porque, segundo eles, a radicalização do individualismo dificulta discussões sobre o justo e o bem. Só seria possível definir o bem no contexto de uma tradição específica, de forma que esta tradição fosse o princípio *prima facie* da ordem social como um todo. O que ocorre, com o individualismo, para estes autores é que os direitos servem como possibilidade de excluir-se da própria sociedade. Este artigo não ignora as contribuições de teóricos com Villey, Alaisdar MacIntyre, Berlin, mas adota a posição de John Rawls (1997), na qual, diante a complexidade moral das relações modernas a idéia do justo deve ser priorizada em relação a do bem.

Em Defesa dos Direitos Sexuais

públicas, na América Latina e no Caribe.[7] Essa leitura será feita a partir da idéia de um paradigma de democracia liberal na perspectiva da justiça como equidade de Rawls (1997, 200).

---

[7] Os dados utilizados neste artigo foram extraídos da consultoria realizada por Virgínia Feix e Samantha Buglione (2006) para o FNUAP – Fundo de População das Nações Unidas intitulada: "Sistematización y Análisis de Leyes de Salud Sexual Y Reproductiva, Derechos Sexuales y Reproductivos en América Latina y Caribe", sob a coordenação de Margareth Arilha. A metodologia adotada para o levantamento de dados e sistematização se deu em três etapas: 1. Identificação dos países que seriam objeto da investigação e localização de sites oficiais para realizar a pesquisa pela internet e 2. Confecção de categorias de pesquisas e 2. Utilização de pesquisas e trabalhos complementares. Os países e os respectivos locais de busca foram:
Argentina: http://www.diputados.gov.ar; www.infoleg.gov.ar;
Brasil: www.presidencia.gov.br; Bolívia: http://www.congreso.gov.bo;
Chile: http://www.congreso.cl;
Colômbia: http://www.senado.gov.co;
Equador: http://www.mmrree.gov.ec;
El Salvador: http://www.asamblea.gob.sv;
Guatemala: http://www.congreso.gob.gt;
México: http://www.senado.gob.mx;
Nicarágua: http://www.senado.gob.mx;
Panamá: http://www.asamblea.gob.pa;
Peru: http://www.congreso.gob.pe;
Porto Rico: http://www.lexjuris.com;
Uruguai: http://www.parlamento.gub.uy;
Belize: http://www.belize.gov.bz/cabinet/j_coye/welcome.shtml;
Costa Rica: http://www.ministeriodesalud.go.cr/, http://www.casaprs.go.cr/;
Honduras: http://ns.sdnhon.org.hn/~dgaatm/;
Guiana: http://www.sdnp.org.gy/moh/;
Paraguai: http://www.mspbs.gov.py/, http://www.paraguaygobierno.gov.py/, http://www.presidencia.gov.py/;
Suriname: http://www.parbo.com/gov/;
Venezuela: http://www.venezuela.gov.ve/, http://www.msds.gov.ve/msds/index.php;
Bahamas: http://www.dehs.bs/,
Barbados: http://www.barbados.gov.bb/, http://www.hiv-aids.gov.bb/Agency/home.asp;
Cuba: http://www.cubagob.cu/, http://www.sld.cu/webs/kouri/;
Dominica: http://www.avirtualdominica.com/government.cfm;
Granada: http://pmoffice.gov.gd/;
Haiti: http://www.haitifocus.com/pres_f.html; Jamaica: http://www.moh.gov.jm/; http://www.cabinet.gov.jm/;
República Dominicana: http://www.presidencia.gov.do/frontend/home.php; http://www.georgetown.edu/pdba/Executive/DomRep/www.saludpublica.gov.do, http://www.gov.tt/ttgov/; http://www.healthsectorreform.gov.tt/;
Aruba: http://portuguese.aruba.com/home.htm;
Ilhas Turcas e Caicos: http://www.gksoft.com/govt/en/tc.html;
Ilhas Caimans: http://www.gov.ky/servlet/page?pageid=76&_dad=portal30&schema=PORTAL30&mode=3;
Martinique: http://www.martinique.org/index1.htm;
San Cristóbal y Nieves: http://www.fsd.gov.kn/;
Guadeloupe: http://www.cr-guadeloupe.fr/;
Santa Lucia: http://www.stats.gov.lc/
Como a pesquisa deveria ser feita pela Internet, nem todos os países possuíam sites com informações disponíveis. O período investigado foi de 1995 até 2005, porém, se utilizaram dados das Constituições Federais dos Estados, com isto, o período histórico, apenas em relação às normas constitucionais, se ampliou. As categorias de pesquisa utilizadas em toda a consultoria foram: Planejamento Familiar, Controle de Natalidade, DNA, Direitos Sexuais, Sexualidade, Sexo, Direitos Reprodutivos, Reprodução, Homossexualidade, Transexualidade, Adoção, Casamento, Fecundidade, Fertilidade, Reprodução

A maioria das legislações domésticas na América Latina e no Caribe adota a terminologia dos documentos internacionais e, em parte, por conseqüência disso, não possuem um campo específico sobre a sexualidade. O que há são as costumeiras vinculações: sexualidade-reprodução-mulheres, sexualidade-saúde e sexualidade-HIV/AIDS.

Em relação à utilização e às definições de saúde sexual, observa-se que países como Argentina, Brasil, Colômbia, Honduras, Equador, México, Nicarágua, Paraguai, Bahamas, Porto Rico, República Dominicana, Uruguai e Venezuela incorporam os postulados presentes no § 97 da Plataforma de Ação de Beijing:

> Os direitos humanos das mulheres incluem seu direito de controlar e decidir livremente e com responsabilidade sobre assuntos relacionados com sua sexualidade, incluindo saúde sexual e reprodutiva, sem coerção, discriminação e violência.

E, também, o conceito de saúde firmado pela Organização Mundial de Saúde em 1948, que é a concepção de saúde como um estado de completo bem-estar físico, mental e social, e não apenas a ausência de enfermidade.

A fim de facilitar a compreensão dos argumentos desenvolvidas nesse artigo alguns contextos jurídico-políticos merecem destaque. Na Argentina, por exemplo, desde 2004, a Cidade de Buenos Aires reconhece as uniões civis, com mesmos direitos e obrigações entre os cônjuges independentemente do sexo ou orientação sexual, criando, inclusive, um registro público respectivo para efetivar tal direito; outro exemplo é a Lei 439 de 2000, da província de Rio Negro na Argentina, que modificou o exercício da prática dos profissionais de saúde, ampliando o sentido de promoção à saúde que passou a incluir a não discriminação por orientação sexual (Buglione; Feix, 2006).

No Brasil, o serviço notarial e registral criou (ou simplesmente adaptou), em 2004, um instrumento de reconhecimento e organização das uniões de pessoas do mesmo sexo que se dá a partir de um contrato reconhecido publicamente. Apesar de não haver lei específica sobre o tema, como não

---

Assistida, Tecnologia Reprodutiva, Feto/Embrião, Maternidade, Paternidade, Gravidez, Mortalidade Materna, Saúde, Saúde Sexual, Aborto, Esterilização de Mulheres, Violência Sexual, Contracepção de Emergência, Vasectomia, Pílula, Família, Hiv/Aids. As pesquisas e trabalhos complementares foram: CLADEM. Documento de Sistematización sobre los avances normativos en América Latina y Caribe. Lima, mayo 2004. http://www.convencion.org.uy/menu2.htm; CLADEM. Derechos Sexuales y Derechos Reproductivos. Uruguay. Diagnóstico Nacional y Balance Regional 1995-2002. Uruguay, 2002. http://www.convencion.org.uy/menu2.htm; CLADEM. Balance Regional: Derechos Sexuales y Derechos Reproductivos en Paraguay. Paraguay, 2002. http://www.convencion.org.uy/menu2.htm; SOTELO, Roxana Vásquez. BIDEGARAY, Inés Romero. Balance Regional. Diganostico sobre la situación de los derechos sexuales y los derechos reproductivos. Mayo, 2001. http://www.convencion.org.uy/menu2.htm; CLUOW, Michel (Ed). KENNEDY, Mirta. URBINA, Cristina. *Derechos Sexuales y Reproductivos en Honduras.* Analysis y Propuestas. Abril, 2004; CLUOW, Michel. *Derechos Sexuales y Reproductivos en Centroamérica.* Hacia una agenda de acción. Diciembre, 2004; DELGADO, Sofía Vilalta de. CLUOW, Michel *et. all.* (Ed). *Derechos Sexuales y Reproductivos en El Salvador.* Abril, 2004.

há proibição expressa, esses contratos são legítimos, mesmo sendo um instrumento simples, são de forte impacto em relação à cultura e à efetivação de interesses e direitos. Outro exemplo é a decisão do Tribunal de Justiça do Rio Grande do Sul na Apelação Cível n. 595178963/95 na qual o Ministério Público teve provido o pedido de que fosse consignado no registro do autor da ação original o sexo de "transexual feminino".[8] Essa decisão incorpora parte dos discursos sobre gênero, uma vez que reconhece uma identidade humana para além da dicotomia do masculino e feminino (Buglione; Feix, 2006).

A Nicarágua, através do artigo 32 do Código Geral de Saúde, Lei 423 de 2002, assinala a criação de programas de respeito à saúde sexual dos cidadãos e a lei de Promoção do Desenvolvimento Integral da Juventude incorpora, explicitamente, o respeito aos direitos sexuais e aos direitos reprodutivos (Buglione; Feix, 2006).

O Equador, por sua vez, prevê, em âmbito constitucional, conforme sua Constituição Federal de 1998, no artigo 23, item 03, no Capítulo dos Direitos Políticos, a liberdade de orientação sexual, e a não discriminação. No artigo 43, está previsto que ao Estado cabe promover a saúde sexual e reprodutiva. Ainda no Equador, a Lei 285 de 1999, sobre educação sexual e amor, engloba a perspectiva de gênero e abarca temas de sexualidade, homossexualidade, aborto e gravidez na adolescência (Buglione; Feix, 2006).

Nas Bahamas, a Lei 26 de 2003 prevê, explicitamente, que a vida sexual é do âmbito da privacidade dos indivíduos. Em 2000, a Colômbia, através do Código Penal, Lei 599 de 2000, passou a proibir e penalizar a discriminação por orientação sexual (Buglione; Feix, 2006).

Contudo, países como Cuba e Costa Rica ainda compreendem a sexualidade como espaço de criminalização, controle ou tratamento. Cuba pune criminalmente a "pederastia", conforme previsto no artigo 299 do Código Penal Cubano, Lei 62/88; o artigo 29 da mesma lei, apesar de reduzir o número de delitos puníveis com a pena de morte e restringir as situações nas quais essa pena pode ser aplicada, manteve os delitos de violação e pederastia acompanhados de violência (Buglione; Feix, 2006).

Na Costa Rica, por força de pressões de grupos conservadores, as políticas de educação sexual, especificamente "Las guías de educación sexual", de 1994, e o programa "Amor Joven", de 1999, foram retirados e, desde então não há novas políticas implantadas (Cladem, 2004). Esse é apenas um exemplo, porém, considerando que na Costa Rica a Constituição

---

[8] Esta decisão é polêmica, porque traz à tona a discussão sobre a privacidade em relação à natureza transexual do sujeito: se deve ou não ser conhecida por terceiros, apesar de ser um tema que merece atenção, não é objeto deste artigo. O que se propõe, ao trazer este exemplo, é evidenciar que alguns tribunais reconhecem direitos e incorporam a terminologia *transexual*.

federal promulga que a religião católica é a religião oficial, tem-se, no âmbito da razão pública do Estado, uma moralidade específica vigente que orienta a interpretação e a compreensão de todos os postulados normativos daquele país. Assim, a supressão de políticas de educação sexual ou a ausência de legislação, de decisões judiciais ou de políticas que visem à garantia da liberdade sexual explicam-se, afinal, o Estado da Costa Rica segue os pressupostos da moral católica. Contudo, por outra perspectiva, se o fundamento da ordem social for "a" ou "uma" tradição, mesmo em realidades nas quais há uma liberdade de crença, a crença que possui maior expressão histórica, como a cristã, por exemplo, será legítima para delegar o sentido sobre vida em casos concretos, como, por exemplo, no debate sobre a anencefalia.

Em El Salvador, também foi retirado, em 2000, do sistema educativo, um manual com informações para adolescentes sobre saúde sexual e reprodutiva. Um ano depois, foi promulgado o Decreto n° 588, acerca do HIV/ AIDS, que tem como objetivo prevenir, controlar e regular a atenção a enfermidades assim como estabelecer políticas de educação sexual e reprodutiva (Cladem, 2004).

No Chile, apenas em 1999, foi derrogada a norma que estabelecia o crime de relação homossexual consentida entre adultos (Cladem, 2004). Em Porto Rico, a Lei 94, de 1999, modificou o Código Civil e passou a não reconhecer o casamento homossexual, negando validade aos matrimônios de pessoas do mesmo sexo ou transexuais até então contraídos (Buglione; Feix, 2006).

Porém, quando o tema é saúde, em termos mais genéricos, ou políticas relacionadas à prevenção, ao combate e ao tratamento do HIV/AIDS, esses mesmos países possuem legislação e política específica. Em Cuba, o artigo Art.50 da Constituição federal reconhece o direito fundamental de atendimento e de proteção à saúde em todas as suas dimensões; a Costa Rica, através do Decreto 27913-S, de 1999, declara que é responsabilidade do Estado a proteção do direito à saúde sexual e reprodutiva da população (Buglione; Feix, 2006).

O que se observa na América Latina e no Caribe de forma geral é que ainda não há uma perspectiva que integre os diversos direitos relacionados à sexualidade, quando muito há uma visão sobre a existência de alguns direitos referentes à saúde e à reprodução. O que há são previsões pontuais de reconhecimento e garantia de direitos. A sexualidade ou está vinculada a questões de saúde e reprodução e, por esta razão, mais centrada em políticas para mulheres, ou esta incorporada a temas de violência e ao âmbito penal, ou seja, se mantém a lógica da medicalização ou da correção. Um bom exemplo é a decisão do Tribunal Constitucional do Equador, que declarou, em 1999, inconstitucional a norma que punia relações homosse-

Em Defesa dos Direitos Sexuais

xuais, tendo como argumento o fato de que estas condutas careciam de tratamento médico em vez de repressão penal. (Buglione; Feix, 2006).

Para se obter uma efetiva realização do direito da sexualidade como direito humano, é preciso de pensar tanto os direitos humanos quanto a sexualidade na perspectiva da integralidade. Isso implica desenvolver uma ponderação que possibilite aplicar os princípios considerados *prima facie*. Um exemplo é a ética da convergência de Ricardo Maliandi (2004), composta por quatro princípios que se ordenam em pares: *universalidade* e *individualidade* – que representam a dimensão da fundamentação da razão; e *conservação* e *realização* – referentes à dimensão crítica da razão. Segundo Maliandi (2004), quando se discute argumentativamente – visando a um acordo – em situações de desacordo prático ou de questões complexas, como o caso da sexualidade, o que se está fazendo é discutir: 1. acerca da *universalidade*, como o debate sobre a igualdade de direito; 2. da *individualidade*, como, por exemplo, a observação de necessidades especiais ou de discriminações positivas; 3. da *conversação*, que são situações que visam a minimizar danos e riscos, ou seja, uma avaliação de razoabilidade e 4. o da *realização*, que se refere à necessidade de modificar um determinado estado de coisas. A proposta da integralidade pode ser usada no Direito como uma metodologia ou estratégia que auxilie pensá-lo na sua perspectiva dinâmica, ou seja, na característica que o Direito possui, no âmbito dos direitos objetivos e subjetivos, de se relacionar com o universal [abstrato] e o individual [concreto], com o razoável [conversão] e o necessário para ser efetivado [realização]. O respeito à liberdade, à saúde e à garantia do desenvolvimento das capacidades, só ocorrerá se a postura diante à complexidade dos fenômenos não for a de buscar compreendê-los e classificá-los em uma ordem linear de causa e efeito ou em dicotômicas e excludentes: privado ou público, individual ou universal, certo ou errado, homem ou mulher, comportamento ou identidade.

O direito à saúde, em termos gerais, pouco aborda a personalidade; e o bem-estar de forma integrada, as políticas e as práticas ainda estão voltados para o cuidado do corpo. Mesmo com a incorporação da linguagem dos documentos internacionais de direitos humanos, o cuidado com a saúde é simplificado. Isso, em certa medida, explica a ausência de políticas para os homossexuais, lésbicas, transexuais, transgêneros, travestis, ou mesmo políticas para homens e para mulheres acima de 40 anos.

A forma como se concebe a sexualidade e, por conseqüência, os direitos da sexualidade na maioria dos países da América Latina e do Caribe, inclusive no Brasil, não se fundamenta na autonomia e na liberdade do sujeito, mas em pressupostos da ordem de políticas gerais e transversais. Assim, não é o sujeito a principal referência para a proteção e a responsabilidade, mas a sociedade de forma generalizada. Isso explica o fato de não se encontrar, nos países pesquisados, legislação ou política pública voltada para gays, lésbicas, bissexuais ou transgêneros. Os avanços, em termos da incorporação e do reconhecimento de diferentes sujeitos sexuais, deram-se ou no âmbito da saúde sexual, com a inclusão dos jovens e adolescentes e políticas específicas para adolescentes gestantes; ou no direito penal com a supressão de tipos penais que criminalizavam a prática homossexual, com exceção de Cuba. Os homossexuais, bissexuais, transexuais, travestis e transgêneros ocupam lugar de destaque apenas nas políticas de combate e prevenção do HIV/AIDS. Contudo, esse caso não significa um avanço, tampouco a observação da interdependência e transindividualidade dos direitos da sexualidade, mas a manutenção de estereótipos sobre a identidade e a prática sexual de determinados grupos sociais. No Peru, por exemplo, o Plano Nacional de Luta contra o HIV/AIDS, Lei 26626, de 1999, tem ações específicas para homossexuais; em Porto Rico, a Carta de direitos de pessoas portadoras de HIV/AIDS, Lei 349, de 2000, tem um capítulo específico para transexuais, travestis e transgêneros (Buglione; Feix, 2006).

O corpo ainda é um espaço de regulação e controle. Os mecanismos de regulação da sexualidade que começaram no século XVIII e XIX no Ocidente ainda estão presentes nas legislações de países da América Latina e do Caribe. O que Michel Foucault (1997:30) denominou de "Política do sexo", não no sentido apenas repressivo, senão como a articulação de forças coletivas, institucionais e individuais para fortalecer os "bons costumes e a tranqüilidade pública", ainda vigora. Parte deste controle tácito ou, em alguns países explicitamente, permitido resulta da não-incorporação dos direitos da sexualidade como direitos humanos; talvez a razão seja a dificuldade em compreender os próprios direitos humanos.

Apesar do consenso que os direitos humanos representam, como expressão de acordos possíveis – o que é de indiscutível importância em contextos de diversidade e diferenças socioculturais entre os paises participantes –, a sua efetivação no âmbito doméstico exige que se ultrapasse um outro desafio que é o ir além de uma simples incorporação dogmática dos tratados internacionais de direitos humanos conforme previsto nos parágrafos 2º e 3º do artigo 5º da Constituição Federal de 1988.[9] Não basta, por assim dizer, a existência de enunciados normativos, mas é necessária a incorporação das categorias, como direitos sexuais, na lógica dos direitos humanos.

---

[9] CRFB, artigo 5º, § 2º – Os direitos e garantias expressos nesta Constituição não excluem outros decorrentes do regime e dos princípios por ela adotados, ou dos tratados internacionais em que a República Federativa do Brasil seja parte; § 3º Os tratados e convenções internacionais sobre direitos humanos que forem aprovados, em cada Casa do Congresso Nacional, em dois turnos, por três quintos dos votos dos respectivos membros, serão equivalentes às emendas constitucionais.

3. Direito da sexualidade e direitos humanos: a previsão de direitos no campo da dogmática jurídica

Em sociedades de sujeitos morais plurais, é um desafio alcançar um consenso sobre máximas morais; o mais razoável são uns poucos mínimos morais sobre os quais se está de acordo. Nesse sentido, os acordos, que expressam consensos mínimos, estão vinculados, em sociedades modernas democráticas como as da América Latina e do Caribe, "... con la idea de una filosofía política basada no en fines u objetivos (Aristóteles), ni en obligaciones o deberes (Kant), sino em derechos (Paine). Esa base en ciertos derechos conlleva el que son derechos individuales (o subjetivos) y además fundamentales" (Beuchot, 1999:10).

Mesmo que no âmbito do direito internacional dos direitos humanos não haja uma referência aos direitos de sexualidade de forma que seja possível observar um enunciado normativo específico, isso não implica a sua inexistência quando se considera não apenas o sentido moderno de dogmática jurídica, mas o paradigma no qual o mínimo consenso sobre direitos foi estabelecido.

Para alguns autores, porém, como Norberto Bobbio (1992) e Alaisdar MacIntyre (2003) a não existência expressa de um direito implica a própria inexistência deste direito. O que se defende, entretanto, é que essa inexistência não existe e que os direitos de sexualidade residem em um campo de direitos diversos, interdependentes e transindividuais, cujo fundamento está nos direitos de liberdade, e a sua previsão, para uns expressa para outros inexistentes, se encontra nas normas de princípio dos sistemas constitucionais modernos. Além disso, em diferentes sistemas constitucionais da América Latina, como foi possível observar, há referência aos direitos sexuais, em alguns casos em âmbito constitucional. Contudo, há uma diferença entre direitos sexuais e um direito democrático da sexualidade, como discutido por Rios (2005, 2006). O primeiro vincula-se à saúde e reprodução, e o segundo propõe uma cidadania sexual.

O processo de significação de direitos, ao partir da natureza política do próprio Direito, gera um outro desafio que é pensar quais valores serão capazes de dar sentido a esses direitos de forma democrática. Por exemplo: a vida é um direito fundamental, porém, não há um sentido expresso no ordenamento jurídico sobre o que é vida, tampouco há um único sentido consensuado na biologia (Buglione, 2006). A questão é saber se é possível que o sentido adotado como parâmetro para todos não seja simplesmente a expressão de uma crença moral específica.

Ao compreender o Direito como um sistema composto por três campos: 1. o conteúdo, que diz respeito a tudo que está positivamente reconhecido na legislação e decisões judiciais; 2. a estrutura, que se refere aos instrumentos, mecanismos, procedimentos, políticas públicas e instâncias institucionais necessárias para a efetivação de direitos; e 3. a cultura do Direito que se relaciona à esfera da razão intuitiva,[10] que orienta a compreensão e o reconhecimento de direitos e sujeitos de direito (Schuler; Thomas, 1997); a elucidação do paradigma no qual se fundamentará não apenas o conteúdo, mas a estrutura do Direito é uma exigência. Em realidades de democracias liberais, nas quais a liberdade de pensamento e crença são direitos fundamentais, essa postura viola objetivamente este permissivo. Por essa razão é que é fundamental ter claro o modelo social no qual o debate está implantado. É importante que o campo do Direito não expresse valores de grupos morais singulares, mas sim garanta as propostas acordadas de "bem público" ou, em uma linguagem mais clara, de razão pública. Nesse ponto há um retorno aos direitos fundamentais e ao conjunto de raciocínios e inferências que dizem respeito às questões políticas fundamentais, sendo que a adesão a esses acordos é uma característica de modelos de sociedades democráticas. Trata-se, em outras palavras, de perceber a incorporação dessa realidade no espectro da dogmática jurídica, algo que não se reduz à existência de enunciados normativos.

A dogmática jurídica é a aplicação do conhecimento jurídico a partir de referenciais postos pelo próprio Direito dentro do paradigma de organização social adotado. Não se refere a um estreitamento do Direito, mas torna-se um instrumento de realização do próprio Direito no que lhe confere a característica prática de organização da sociedade; refere-se à lógica da inegabilidade dos pontos de partidas, na qual o que fundamenta o Direito é o próprio Direito (Ferraz, 1994). Afinal, o Direito é ciência e política (Kelsen, 2001). A dogmática jurídica é o paradigma científico ao qual cabe interpretar as normas elaboradas pelo legislador, investigando sua intertextualidade com outros documentos afins, visando à aplicação eqüitativa das decisões judiciais e, para tanto, fazendo da analogia uma garantia de maior uniformização, assecuratória da segurança jurídica (Andrade, 1996). Em outras palavras, é o paradigma científico para a decodificação do próprio sistema normativo a fim de garantir a aplicação eqüitativa das normas jurídicas nos casos concretos. Até porque o processo de decodificação normativa tem caráter valorativo [político], tanto quanto o processo de codificação: construção das normas no âmbito legislativo. Assim, é necessário um campo do saber preocupado com a forma de compor, decompor e recompor estes elementos de forma que a ordem social se fundamente em parâmetros minimamente acordados (razão pública) e não seja refém de

---

[10] Richard Hare (1981) observa que os juízos morais decorrem de duas racionalidades: a razão intuitiva e a razão crítica. A razão intuitiva está na ordem da subjetividade e experiência, ao passo que a razão crítica está no espaço da razão pública e das informações de consenso, como a ciência. A hipótese sobre o tema do aborto é que muitas das razões para o uso de determinadas categorias e sentidos não estão na ordem da razão crítica, mas da razão intuitiva.

Em Defesa dos Direitos Sexuais

ideologias mais hegemônicas ou com maior poder. Ao se constituir como uma ciência do "dever ser" normativa, sistemática, descritiva, valorativa, axiologicamente neutra e prática, a dogmática configura-se como o espaço de possibilidades de legítima interpretação no sentido de estar integrada aos parâmetros postos em determinada ordem social, no caso do Brasil, de um regime democrático e laico (Pozo, 1988; Reale, 1998); observar os direitos da sexualidade no âmbito da dogmática jurídica é verificar a incorporação e a construção de um conhecimento capaz de abarcar o objeto e os sujeitos desses direitos. Assim, a constituição, dentro do sistema jurídico, dá referências normativas e interpretativas para um direito da sexualidade.

Com isso, o pressuposto da autonomia e da liberdade como parâmetro primeiro dos direitos da sexualidade é a própria condição de realização da proposta de uma democracia liberal. Dessa forma, não se ignora a diversidade moral, mas evita-se que a ordem social seja regida por concepções específicas de Bem, é preciso garantir a concepção publicamente reconhecida (Rawls, 1997). Aqui reside a importância dos documentos internacionais, eles expressam de forma contundente as "concepções publicamente reconhecidas", mesmo que não de forma exaustiva, servem de guia para a compreensão e a efetivação de direitos. Os consensos mínimos presentes nos documentos internacionais de direitos humanos acerca da saúde e da liberdade são referências fundamentais, merecendo destaque a Convenção sobre a Eliminação de Todas as Formas de Discriminação contra a Mulher, de 1979; o Pacto Internacional de Proteção dos Direitos Econômicos, Sociais e Culturais e o Pacto de Proteção dos Direitos Civil e Políticos, ambos de 1966; o Programa de Ação da Conferência Internacional sobre População e Desenvolvimento do Cairo, 1994; a Plataforma de Ação da Quarta Conferência Mundial sobre a Mulher, realizada em Beijing 1995; e o Plano de Ação de Durban, de 2001. Não significa, contudo, que o reconhecimento dos direito da sexualidade se vinculem estritamente aos dispositivos normativos dos instrumentos internacionais. Se assim fosse, teria-se uma simplificação do direito internacional dos direitos humanos.

Há alguns elementos centrais nesse tema que devem ser sistematizados de forma que a compreensão sobre a real existência dos direitos da sexualidade fique clara: 1. os direitos humanos são instrumentos de consenso diante da diversidade moral, eles orientam as relações e se estendem a diferentes grupos para além de modelos sociais ocidentais democráticos; 2. a ordem imposta pelos direitos humanos não está na busca de uma norma que, de forma simplificada, expresse um direito e delegue um dever, mas no ser humano como um fim em si mesmo devendo ser reconhecido como tal na sua individualidade; 3. o paradigma de modelos sociais democráticos liberais orienta o sentido de razão pública de forma que os valores utilizados para a significação de postulados como vida, liberdade, saúde, desenvolvimento da personalidade não seja colonizado pela moral de determinado grupo social, mas que expresse os sentidos até então publicamente reconhecidos e compartilhados. Até então as definições e informações trazidas pela ciência são um dos melhores exemplos de significação compartilhada no âmbito de uma razão pública.

Com base nesses elementos, é possível afirmar que, na América Latina, ao mesmo tempo em que se pode identificar a existência de direitos concernentes à sexualidade, pode-se observar que estes direitos oscilam, de forma maniqueísta, conforme interesse ou força de grupos específicos. Um fácil exemplo são as políticas de educação sexual que, mesmo previstas em lei, são pressionadas por determinados grupos a saírem do rol das políticas públicas, inviabilizando a efetivação de direitos. Isso evidencia a dificuldade de incorporar não apenas o sentido de direitos humanos como algo que não é da esfera dos privilégios de "alguns humanos", mas como algo relacionado aos acordos estabelecidos no âmbito da razão pública e, por conseqüência, de competência de todos simplesmente pelo fato de serem parte de determinado grupo social – quando relacionados às disposições de Estados específicos, ou da humanidade: um fator que derroga deveres a todos para além de fronteiras normativas domésticas.

Afirmar a existência de um direito democrático da sexualidade como direito humano é afirmar que a questão central não é sobre o que um dispositivo normativo dispõe, exige, obriga ou garante, mas o que um ser humano deve ou carece para que a sua dignidade seja garantida. Isso não significa, porém, que o mínimo comum possa ser negociado. Os direitos humanos – expressão de consenso – advogam não apenas o dever de compreender as singularidades, mas que essas singularidades não estejam sujeitas a contextos de injustiça social. Por exemplo, não é porque alguns grupos indígenas da América Latina não tenham tradicionalmente incorporado nos seus códigos de normas uma definição de direito da sexualidade que a população não indígena não tenha o dever de reconhecer no outro esse direito garantido.

Há uma linha muito tênue entre esses limites; por isso, o reconhecimento de um direito democrático da sexualidade carece do reconhecimento do outro na sua singularidade de forma a garantir a liberdade nas suas escolhas. O perigo está em condicionar direitos a ideologias particulares, sejam elas religiosas, econômicas ou políticas, como ocorre, neste último caso, em Cuba, que criminaliza a homossexualidade.

Eduardo Garcia Máynez (1959: 371) afirma que "... para que un derecho sea válido, debe tener una razón suficiente para su validez...". Essa validade não se reduz a uma positivação formal, mas deve estar fundada nos pressupostos da ordem social vigente. A partir desse parâmetro, negar a existência dos direitos da sexualidade é negar os próprios pressupostos de liberdade e autonomia de Estados laicos. Alguns poderiam advogar que o fundamento de validade estaria na idéia de natureza humana, mas isso implicaria a eleição de um sentido universal e abstrato sobre essa mesma natureza, que é o que se busca evitar quando se elege falar de uma cidadania sexual.

Em sociedades de sujeitos morais plurais, no qual a diversidade de crenças e valores é uma regra, inclusive jurídica, é fundamental estabelecer consensos que sejam reconhecidos por todos. Dentro desse marco, não apenas a liberdade, mas a tolerância e a solidariedade são valores gerais nos quais se sustenta o argumento de que o respeito à dignidade da diversidade de sujeitos morais é condição para a própria democracia.

Conclui-se, assim, que a defesa dos direitos da sexualidade como direito fundamental e humano não põe em risco a "fundamentalidade" dos direitos fundamentais em geral, tampouco lhes provoca qualquer desprestígio.[11] Abstraindo as paixões e moralidades particulares sobre esse tema, a garantia da liberdade, no que se refere à sexualidade, é condição para a própria efetivação da democrática, caso contrário representaria uma gerência não apenas do Estado, mas de crenças particulares, sobre toda uma sociedade.

Não se pode esquecer que, em diferentes momentos históricos, as normas relacionadas às práticas e identidades sexuais não estavam fundadas em pressupostos de liberdade, mas de controle do Estado. Isso faz o pressuposto da liberdade de pensamento ser diretamente violado. Afinal, "... os direitos fundamentais podem ser considerados simultaneamente pressuposto, garantia e instrumento do principio democrático da autodeterminação do povo por intermédio de cada indivíduo mediante o reconhecimento do direito de igualdade (perante a lei e de oportunidades), de um espaço de liberdade real, bem como, por meio da outorga de direitos à participação (com liberdade e igualdade), na conformação da comunidade e do processo políticos, de tal sorte que a positivação e a garantia do efetivo exercício de direitos políticos (no sentido de direitos de participação e conformação do status político) podem ser consideradas o fundamento funcional da ordem democrática..." (Sarlet, 2007: 73). Ignorar que a liberdade é fundamento dos direitos da sexualidade é ignorar a própria estrutura social vigente.

---

[11] Ingo Sarlet, ao discutir o reconhecimento de novos direitos fundamentais, alerta para o risco de uma degradação dos direitos fundamentais. Assim, conforme observa o autor "... fazem-se necessárias a observância de critérios rígidos e a máxima cautela para que seja preservada a efetiva relevância e prestígio destas reinvindicações e que efetivamente correspondam a valroes fundamentais consensualmente reconhecidos no âmbito determinada sociedade ou mesmo no plano universal (Sarlet, 2007: 64). Por essa razão é que este artigo tem como marco principal para o desenvolvimento dos seus argumentos um modelo social de democracia liberal e a liberdade como principal fundamento dos direitos de sexualidade.

Na América Latina e no Caribe, é possível ver indiscutíveis avanços no plano dos dispositivos normativos sobre não-discriminação por orientação sexual e cuidado com a saúde sexual e reprodutiva. Contudo, ainda é tímido o reconhecimento da sexualidade como um direito integrado às liberdades, ao desenvolvimento das capacidades e personalidade, aos direitos sociais, à informação e ao uso das tecnologias. Talvez, uma hipótese a ser pensada é que a velha dificuldade de assumir e lidar com o desejo seja o assombro que impede ou dificulte o reconhecimento da liberdade. Gerenciar o desejo do outro é, de alguma forma, evitar confrontar-se com o próprio. Talvez, por fim, o grande desafio desse tema, para além do seu reconhecimento como um direito fundamental, está no aceite de que alguns sujeitos, mais que outros, assumem o seu desejo e optam por serem livres.

Referências bibliográficas

ANDRADE, Vera Regina Pereira de. *Dogmática jurídica: esforço de sua configuração e* identidade. Porto Alegre: Livraria do Advogado Editora, 1996.

BARZOTTO, Luís Fernando. Os Direitos Humanos como Direitos Subjetivos. In: *Direito & Justiça. Revista da Faculdade de Direito da PUCRS.* Volume 31. Ano XXVII. Porto Alegre: EdPURSC, 2005/1.

BERLIN, Isaiah. *Estudos Sobre a Humanidade.* Uma antologia de Ensaios. São Paulo: Companhia das Letras, 2002.

———. *La traición de la libertad:* Seis enemigos de la liberdad humana. México: Fondo de Cultura Económica, 2004.

BEUCHOT, Mauricio. *Derechos Humanos.* História y Filosofia. México: BEFDP, 1999.

BOBBIO, Norberto. *A Era dos Direitos.* Rio de Janeiro: Campus, 1992.

BONAVIDES, Paulo. *Curso de Direito Constitucional.* 7ª ed. São Paulo: Malheiros, 1997.

BUGLIONE, Samantha. FEIX, Virginia. *Sistematización y Análisis de Leyes de Salud Sexual Y Reproductiva, Derechos Sexuales y Reproductivos en América Latina y Caribe.* Coordenação Margareth Arilla. Consultoria. Fundo das Nações Unidas para o Desenvolvimento. FNUAP, julho 2006.

———. Entre paixões: a manipulação dos embriões *ex-utero* e a vida humana. In: Tópicos de Bioética. Brasília: Letras Livres, 2006.

CANOTILHO, Joaquim José Gomes. *Direito Constitucional.* 5ª ed. Coimbra: Livraria Almedina, 1992.

CLADEM. *Documento de Sistematización sobre los avances normativos en América Latina y Caribe.* Lima, mayo 2004. Dispopnível em http://www.convencion.org.uy/menu2.htm. Acessado em 11.12.2005.

DWORKIN, Ronald. *O Império do Direito.* Traduzido por Jefferson Luiz Camargo. São Paulo: Martins Fontes, 1999.

FERRAZ JÚNIOR, Tercio Sampaio. *Introdução ao estudo do Direito: técnica, decisão, dominação.* 2ª ed. São Paulo: Atlas, 1994.

FOUCAULT, Michel. *História da sexualidade.* A vontade de saber. T 1, Rio de Janeiro: Edições Graal, 1997.

HARE, Richard. *Moral thinking:* its levels, method and point. Oxford: Clarendon Press, 1981.

HART, Herbert Lionel Adolphus. *O conceito de direito.* Lisboa: Fundação Calouste Gulbenkian. 1994.

Em Defesa dos Direitos Sexuais

KELSEN, Hans. *Teoria Geral do Direito e do Estado.* Tradução Luis Carlos Borges. Rio de Janeiro: Martins Fontes, 1998.

——. *Lineamenti di Dottrina Pura del Diritto.* Torino: Einaudi, 2001.

NUSSBAUM, Martha. *Sex and Social Justice.* New York: Oxford University Press, 1999.

MACINTYRE, Alasdair. *Depois da Virtude.* Bauru: Edusc, 2003.

MALIANDI, Ricardo. *Ética.* Conceptos y problemas. 3ª ed. Buenos Aires: Biblos, 2004.

MAYNEZ, García. El derecho natural y el principio jurídico de razón suficente. In: *Revista jurídica Veracruzana.* Xalapa, Veracruz, Méjico, Ed. Tribunal Superior de Justicia del Estado de Veracruz: 1959.

OAKESHOTT, Michael. *Sobre a História.* Rio de Janeiro: Topbooks, 2003.

POZO, José Hurtado. El principio de legalidad, la relación de causalidade y la culpabilidad: reflexiones sobre la dogmatica penal. *Nuevo Foco Penal,* Coimbra, n. 39, 1988.

RAWLS, John. *Liberalismo Político.* 2ª edição. São Paulo: Editora Ática, 2000.

——. *Uma Teoria da Justiça.* Traduzido por Almiro Pisseta e Lenita Esteves. São Paulo: Martins Fontes, 1997.

REALE, Miguel. *Lições preliminares de Direito.* São Paulo: Saraiva, 1998.

RIOS, Roger. Direitos sexuais de gays, lésbicas e transgêneros no contexto latino-americano. In: *Centro Latino Americano em Sexualidade e Direitos Humanos.* Rio de Janeiro: CLAM, 2005. Dispopnível em http://www.clam.org.br/pdf/rogerport.pdf. Acessado em 02.11.2006.

——. Por um Direito Democrático da Sexualidade. In: *Coleção Documentos.* Latino Americano em Sexualidade e Direitos Humanos. Rio de Janeiro: CLAM, 2006. Dispopnível em http://www.clam.org.br/pdf/roger_dirdemsex_port.pdf. Acessado em 02.11.2006.

SARLET, Ingo. *A Eficácia dos Direitos Fundamentais.* 7ª ed. Livraria do Advogado. Porto Alegre, 2007.

SCHULER, Margaret. THOMAS. *Womens Human Rights Step by Step. A Practical Guide to Using International Law and Mechanisms to Defend Womens Human Rights.* Washington D.C: Women, Law & Development International (NGO), 1997.

SEN, Amartya. *Desenvolvimento como Liberdade.* São Paulo: Companhia das Letras, 2000.

VENTURA, Miriam (org). *Direitos Sexuais e Direitos Reprodutivos na Perspectiva dos Direitos Humanos.* Rio de Janeiro: Advocaci, 2003.

VILLEY, Michel. *Filosofia do Direito.* Definições e fins do direito. Os meios do direito. Trad. Márcia Valéria Martinez de Aguiar. São Paulo: Martins Fontes, 2003.

SEGUNDA PARTE

Questões e dasafios para o desenvolvimento dos direitos sexuais: autonomia, homofobia e laicidade estatal

— 4 —

O conceito de homofobia na perspectiva dos direitos humanos e no contexto dos estudos sobre preconceito e discriminação

ROGER RAUPP RIOS[1]

Sumário: Introdução; 1. Preconceito e discriminação: anti-semitismo, racismo e sexismo diante da homofobia; 1.1. Preconceito e discriminação: definições e elementos; 1.2. Preconceito e discriminação: abordagens psicológicas e sociológicas; 1.2.1. Abordagem psicológica; 1.2.2. Abordagem sociológica; 1.3. Anti-semitismo, racismo e sexismo diante da homofobia; 2. Homofobia; 2.1. Homofobia: definição e elementos; 2.2. Homofobia: aversão fóbica e heterossexismo; 2.2.1. A homofobia como aversão fóbica; 2.2.2. A homofobia como heterossexismo; 2.3. A homofobia diante do anti-semitismo, do racismo e do sexismo; 3. Direitos humanos e antidiscriminação: aporte jurídico para a compreensão e para o combate da homofobia; 3.1. Conceito jurídico de discriminação; 3.2. A discriminação homofóbica: contrariedade ao direito e formas de violência; 3.3. Modalidades de discriminação: homofobia direta e indireta; 3.3.1. Discriminação direta e homofobia; 3.3.2. Discriminação indireta e homofobia; Conclusão – respostas jurídicas à homofobia; Referências bibliográficas.

Introdução

Anti-semitismo, racismo, sexismo e homofobia são as expressões mais patentes do preconceito e da discriminação nos debates públicos e nas lutas sociais e políticas desde meados do século XX.[2] É, pois, considerando estas manifestações, que o estudo e a compreensão do preconceito e da discriminação têm-se estruturado, tanto na esfera acadêmica, quanto nos âmbitos

---

[1] Juiz Federal, Mestre e Doutor em Direito/UFRGS. Membro do Centro Latino-Americano em Sexualidade e Direitos Humanos – CLAM/IMS/UERJ (algerio@uol.com.br).

[2] O elenco do anti-semitismo, do racismo, do sexismo e, mais ultimamente, da homofobia como casos emblemáticos nos estudos sobre preconceito e discriminação não significa menosprezar qualquer outra forma de discriminação, como, por exemplo, por deficiência ou idade. Trata-se somente de identificar os casos mais esudados na literatura especializada a partir da segunda metade do século XX.

Em Defesa dos Direitos Sexuais

social e político. Dentre tais expressões discriminatórias, a homofobia é aquela menos discutida e ainda mais controversa. Isto se constata pela discrepância entre a bibliografia e as políticas públicas desenvolvidas a partir de cada um destes temas, sem esquecer da relativa leniência diante de manifestações homofóbicas, se comparadas, por exemplo, às reações diante do racismo ou do sexismo.

O objetivo deste artigo é, por meio de uma breve notícia do estado da arte dos estudos sobre preconceito e discriminação, avançar na compreensão da discriminação perpetrada contra homossexuais, bissexuais, travestis e transexuais (ao qual se aplica, de modo disseminado, a designação de "homofobia"). Neste esforço, far-se-á o contraste entre a homofobia e as aludidas formas de discriminação (anti-semitismo, racismo e sexismo). Deste modo, pretende-se não só salientar alguns elementos específicos da discriminação contra homossexuais, como também refletir sobre as diversas manifestações do preconceito e da discriminação e suas mútuas relações. Tudo isto será realizado sob a perspectiva dos direitos humanos e, em especial, do direito da antidiscriminação. Deste modo, ganha-se não só em clareza, dada a intensa polêmica em torno do tema, como também em capacidade de reação, dado o alto grau de violação de direitos humanos perpetrado pela homofobia.

Para tanto, este estudo se desdobra em três momentos. Na primeira parte, visitam-se as principais abordagens sobre o preconceito e a discriminação, buscando aproximações entre o anti-semitismo, o racismo e o sexismo diante da homofobia. Na segunda parte, examina-se a homofobia de modo específico, discutindo sua compreensão, principais abordagens e a sua relação com as demais formas de discriminação. A terceira e última parte propõe uma compreensão da homofobia no quadro conceitual dos direitos humanos, voltada, principalmente, para o impacto dos institutos do direito da antidiscriminação na percepção e no combate à homofobia. O trabalho se encerra com algumas indicações das possíveis respostas jurídicas em face desta modalidade discriminatória.

1. Preconceito e discriminação: anti-semitismo, racismo, e sexismo diante da homofobia

1.1. Preconceito e discriminação: definições e elementos

Preconceito e discriminação são termos correlatos, que, apesar de designarem fenômenos diversos, são por vezes utilizados de modo intercambiado. Para o desenvolvimento deste estudo é necessário, de início, fixar o sentido em que são empregados.

Por preconceito, designam-se as percepções mentais negativas em face de indivíduos e de grupos socialmente inferiorizados, bem como as representações sociais conectadas a tais percepções. Já o termo discriminação designa a materialização, no plano concreto das relações sociais, de atitudes arbitrárias, comissivas ou omissivas, relacionadas ao preconceito, que produzem violação de direitos dos indivíduos e dos grupos. O primeiro termo é utilizado largamente nos estudos acadêmicos, principalmente na psicologia e muitas vezes nas ciências sociais; o segundo, mais difundido no vocabulário jurídico.

1.2. Preconceito e discriminação: abordagens psicológicas e sociológicas

Há vasta literatura científica sobre o preconceito e a discriminação, sua natureza e dinâmica. Esta produção acadêmica pode ser sumariada mediante a indicação dos dois campos do saber que deles costumeiramente se ocupam, quais sejam, a psicologia e a sociologia. Apesar de conceitualmente distintos, eles têm sido estudados conjuntamente, dada sua evidente relação (Young-Bruehl, 1996).

1.2.1. Abordagem psicológica

Preconceito é o termo utilizado, de modo geral, para indicar a existência de percepções negativas por parte de indivíduos e grupos, onde estes expressam, de diferentes maneiras e intensidades, juízos desfavoráveis em face de outros indivíduos e grupos, dado o pertencimento ou a identificação destes a uma categoria tida como inferior. Agregam-se a este conceito, de modo exclusivo, preponderante ou conjugado, conforme o caso, as notas de irracionalidade, autoritarismo, ignorância, pouca disposição à abertura mental e inexistência de contato ou pouca convivência com membros dos grupos inferiorizados (Lacerda, Pereira e Camino, 2002).

As abordagens psicológicas, em síntese, buscam na dinâmica interna dos indivíduos as raízes do preconceito.[3] Basicamente, elas podem ser divididas em dois grandes grupos: as teorias do bode expiatório e as teorias projecionistas.

O primeiro pode ser nomeado como "teorias do bode expiatório". Diante da frustração, os indivíduos procuram identificar culpados e causa-

---

[3] Allport (1979) realizou ampla e sistemática investigação, a partir da psicologia social, acerca das raízes, dinâmicas, conseqüências e possíveis respostas a diversas manifestações de preconceito. Sua obra *The Nature of Prejudice*, de fato, é considerada um clássico nos estudos sobre preconceito.

Em Defesa dos Direitos Sexuais

dores da situação que lhes causa mal-estar, donde a eleição de certos indivíduos e grupos para este lugar.[4]

O segundo grupo, por sua vez, pode ser indicado como "teoria projecionista". Os indivíduos, em conflito interno, tentam solucioná-lo, mediante sua projeção, parcial ou completa, em determinados indivíduos e grupos, razão pela qual lhes destinam tratamento desfavorável, chegando às raias da violência física, que pode alcançar até a pura e simples eliminação. A projeção trata-se, na síntese de Allport (1979, p. 391), de um aspecto decisivo na psicodinâmica do preconceito, derivada da vida mental inconsciente.

Outra contribuição presente nas abordagens psicológicas diz respeito ao estudo dos processos de aprendizagem e interação sociais, esfera onde os indivíduos, dado seu pertencimento a certo grupo, a este relacionam atributos positivos, em detrimento dos membros de outros agrupamentos. Nesta dinâmica, a construção de uma autopercepção positiva tem como contraface a atribuição de uma representação negativa dos estranhos ao grupo.

Assim entendido, o preconceito apresenta-se como fenômeno único, com diversas manifestações, tais como racial, sexual, religiosa e étnica. Desvendar suas origens e dinâmicas possibilitaria sua superação, uma vez empregadas as medidas adequadas. Nesta empreitada, a educação, o autoconhecimento e o convívio com outros indivíduos e grupos são apontados como respostas possíveis e eficazes.

1.2.2. Abordagem sociológica

Numa perspectiva sociológica, o preconceito é "definido como uma forma de relação intergrupal onde, no quadro específico das relações de poder entre grupos, desenvolvem-se e expressam-se atitudes negativas e depreciativas além de comportamentos hostis e discriminatórios em relação aos membros de um grupo por pertencerem a esse grupo (Camino & Pereira, no prelo). Entre os processos cognitivos que se desenvolvem neste tipo de relações sociais, destacam-se a categorização e a construção de estereótipos (Dorai & Deschamps, 1990; Schadron, Morchain & Yzerbyt, 1996; Yzerbyt, Rocher & Schadron 1997)" (Lacerda, Pereira e Camino, 2002).

Destaco, dentre as abordagens sociológicas, por sua relevância teórica e pela influência, duas contribuições específicas: a obra de Erving Goffman e a leitura marxista mais tradicional e divulgada.

---

[4] Adorno, Frenkel-Brunswik, Levinson e Sanford (1982) titularizam a pesquisa mais célebre, radicada na psicologia social, acerca do preconceito e sua relação com a teoria do bode expiatório. O conjunto de seus estudos, publicados no relatório *The Authoritarian Personality*, preocupa-se centralmente com o "indivíduo potencialmente fascista".

Com efeito, é por meio da idéia de estigma, formulada por Goffman (1988), que são conduzidas muitas análises das relações sociais pautadas pelo preconceito e pela discriminação. De acordo com Parker e Aggletton (2002, p. 11), Goffman, ao identificar no estigma um atributo negativo, mapeado sobre os indivíduos e produtor de uma deterioração identitária, capta uma verdadeira relação de desvantagem, um processo social.

Quanto à perspectiva marxista tradicional, preconceito e discriminação seriam produtos e manifestações das reais condições que mantêm, refletem, criam e recriam a alienação humana; na base de tais condições, a dinâmica própria da sociedade capitalista. Deste modo, para utilizar como exemplo a questão racial, estudada por Octavio Ianni (1988, p. 89), "contradições étnicas, raciais, culturais e regionais são muito importantes para compreendermos o movimento da sociedade tanto na luta pela conquista da cidadania, como na luta para transformar a sociedade, pela raiz, no sentido do socialismo." A conseqüência desta abordagem, do ponto de vista teórico, é o tratamento colateral, quando não secundário e subordinado do preconceito e da discriminação às "problemáticas maiores" do nacionalismo, do imperialismo, do colonialismo e das classes sociais, no sentido da revolução capitalista e de sua superação pelo socialismo.[5]

Por fim, no rol dos estudos sobre preconceito e discriminação, é de se destacar a contribuição dos estudos culturais. De acordo com esta perspectiva, as identidades são produzidas a partir das diferenças, na medida em que às diferenças são atribuídas determinadas significações. Deste modo, não é a discriminação que é produzida pela diferença e por ela precedida; ao contrário, é a discriminação que atribui um certo significado negativo e institui a diferença.[6]

1.3. Anti-semitismo, racismo e sexismo diante da homofobia

Desde o final da II Grande Guerra, preconceito e discriminação são temas disputados e estudados por intermédio de suas manifestações mais contundentes nas sociedades ocidentais: anti-semitismo, racismo e sexismo. Somente nos últimos anos, o preconceito e a discriminação voltados para expressões da sexualidade passaram a merecer atenção.

No esforço de compreensão dos fenômenos do preconceito e da discriminação, a cada uma das aludidas manifestações associou-se um conjunto de circunstâncias, na tentativa de explicar a gênese e reprodução destes

---

[5] Antonio Sérgio Alfredo Guimarães (2004) fornece um breve escorço histórico da influência e superação do marxismo nos estudos sobre discriminação racial no Brasil, salientando como a situação de negros e mulheres, por exemplo, poderia, neste horizonte, ser explicada sem "o apelo para o preconceito e outros elementos subjetivos."

[6] Ver Tomaz Tadeu da Silva, Stuart Hall e Kathryn Woodward (2000).

Em Defesa dos Direitos Sexuais

115

processos. Nesta empreitada, vislumbrou-se na pertinência cultural e genealógica o traço desencadeador do anti-semitismo; na identificação de sinais corporais distintivos, especialmente cor e sinais morfológicos específicos, os marcadores de pertença racial, sob os quais se dinamiza o racismo; pela valorização da distinção morfológica sexual, a atribuição de identidades de gênero binárias, engendrando o sexismo.

Considerando as características da modernidade ocidental e as especificidades destas manifestações, foram-lhes relacionados contextos próprios, cuja presença aponta para a sua propulsão e reprodução. Assim, respectivamente, ao anti-semitismo relacionou-se a emergência dos totalitarismos; ao racismo, os desdobramentos da escravidão; ao sexismo, a estrutura familiar patriarcal. As respostas sociais e políticas diante destes preconceitos e discriminações, por sua vez, se voltaram contra os discursos religiosos, científicos e políticos que tanto os legitimaram quanto os perpetuam. Daí o esforço, especialmente nos âmbitos científicos e políticos, por se denunciar a deturpação ideológica dos saberes científicos (notadamente no campo da biologia, psicologia e das ciências sociais), bem como o combate às plataformas políticas que acolhem e acionam tais proposições e perspectivas.

As tentativas de superação do preconceito e da discriminação, neste contexto, estruturam-se a partir da premissa da descoberta dos processos de geração do preconceito e do enfrentamento aos respectivos atos de discriminação. Tanto do ponto de vista das ciências sociais e psicológicas, quanto do direito, cuida-se de identificar as circunstâncias concretas que, diante da dinâmica própria do fenômeno discriminatório, desencadeiam a discriminação, bem como, ao mesmo tempo, combater tanto suas causas quanto conseqüências. Nas causas, o totalitarismo, a escravidão e o patriarcado; nas conseqüências, os inumeráveis atos de discriminação e a desigual repartição de poder e benefícios entre os grupos. Entre eles, dinâmicas psicológicas e sociológicas, cuja presença traz à tona as imperfeições subjetivas e as conseqüências de processos de interação social conflitivos e injustos.

Deste ponto de vista, anti-semitismo, racismo e sexismo podem ser superados ou, ao menos, atenuados, na medida em que a conjugação de iniciativas individuais (auto-conhecimento, abertura para o outro), coletivas (políticas públicas, especialmente educacionais) e jurídicas (repressão de atos discriminatórios e incentivo a medidas reparatórias e positivas), tenha condições de implementação e funcionamento. Totalitarismo, segregação racial e a estrutura familiar patriarcal seriam, portanto, realidades distintas, cujo vencimento aponta para a instituição de relações sociais mais igualitárias e menos discriminatórias, conduzindo, inclusive, não só a uma democratização da vida em sociedade, como também a um processo de aperfeiçoamento pessoal.

Todavia, como referido desde a introdução, os estudos e o combate ao anti-semitismo, ao racismo e ao sexismo revelam-se em estágio diverso daquele experimentado pela homofobia. Examinar mais detidamente a dinâmica da homofobia e sua relação com as aludidas expressões discriminatórias, portanto, é um caminho que necessita ser percorrido, objetivando compreender o porquê desta realidade.

Antes de adentrar nesta tarefa, é preciso sublinhar o caráter interseccional da discriminação. No exame das manifestações discriminatórias aludidas, costuma-se isolar cada uma das diversas expressões do preconceito e da discriminação. Este procedimento, meramente para fins comparativos, não significa ignorar a interseccionalidade da discriminação, isto é, a associação simultânea de múltiplas dinâmicas discriminatórias na realidade concreta de indivíduos e grupos. Também designada como "discriminação composta" ou "discriminação de cargas múltiplas" (Crenshaw, 2002), a interseccionalidade da discriminação chama a atenção para o resultado da articulação das diversas discriminações, tais como raça, sexo, classe, orientação sexual e deficiência.

2. Homofobia

Na primeira parte deste artigo, foi delineado, de forma sucinta e esquemática, o quadro conceitual por meio do qual é estudado o fenômeno discriminatório nos debates atuais. A partir dele, será analisada a homofobia, mediante a exposição das abordagens psicológica e sociológica e da relação entre as diversas formas de discriminação antes referidas. Antes de iniciar tal plano, noticio os usos correntes do termo e um pouco de sua história.

Com efeito, neste percurso investigatório, surgem muitas indagações: a homofobia se restringe a homossexuais ou alcança outros grupos? Quais as semelhanças e as diferenças entre a homofobia e outras formas de discriminação e preconceito? Qual a relação entre a homofobia e as demais manifestações discriminatórias? Diante da polêmica acerca do que seja a homossexualidade e, por conseguinte, de quem são homossexuais, como identificar as vítimas da homofobia?

Mesmo que tão abrangentes e disputadas questões extrapolem o objeto desta reflexão, elas serão tangenciadas na medida em que a compreensão da homofobia e de suas manifestações requerer.

2.1. Homofobia: definição e elementos

O que é homofobia? Uma resposta rápida e direta, no horizonte deste estudo, divisa a homofobia como forma de preconceito, que pode resultar em discriminação. De modo mais específico,[7] e agora valendo-me da acepção mais corrente, homofobia é a modalidade de preconceito e de discriminação direcionada contra homossexuais.

A literatura registra a utilização do termo "homofobia" no final da década de 60 do século passado.[8] Foi na pesquisa do psicólogo estadunidense George Weinberg, procurando identificar os traços da "personalidade homofóbica", realizada nos primeiros anos de 1970, que o termo ganhou foros acadêmicos, correspondendo a uma condensação da expressão "homosexualphobia" (Young-Bruehl, 1996, p. 140). Outra nota relevante é a proposição do termo a partir da experiência da homossexualidade masculina, donde a proliferação de outros termos objetivando designar formas correlatas e específicas de discriminação, tais como a putafobia (prostitutas), transfobia (transexuais), lesbofobia (lésbicas) e bissexualfobia (bissexuais).

As definições valem-se, basicamente, de duas dimensões, veiculadas de modo isolado ou combinado, conforme a respectiva compreensão. Enquanto umas salientam a dinâmica subjetiva desencadeadora da homofobia (medo, aversão e ódio, resultando em desprezo pelos homossexuais), outras sublinham as raízes sociais, culturais e políticas desta manifestação discriminatória, dada a institucionalização da heterossexualidade como norma, com o conseqüente vilipêndio de outras manifestações da sexualidade humana.

Neste último sentido, como será explicitado adiante, o termo "heterossexismo" é apontado como mais adequado, disputando a preferência com o termo "homofobia", para designar a discriminação experimentada por homossexuais e por todos aqueles que desafiam a heterossexualidade como parâmetro de normalidade em nossas sociedades.

A formulação de cada conceito, logicamente, é tributária das respectivas compreensões sobre a homofobia, salientando ou combinando, como referido, uma ou outra dimensão. Daí a importância de prosseguir esta investigação visitando, ainda que sucintamente, a discussão sobre as causas e as origens da homofobia. Como será visto logo a seguir, tal debate tem conexão direta com as abordagens psicológica e sociológica da homofobia.

---

[7] Daniel Welzer-Lang (1994) distingue a utilização do termo homofobia de um modo genérico ou particular. Antes mesmo da "homofobia específica" (aversão dirigida contra homossexuais), há a "homofobia geral" (manifestação do sexismo que resulta em discriminação dos sujeitos em virtude do seu sexo e gênero, sempre que estes carregam características atribuídas ao gênero oposto).

[8] Há referências anteriores à década de 1920 (conforme registro do *Oxford English Dictionary*); o termo "homoerotophobia", por sua vez, aparece para alguns como precursor, donde se derivou "homofobia" (utilizado por Wainwright Churchill, no livro *Homosexual Behavior among Males. A cross-cultural and cross-species invetigation*, de 1967).

2.2. Homofobia: aversão fóbica e heterossexismo

De modo geral, a investigação sobre cada modalidade discriminatória estrutura-se a partir da constatação de concepções e práticas discriminatórias, voltadas contra um certo grupo de indivíduos. Verificada esta realidade, a pesquisa volta-se às causas e origens, objetivando, em seguida, respostas visando à superação desta situação. Esta operação é complexa, pois pressupõe uma série de premissas: desde a injustiça da distinção (que caracteriza a diferenciação como ilegítima e, portanto, merecedora de reparação e combate) até a dinâmica geradora das ações e omissões discriminatórias, passando pela desafiadora identificação dos indivíduos e grupos discriminados.

No caso da homofobia, cada um destes estágios é particularmente controverso. Em primeiro lugar, pelo fato de que, no horizonte contemporâneo do combate ao preconceito e à discriminação, diversamente do que ocorre com o anti-semitismo, o racismo ou o sexismo, ainda persistem posturas que pretendem atribuir à homossexualidade caráter doentio ou, ao menos, condição de desenvolvimento inferior à heterossexualidade. Em segundo lugar, pela complexidade da compreensão das causas e origens da homofobia. Em terceiro lugar, pelo intenso debate sobre a natureza ou construção social da homossexualidade, a dividir "essencialistas" e "construcionistas".

Nesta arena de debates conceituais e disputas políticas, destaco as duas grandes vertentes pelas quais se desenrola o entendimento da homofobia. Com efeito, as idéias de "aversão a homossexuais" e de "heterossexismo" operam como pontos de convergência de algumas das controvérsias aludidas, possibilitando examinar o estado da arte destes estudos e uma análise da homofobia dentro do paradigma dos direitos humanos.

2.2.1. A homofobia como aversão fóbica

No rol dos esforços de compreensão da homofobia, a abordagem psicológica tem grande relevo e disseminação. Com efeito, o próprio termo foi cunhado a partir de elaborações psicológicas.[9] Daí a relação direta que se estabeleceu entre a elaboração conceitual da homofobia e a vertente psicologista dos estudos sobre discriminação.

Assim compreendida, a homofobia é, em síntese, a rejeição ou aversão a homossexual ou à homossexualidade. A discriminação homofóbica seria, portanto, sintoma que se cria a fim de evitar uma situação de perigo, cuja presença foi assinalada pela geração de angústia (Freud, 1998, p. 56). Como refere Pocahy (2006), ao descrever a formulação psicológica desta dinâmi-

---

[9] Para uma notícia histórica do trabalho de George Weinberg, ver Gregory M. Herek, (2004).

Em Defesa dos Direitos Sexuais

ca, da reação a este medo, geralmente paralisante e voltada para si, em caráter de evitação, podem resultar atos de agressão, visando a suportá-lo. Daí a aplicação das abordagens psicológicas do fenômeno discriminatório à homofobia.

Neste contexto, uma hipótese particularmente divulgada é a de que reações homofóbicas violentas provêm de sujeitos em grave conflito interno com suas próprias tendências homossexuais, resultantes da projeção de um sentimento insuportável de identificação inconsciente com a homossexualidade, donde a intolerância à homossexualidade.

Não obstante a discussão sobre a posição freudiana diante da homossexualidade (Young-Bruehl, 1996, p. 139),[10] o fato é que a "homofobia clínica", ao lado da "homofobia antropológica", do stalinismo e do nazismo foram as principais ideologias que construíram a homofobia moderna, de caráter laico e não-teológico (Borrillo, 2000).

O recurso ao campo psicológico como saber apto à compreensão da homofobia, mais que tenso face à relação desta ciência com as origens da homofobia, pode chegar ao paradoxo. Com efeito, como adverte M. Dorais (1994), a pesquisa das causas psíquicas da homossexualidade constitui, em si mesma, manifestação preconceituosa e discriminatória, por pressupor a existência de uma sexualidade normal (a heterossexualidade), parâmetro pelo qual as demais expressões da sexualidade serão interpretadas e valoradas.

Na esteira da tese projecionista, a homofobia seria combatida, de um lado, pela adoção de terapias psicológicas objetivando a superação da eventual egodissintonia da homossexualidade que venha a caracterizar certo indivíduo e, de outro, pelo estímulo ao convívio e conhecimento do outro e de sua realidade, visando à superação da ignorância e do preconceito.

2.2.2. A homofobia como heterossexismo

Como visto, a compreensão do preconceito e da discriminação sofridos por homossexuais a partir da noção de fobia tem como elemento central as dinâmicas individuais experimentadas pelos sujeitos e presentes em sua socialização. A idéia de heterossexismo se apresenta como alternativa a esta abordagem, designando um sistema onde a heterossexualidade é institucionalizada como norma social, política, econômica e jurídica, não importa se de modo explícito ou implícito. Uma vez institucionalizado, o heterossexismo manifesta-se em instituições culturais e organizações burocráticas,

---

[10] Tratando da homossexualidade, Sigmund Freud já em 1905 teria, conforme citação de Young-Bruehl (1996, p. 139), concluído explicitamente que "a abordagem patológica para o estudo da inversão foi suplantada pela abordagem antropológica", em nota aos célebres "Três Ensaios sobre a Teoria da Sexualidade".

tais como a linguagem e o sistema jurídico. Daí advêm, de um lado, superioridade e privilégios a todos que se adequam a tal parâmetro, e de outro, opressão e prejuízos a lésbicas, gays, bissexuais, travestis, transexuais e até mesmo a heterossexuais que porventura se afastem do padrão de heterossexualidade imposto.[11]

Na ideologia e no sistema heterossexistas, mais do que uma questão de preferência ou orientação sexuais, o binômio heterossexualidade/homossexualidade é critério distintivo para o reconhecimento da dignidade dos sujeitos e para a distribuição dos benefícios sociais, políticos e econômicos. Isto porque o pertencimento a grupos inferiorizados implica a restrição, quando não a supressão completa e arbitrária de direitos e de oportunidades, seja por razões jurídico-formais, seja por pelo puro e simples exercício da força física bruta ou em virtude dos efeitos simbólicos das representações sociais.[12] Exemplos destas situações são, respectivamente, a impossibilidade jurídica do acesso de homossexuais a certos institutos jurídicos, como o casamento civil, e o elevado número de agressões físicas e verbais experimentadas por homossexuais.[13]

O heterossexismo originou-se e se alimenta em várias ideologias. Sem esquecer das cosmovisões religiosas e das visões de mundo da Antiguidade greco-romana, Borrillo (2000) fornece um sumário deste amplo e complexo quadro, referindo-se a quatro discursos homofóbicos: a "homofobia antropológica", a "homofobia liberal", a "homofobia stalinista" e a "homofobia nazista". A homofobia antropológica, por fundar-se na crença de que a evolução das sociedades caminha rumo à consagração da conjugalidade heterossexual monogâmica, vê na homossexualidade o risco e a manifestação da desintegração da sociedade e da civilização. Já a "homofobia liberal", por considerar as manifestações da homossexualidade matéria estritamente privada, não provê homossexuais de proteção jurídica no espaço público, considerando este domínio natural e exclusivo da heterossexualidade. A "homofobia stalinista", por considerar comportamentos homossexuais um sintoma da decadência moral capitalista, promoveu, em nome do "humanismo proletário", a condenação da homossexualida-

---

[11] Gregory M. Herek (2004, p. 15) fornece um panorama histórico do surgimento do termo heterossexismo, salientando suas origens no pensamento de feministas lésbicas.

[12] Guacira Lopes Louro (2001, p. 14) demonstra como a classificação binária da heterossexualidade/homossexualidade institui a heteronormatividade compulsória, produzindo normalização e estabilidade, mecanismos não só de controle, como também de acionamento das políticas identitárias de grupos homossexuais.

[13] Para um panorama sobre as pesquisas de vitimização sobre homossexuais, ver o documento elaborado por Laura Moutinho (2005). Especificamente, quanto à discriminação sofrida por homossexuais, nada menos que 64.8% dos participantes homossexuais, bissexuais e transgêneros que freqüentaram a 9ª Parada do Orgulho GLBT, realizada em 2004 no Rio de Janeiro, declararam terem sido vítimas de discriminação, chegando a 61.5% o índice que experimentou violência sexual, agressão ou ameaça de agressão física ou verbal e extorsão (Carrara, 2005, p. 74).

Em Defesa dos Direitos Sexuais

de. Por fim, a "homofobia nazista", preocupada com a expansão da população ariana e a supremacia alemã, valeu-se de bases biológicas e morais para condenar e conduzir pelo menos 500.000 homossexuais à morte nas prisões.

A relação umbilical entre sexismo e homofobia é um elemento importantíssimo para perceber a homofobia como derivação do heterossexismo. De fato, a literatura dedicada à homossexualidade dialoga constantemente com a noção de gênero.[14] O binarismo classificatório, entre masculino e feminino, analisado nos estudos de gênero, de novo se apresenta no âmbito da sexualidade, agora através do par heterossexualidade/homossexualidade.[15] Mais ainda: Costa (1996) salienta como na dinâmica relacional destes duplos-conceituais, à dominação masculina sobre o feminino corresponde à superioridade da heterossexualidade sobre a homossexualidade. Neste contexto, o heterossexismo e, por conseguinte, a homofobia, têm raízes no diferencialismo presente na divisão dos sexos e na diversidade dos gêneros.

A homofobia revela-se como contraface do sexismo e da superioridade masculina,[16] na medida em que a homossexualidade põe em perigo a estabilidade do binarismo das identidades sexuais e de gênero, estruturadas pela polaridade masculino/feminino. Toda vez que esta diferenciação for ameaçada – hipótese realizada por antonomásia pela homossexualidade – apresentar-se-á todo um sistema de ações e reações prévio ao indivíduo, no qual ele está imerso, nele se reproduz e dele vai muito além: trata-se do caráter institucional da homofobia como heterossexismo.[17]

Nas palavras de Borrillo (2000, p. 87), "sexismo e homofobia aparecem portanto como duas faces do mesmo fenômeno social. A homofobia e, em particular, a homofobia masculina, cumpre a função de 'guardião da sexualidade', ao reprimir todo comportamento, todo gesto ou todo desejo que ultrapasse as fronteiras 'impermeáveis' dos sexos."

---

[14] Regina Facchini (2005) fornece um apanhado das discussões sobre gênero, enfatizando a contribuição de Butler, e sua pertinência às questões identitárias relacionadas à homossexualidade.

[15] Para uma crítica da pertinência deste binarismo classificatório diante da realidade brasileira, ver Peter Fry (prefácio do livro de Edward MacRae, *A construção da igualdade: identidade sexual e política no Brasil da 'abertura'*, 1990); o mesmo autor sustenta a maior significação do binômio masculinidade/feminilidade do que a hetero/homossexualidade entre nós (*A persistência da raça*, 2005, p. 177). Richard Parker (2002) examina a construção social do gênero no Brasil e suas repercussões para as homossexualidades no país.

[16] Fernando Seffner (2004) demonstra como este mecanismo é acionado, reforçando a centralidade da masculinidade heterossexual hegemônica, ao estudar a masculinidade bissexual.

[17] Mary Douglas demonstra não só a pertinência da teoria institucional no debate sociológico contemporâneo, como também o quanto as relações de poder entre os indivíduos e os processos de decisão são engendrados a partir das realidades institucionais (*Como as instituições pensam*, São Paulo: Editora da USP, 1998).

2.3. A Homofobia diante do anti-semitismo,
do racismo e do sexismo

Nas análises teóricas e nas lutas políticas, predomina a concepção de que anti-semitismo, racismo, sexismo e homofobia são manifestações diversificadas dos fenômenos singulares do preconceito e da discriminação. Daí, como acima referido (item 1.3.), a associação a cada uma destas expressões discriminatórias uma série de notas específicas, relacionadas aos critérios de identificação dos discriminados, aos contextos geradores e reprodutores das discriminações e às estratégias de enfrentamento destas realidades discriminatórias. No que se refere ao anti-semitismo, relacionam-se a pertinência cultural e/ou genealógica e a emergência dos totalitarismos; ao racismo, cor e sinais morfológicos e os regimes escravocratas; ao sexismo, a distinção morfológica sexual, o binarismo quanto ao gênero e o patriarcado. Como estratégias de superação da discriminação, comuns a tais manifestações, a conjugação de iniciativas centradas no indivíduo (autoconhecimento e abertura para o outro) e medidas voltadas para a coletividade (políticas públicas, especialmente educacionais, conjugadas com respostas jurídicas, de cunho reparatório e promotor da diversidade). Diante deste quadro, fica a questão sobre as semelhanças e diferenças entre a homofobia e as aludidas formas correlatas de discriminação, visando a melhor compreender a homofobia.

Quanto aos critérios de identificação dos discriminados, em torno da homossexualidade gravitam acirrados debates, polarizados entre "essencialistas" e "construcionistas". Em apertadíssima síntese, enquanto para os primeiros a identificação dos homossexuais se dá mediante a enunciação de uma característica pré-definida e invariável (a atração e/ou conduta sexual por pessoa do mesmo sexo, por exemplo), para os segundos a própria existência desta categoria e, em caso afirmativo, a caracterização dos discriminados, dependem da especificidade de cada contexto cultural, sendo inviável qualquer classificação antecipada.

Uma vez identificadas as vítimas da discriminação homofóbica, não importa qual corrente for adotada, apresenta-se, de modo peculiar, a questão da chamada "visibilidade homossexual". Diversamente do sexismo ou do racismo, onde estão presentes marcadores corporais, e do anti-semitismo (onde a pertinência genealógica pode ser rastreada), a homossexualidade está presente em todos os sexos, raças, etnias e convicções religiosas. Não há como, salvo auto-identificação ou atribuição por terceiros, distinguir por mero recurso visual, de antemão, homossexuais de heterossexuais.

Ainda com relação à indicação dos sujeitos discriminados, um dado instigante quanto à homossexualidade é a gênese da identidade homossexual na modernidade. Segundo Michel Foucault (1993, p. 43), a identidade homossexual em si mesma é fruto de um processo de controle e assujeita-

Em Defesa dos Direitos Sexuais

123

mento dos indivíduos. Nas suas palavras, "é necessário não esquecer que a categoria psicológica, psiquiátrica e médica da homossexualidade constituiu-se no dia em que foi caracterizada [...] menos como um tipo de relações sexuais do que como uma certa qualidade da sensibilidade sexual, uma certa maneira de interverter, em si mesmo, o masculino e o feminino. A homossexualidade apareceu como uma das figuras da sexualidade quando foi transferida, da prática da sodomia, para uma espécie de androginia interior, um hermafroditismo da alma. O sodomita era um reincidente, agora o homossexual é uma espécie."

Neste sentido, a identidade homossexual como marcadora das vítimas da homofobia revela uma dinâmica bastante singular em face das demais categorias vitimizadas pelo sexismo, pelo racismo e pelo anti-semitismo. Como salienta Young-Bruehl (1996: 142), diversamente da condição feminina, da afrodescendência ou da judaicidade, que não foram instituídas originariamente como destinatárias de discriminação, a homossexualidade foi uma invenção dos homófobos.[18]

Apontadas estas características, nas relações entre a homofobia e as demais formas de discriminação, nunca é demais ressaltar a interseccionalidade do fenômeno discriminatório. Para tanto, trago à cena a combinação discriminatória entre orientação sexual e condição sorológica positiva para o vírus HIV. Como alerta Terto Jr. (2002), a identificação dos homossexuais ora como vilões, ora como vítimas da AIDS, produz estigmas e preconceitos decorrentes da associação AIDS-homossexualidade.[19] conforme a descrição de Toro-Alfonso (2002), esta dinâmica de discriminação combinada dá origem a situações de vulnerabilidade e violência experimentadas por homossexuais na América Latina. Nesta linha, Parker e Camargo (2000) arrolam opressões e discriminações múltiplas (pobreza, racismo, desigualdade de gênero e homofobia) interagindo de forma sistemática, fazendo com que homossexuais sujeitem-se a situações de acentuada vulnerabilidade ao HIV.

Ainda quanto à interação das múltiplas discriminações, não se pode deixar de mencionar as combinações da homofobia com o racismo e com o sexismo. Sobre esta última, é suficiente referir a seção anterior, falando da íntima relação entre o sexismo, o heterossexismo e a homofobia; nesta linha, Parker (1993) demonstra como as estruturas de desigualdade de gênero são replicadas pela estigmatização de homossexuais afeminados e de transexuais. Sobre a interseccionalidade entre homofobia e raça, Pinho

---

[18] Não se ignora a advertência de Judith Butler, quanto à possibilidade de subverter-se internamente a binaridade pressuposta e disseminada quanto aos gêneros, até o ponto em que ela deixe de fazer sentido (*apud* Nardi, Silveira & Silveira, 2003); todavia, salienta-se a intensidade desta dinâmica na homofobia.

[19] Sobre o impacto desta associação discriminatória na compreensão do sujeito dos direitos sexuais, Rios (2002).

(2006) descreve as dinâmicas internas e externas vividas pelas comunidades homossexuais, precisamente em face da interssecionalidade entre raça, cor, classe e sexualidade; Moutinho (2006), por sua vez, acompanhando a trajetória de jovens negros homossexuais que vivem no Rio de Janeiro, fornece material para a percepção da inter-relação entre homossexualidade e raça/cor.[20]

Por fim, resta examinar a homofobia e sua relação com as referidas expressões discriminatórias quanto às estratégias de enfrentamento. De um modo geral, o combate ao preconceito e à discriminação requer a consideração das singularidades de cada dinâmica concreta, suas causas e conseqüências. Feito este diagnóstico, são desenhadas e empregadas estratégias, dirigidas tanto aos indivíduos quanto à coletividade, o que inclui respostas jurídicas (repressão, reparação e prevenção da discriminação).

Quando se volta a atenção para o anti-semitismo, o racismo e o sexismo, deparamo-nos com desafios urgentes e candentes. Entretanto, sem subestimar a intensidade e a injustiça de cada uma destas realidades, no combate à homofobia surgem obstáculos peculiares dignos de nota. Dois deles serão destacados.

Em primeiro lugar, o fato de que, diversamente das aludidas discriminações, ainda pesa contra a homossexualidade, de modo intenso e muitas vezes aberto, a pecha de condenação moral e inaceitabilidade social e política, circunstância que fomenta a homofobia. Além disso, persistem posturas que atribuem à homossexualidade caráter doentio ou, ao menos, condição de desenvolvimento inferior à heterossexualidade.

Em segundo lugar, a afirmação da tolerância étnica e religiosa, do convívio respeitoso entre as raças e da igualdade de gênero, como alternativas ao anti-semitismo, ao racismo e ao sexismo, apresenta-se, de modo geral, compatível ou assimilável face ao *modus vivendi* hegemônico. Esta compossibilidade, ainda que por vezes limitada e tensa, se dá, particularmente, no que respeita a instituições e dinâmicas que estruturam o cotidiano dos indivíduos e a organização social, tais como a família fundada na heterossexualidade e a generificação da realidade.

A homofobia, como já referido, apresenta-se mais renitente do que outras formas de preconceito e discriminação. De fato, se hoje são inadmissíveis as referências discriminatórias a negros, judeus e mulheres, ainda são toleradas, ou ao menos sobrelevadas, as manifestações homofóbicas. A persistência da homofobia ocorre, dentre outros fatores, porque a homossexua-

---

[20] A inter-relação entre raça, sexualidade e gênero, particularmente nas suas conseqüências nos processos de saúde e doença, foram objeto de número temático da *Revista de Estudos Feministas* (vol. 14, nº 1, jan./abril 2006), que retrata o *Seminário Internacional Raça, Sexualidade e Saúde: perspectivas regionais,* promovido pelo Centro Latino-Americano em Sexualidade e Direitos Humanos.

lidade tende a afrontar de modo mais radical e incômodo instituições e dinâmicas basilares na vida em sociedade.[21]

É claro que este contraste não rejeita, por exemplo, o potencial revolucionário do feminismo para a organização da vida familiar e social, pública e privada. Com propriedade, pondera-se que, assim como no combate à homofobia, a superação do sexismo pode contender a estrutura tradicional da família heterossexual ou questionar a binariedade do discurso de gênero (Butler, 1999). Todavia, na homofobia, o que se reclama não é somente o rearranjo das relações conjugais heterossexuais ou a reorganização do espaço público, possibilitando condições de igualdade entre homens e mulheres. O combate à homofobia reclama não só ir além da "normalidade" da dominação masculina e do sexismo. Ele demanda, além do questionamento aos paradigmas já criticados pelo feminismo, rumar à crítica da heterossexualidade como padrão de normalidade. É preciso, neste sentido, a superação de mais esta "normalidade". Neste passo, abrem-se, pelo menos, duas alternativas, que denomino de respostas radical e moderada diante da homofobia.

A resposta radical pode ser estruturada como um dilema: a superação da homofobia insta à desconstrução do binômio hetero/homossexualidade, uma vez que a homofobia pressupõe a afirmação da heterossexualidade por meio do repúdio à homossexualidade. Dito de outro modo: para atacar a homofobia em suas raízes, é preciso suplantar a heterossexualidade e a homossexualidade como identidades sexuais. Tal resposta pode soar, aos ouvidos de muitos, como "suicídio identitário": acabar definitivamente a homofobia pela abolição da própria homossexualidade. Uma crítica deste jaez seria improcedente: ela pecaria por não perceber que o vencimento do heterossexismo, levado às últimas conseqüências, é que está em causa.

A resposta moderada, por sua vez, pode redundar em um paradoxo: como sustentar a igualdade entre as orientações sexuais (e, por conseguinte, suprimir a homofobia), se, como sustenta Katz (1995), a heterossexualidade se define precisamente pela negação e desvalorização da homossexualidade? Dito de outro modo: cuida-se de tentar conciliar o inconciliável.

Diante desta encruzilhada teórica e política, é preciso buscar alternativas que ofereçam compreensão e respostas, possibilitando reagir à extensa gama de direitos violados pela discriminação homofóbica. Para tanto, lanço

---

[21] Esta afirmação, de que a homossexualidade tende a desafiar tais instituições e dinâmicas, sem necessariamente fazê-lo, pode ser constatada pelas diversas posturas presentes no movimento gay. Conforme a descrição de Bamforth (1997), enquanto alguns adotam uma perspectiva "revolucionária", pugnando pela superação das identidades hetero/homossexuais e rejeitando a assimilação/adaptação a modalidades de relacionamento tradicionais, outros, "reformistas", pleiteiam a inclusão na estrutura social vigente, basicamente pela eliminação das restrições decorrentes da identidade de sexos nas relações afetivas e sexuais.

mão do aporte que o paradigma dos direitos humanos e, em particular, seus conteúdos antidiscriminatórios, fornece quando desafiado pela homofobia.

3. Direitos humanos e antidiscriminação: aporte jurídico para a compreensão e para o combate da homofobia

O objetivo desta seção é, mediante o aporte da perspectiva dos direitos humanos, contribuir para o entendimento da homofobia e seu enfrentamento. Consciente da amplitude de temas, de perspectivas e de questões que o paradigma dos direitos humanos suscita, limito-me ao âmbito do direito da antidiscriminação, entendido como conjunto de conteúdos e institutos jurídicos relativos ao princípio da igualdade enquanto proibição de discriminação e como mandamento de promoção e respeito da diversidade. Deste modo, pode-se avançar não só na conceituação da homofobia, como também na efetividade de seu combate, potencializando o raciocínio e o instrumental jurídicos em face desta realidade.

3.1. Conceito jurídico de discriminação

Como referido (item 1.1.), o termo *discriminação* designa a materialização, no plano concreto das relações sociais, de atitudes arbitrárias, comissivas ou omissivas, originadas do preconceito, capazes de produzir violação de direitos contra indivíduos e grupos estigmatizados. Mais freqüente no vocabulário jurídico, é a partir deste campo que ora se analisa o conceito de discriminação.

Alerte-se que a abordagem da discriminação através de uma perspectiva jurídica não implica desconhecer ou menosprezar o debate sociológico ao redor deste conceito. Como indica Marshall (1998), os estudos sociológicos sobre discriminação, inicialmente vinculados à investigação do etnocentrismo, atualmente se concentram em padrões de dominação e opressão, como expressões de poder e privilégio. A adoção de um conceito de discriminação mais jurídico que sociológico tem dupla função neste trabalho: ao mesmo tempo que possibilita ao leitor um apanhado do estado da arte dos estudos sobre discriminação e sua aplicação para a homofobia, impulsiona um aspecto pouco desenvolvido no esforço de compreensão e superação da discriminação homofóbica.

Nesta perspectiva, o conceito de discriminação aponta para a reprovação jurídica das violações ao princípio isonômico,[22] atentando para os prejuízos experimentados pelos destinatários de tratamentos desiguais. A

---

[22] A propósito, deve-se registrar que o termo "discriminação" tem sido amplamente utilizado numa acepção negativa, tanto no direito nacional quanto no direito comunitário e internacional, ao passo que o termo "diferenciação" tem sido empregado para distinções legítimas. Ver Marc Bossuyt (1976, p. 8) e Rhoodie (1984, p. 26).

Em Defesa dos Direitos Sexuais

discriminação aqui é visualizada através de uma perspectiva mais substantiva que formal:[23] importa enfrentar a instituição de tratamentos desiguais prejudiciais e injustos. Como Fredman (2004:95) demonstra, uma abordagem meramente formal poderia levar à rejeição de um pleito de proteção jurídica (fundado na proibição de discriminação sexual) diante de um empregador que praticasse assédio sexual contra homens e mulheres simultaneamente.

Neste contexto, valho-me do conceito de discriminação desenvolvido no direito internacional dos direitos humanos, cujos termos podem ser encontrados na *Convenção Internacional sobre a Eliminação de todas as Formas de Discriminação Racial*[24] e na *Convenção sobre a Eliminação de todas as formas de Discriminação contra a Mulher.*[25] Segundo estes dizeres, discriminação é "qualquer distinção, exclusão, restrição ou preferência que tenha o propósito ou o efeito de anular ou prejudicar o reconhecimento, gozo ou exercício em pé de igualdade de direitos humanos e liberdades fundamentais nos campos econômico, social, cultural ou em qualquer campo da vida pública".

Por fim, alerte-se que não se subsumem ao conceito jurídico de discriminação hipóteses de diferenciação legítima, decorrentes da elaboração e aplicação de normas jurídicas em face de situações desiguais (dimensão material do princípio jurídico da igualdade); exemplo disso são os tratados internacionais que, na esfera empregatícia, apartam do conceito aquelas distinções fundadas em qualificações exigidas para determinada função.[26]

3.2. A discriminação homofóbica: contrariedade ao direito e formas de violência

Tendo presente a exposição realizada na primeira e na segunda partes deste artigo, fica claro que a indivíduos e grupos distantes dos padrões

---

[23] Como refere Patmore (1999, p. 126), a discriminação substantiva se caracteriza pela referência a uma distinção prejudicial diante de uma pessoa ou grupo relacionada a um fator de diferenciação ilegítimo, ao passo que a discriminação formal pressupõe a ilegitimidade de toda e qualquer distinção.

[24] Aprovada pelas Nações Unidas em 21.12.1965 e ratificada pelo Brasil em 27.03.1968. Reza seu artigo 1º, I: "Qualquer distinção, exclusão, restrição ou preferência baseada em raça, cor, descendência ou origem nacional ou étnica que tenha o propósito ou o efeito de anular ou prejudicar o reconhecimento, gozo ou exercício em pé de igualdade de direitos humanos e liberdades fundamentais nos campos político, econômico, social, cultural ou em qualquer outro campo da vida pública."

[25] Aprovada pelas Nações Unidas em 18.12.1979, ratificada pelo Brasil em 31.03.1981. Diz seu art. 1º, ao definir discriminação: "toda distinção, exclusão ou restrição baseada no sexo que tenha por objeto ou resultado prejudicar ou anular o reconhecimento, gozo, exercício pela mulher, independentemente de seu estado civil, com base na igualdade do homem e da mulher, dos direitos humanos e das liberdades fundamentais nos campos político, econômico, social, cultural e civil ou em qualquer outro campo."

[26] Ver *Convenção sobre Discriminação em Emprego e Profissão*, n. 111 – Organização Internacional do Trabalho, artigo 1, seção 2 – " as distinções, exclusões ou preferências fundadas em qualificações exigidas para um determinado emprego não são consideradas como discriminação."

heterossexistas é destinado um tratamento diverso daquele experimentado por heterossexuais ajustados a tais parâmetros. Esta experiência, comumente designada pelo termo "homofobia", implica discriminação, uma vez que envolve distinção, exclusão ou restrição prejudicial ao reconhecimento, ao gozo ou exercício em pé de igualdade de direitos humanos e liberdades fundamentais.

O pressuposto para a qualificação jurídica de uma relação social como discriminatória é a contrariedade ao direito. Com efeito, não haverá discriminação se a diferenciação de tratamento for considerada conforme o direito, como se dá, por exemplo, diante da proteção jurídica à mulher no mercado de trabalho.

Sendo assim, a fundamentação jurídica homofobia como expressão discriminatória exige que se destaquem, ao menos, dois aspectos: (1) a contrariedade ao direito dos tratamentos homofóbicos e (2) as modalidades de violência pelas quais a discriminação homofóbica se manifesta.

Quanto ao primeiro tópico, revela-se necessário salientar a injustiça dos tratamentos discriminatórios homofóbicos.[27] Como visto, ainda persistem posturas que pretendem legitimar tais discriminações, diversamente do que ocorre, em larga medida, diante do anti-semitismo, do racismo ou do sexismo. Com efeito, a teoria e a jurisprudência dos direitos humanos e dos direitos fundamentais afirmam, de modo cada vez mais claro e firme, a ilicitude da discriminação por orientação sexual. Tanto tribunais internacionais de direitos humanos, quanto tribunais constitucionais nacionais, têm vislumbrado ofensa a diversos direitos humanos e fundamentais na discriminação dirigida contra manifestações divorciadas do heterossexismo. Nestes casos, direitos básicos como a privacidade, a liberdade individual, o livre desenvolvimento da personalidade, a dignidade humana, a igualdade e a saúde são concretizados e juridicamente protegidos em demandas envolvendo homossexuais, bissexuais, travestis e transexuais.[28]

Como aludido no parágrafo anterior, a homofobia viola de modo intenso e permanente uma série de direitos básicos, reconhecidos tanto pelo direito internacional dos direitos humanos, quanto pelo direito constitucional. Ao lesionar uma gama tão ampla de bens jurídicos, a homofobia manifesta-se por meio de duas formas de violência: física e não-física.

A violência física, mais vísivel e brutal, atinge diretamente a integridade corporal, quando não chega às raias do homicídio. A segunda forma de violência, não-física, mas não por isso menos grave e danosa, consiste

---

[27] Lopes (2003) analisa a injustiça da discriminação por orientação sexual no contexto dos debates atuais de filosofia moral, demonstrando as implicações para a prática do direito.

[28] Um panorama desta evolução no direito internacional dos direitos humanos, ver Wintemute (1995) e Heinze (1995); no direito brasileiro, Rios (2001) e Golin (2003).

Em Defesa dos Direitos Sexuais

no não-reconhecimento e na injúria. O não-reconhecimento, configurando uma espécie de ostracismo social, nega valor a um modo de ser ou de viver, criando condições para modos de tratamento degradante e insultuoso. Já a injúria, relacionada a esta exclusão da esfera de direitos e impedimento da autonomia social e possibilidade de interação, é uma das manifestações mais difusas e cotidianas da homofobia (Lopes, 2003:20). Nas palavras de Didier Eribon (citado por Lopes, 2003),

> O que a injúria me diz é que sou alguém anormal ou inferior, alguém sobre quem o outro tem poder e, antes de tudo, o poder de me ofender. A injúria é, pois, o meio pelo qual se exprime a assimetria entre os indivíduos. [...]. Ela tem igualmente a força de um poder constituinte. Porque a personalidade, a identidade pessoal, a consciência mais íntima, é fabricada pela existência mesma desta hierarquia e pelo lugar que ocupamos nela e, pois, pelo olhar do outro, do 'dominante', e a faculdade que ele tem de inferiorizar-m insultando-me, fazendo-me saber que ele pode me insultar, que sou uma pessoa insultável e insultável ao infinito.

> A injúria homofóbica inscreve-se em um contínuo que vai desde a palavra dita na rua que cada gay ou lésbica pode ouvir (veado sem-vergonha, sapata sem-vergonha) até as palavras que estão implicitamente escritas na porta de entrada da sala de casamentos da prefeitura: 'proibida a entrada de homossexuais' e, portanto, até as práticas profissionais dos juristas que inscrevem essa proibição no direito, e até os discursos de todos aqueles e aquelas que justificam essas discriminações nos artigos que apresentam como elaborações intelectuais (filosóficas, teológicas, antropológicas, psicanalíticas etc.) e que não passam de discursos pseudocientíficos destinados a perpetuar a ordem desigual, a reinstituí-la, seja invocando a natureza ou a cultura, a lei divina ou as leis de uma ordem simbólica imemorial. Todos estes discursos são atos, e atos de violência.

Estando manifesta a contrariedade ao direito da homofobia, bem como a violência de suas manifestações, deve-se atentar para o quanto a discriminação homofóbica está disseminada em nossa cultura heterossexista. De fato, ao lado de expressões intencionais de homofobia, convivem discriminações não-intencionais, mas nem por isso menos graves ou injustas. Uma análise destas modalidades de discriminação homofóbica pode ser desenvolvida a partir das modalidades direta e indireta do fenômeno discriminatório, elaboradas no seio do direito da antidiscriminação.

3.3. Modalidades de discriminação: homofobia direta e indireta

A homofobia, como expressão discriminatória intensa e cotidiana, ocorre sempre que distinções, exclusões, restrições ou preferências anulam ou prejudicam o reconhecimento, gozo ou exercício em pé de igualdade de direitos humanos e liberdades fundamentais nos campos econômico, social, cultural ou em qualquer campo da vida pública. Assim compreendida, a qualificação de um ato como homofóbico não depende da intencionalidade do ato ou da situação ocasionadora da lesão aos direitos humanos e liberdades fundamentais afetados. Deste modo, há discriminação homofóbica sempre que, de modo proposital ou não, houver tal espécie de lesão a direitos, decorrente da concretização de preconceito diante de estilos de ser e de viver divorciados do heterossexismo. Daí a relevância da análise das formas intencionais (discriminação direta) e não-intencionais (discriminação indireta) de discriminação homofóbica, uma vez que ambas lesionam direitos de modo grave e disseminado.

3.3.1. Discriminação direta e homofobia

Na modalidade direta, cuida-se de evitar discriminação intencional. Três são as suas principais manifestações: a discriminação explícita, a discriminação na aplicação e a discriminação na elaboração da medida ou tratamento.

Na primeira, tem-se a mais clara e manifesta hipótese: trata-se de diferenciação injusta explicitamente adotada. Uma manifestação homofóbica que ilustra a primeira situação são os cartazes espalhados por grupos neonazistas pregando o extermínio de homossexuais. Discriminação explícita também ocorre quando a diferenciação é imediatamente extraída da norma, ainda que esta não o tenha referido literalmente. É o que ocorre, por exemplo, na discriminação perpetrada contra homossexuais no regime legislativo da Previdência Social: neste caso, a redação da legislação de benefícios, ao arrolar os dependentes, almejou excluir companheiros homossexuais, como revelou de modo inconteste a Administração.[29]

A discriminação na aplicação ocorre quando, independentemente das intenções do instituidor da medida, a diferenciação ocorre, de modo proposital, na execução da medida. Isto ocorre quando a Administração Pública emprega, em concurso público, um critério constitucionalmente proibido através de um procedimento, em tese, neutro: o exame psicotécnico. Em litígios judiciais concretos, por exemplo, constata-se que a Administração Pública já se valeu, de forma deliberada e intencional, deste expediente para discriminar por orientação sexual na seleção de agentes policiais, em que pese inexistir qualquer determinação administrativa oficial neste sentido.

Discriminação na aplicação do direito também ocorre na liberdade de locomoção. Eventual atividade policial, abrangendo vigilância ostensiva, advertências seguidas e averiguações constantes, fundada somente na orientação ou conduta sexuais juridicamente lícitas, pode configurar tal espécie de discriminação, uma vez que a autoridade policial vale-se de prerrogativa genérica e de poder de polícia diante de todos investido de

---

[29] Ver, para um histórico do caso e peças processuais mais importantes, Leivas (2003).

Em Defesa dos Direitos Sexuais

modo especial e mais restritivo a determinado grupo, sem a presença de outra motivação que não a pertinência a um grupo discriminado. Tal foi o examinado pelo Superior Tribunal de Justiça ao julgar o Recurso em Habeas Corpus n° 7.475 – SP.[30] Naquela oportunidade, o voto condutor assentou que "o controle policial da circulação de gays e travestis situa-se no plano do exercício do poder de polícia. Advertências que se fazem a tais indivíduos, quando circulam na busca da clientela, o fenômeno chamado de *trottoir*, atendem a ditames da ordem e segurança públicas, não constituindo restrição ilegal ao direito de locomoção." Registre-se que, em casos desta espécie, é preciso atentar cuidadosamente para todas as circunstâncias do caso concreto, a fim de que legítimas preocupações com a segurança pública não sirvam de pretexto para o exercício de preconceito e discriminação. Por exemplo, a pura e simples identificação, por meio de estereótipos, da homossexualidade com a prostituição pode apontar para uma percepção preconceituosa diante da orientação sexual.

Outra hipótese examinada pela jurisprudência nacional de aplicação discriminatória do direito envolveu o artigo 203 do Código de Processo Penal, que menciona a avaliação da credibilidade da testemunha entre os fatores relevantes para a capacidade de testemunhar. O Superior Tribunal de Justiça reformou decisão da Justiça do Distrito Federal que excluiu homossexual deste encargo exclusivamente em virtude de sua orientação sexual, revelando preconceito e discriminação ilegítimas. Este foi o precedente lavrado no Recurso Especial n° 154.857 – DF,[31] onde ficou assentada a impropriedade da postura havida no Juízo recorrido ao afastar a testemunha alegando "grave desvio ético e moral".

Por fim, a discriminação pode ocorrer ainda na própria concepção da legislação ou da medida (*discrimination by design*), ainda que do seu texto não se possa inferir, literal e diretamente, a diferenciação. Isto ocorre quando a medida adota exigências que, aparentemente neutras, foram concebidas, de modo intencional, para causar prejuízo a certo indivíduo ou grupo. Pode-se citar, exemplificativamente, uma regra instituidora de uma exigência desnecessária de escolaridade superior num dado concurso público com o propósito de excluir pessoas negras, dado que os indicadores escolares variam substancialmente em prejuízo da população negra. Outro exemplo mais cotidiano da realidade brasileira foi a utilização, por largo tempo, da referência "boa aparência" em anúncios de emprego, objetivando, na concepção, a exclusão de negros. É importante ressaltar aqui que, não obstante a neutralidade aparente da regra, ela foi concebida com o propósito de

---

[30] Superior Tribunal de Justiça, DJU 11.12.2000.
[31] Superior Tribunal de Justiça, DJU 26.10.1998.

excluir do certame ou do emprego pessoas negras, donde a sua classificação como hipótese de discriminação direta.

Como manifestação direta de homofobia no direito brasileiro, pode-se trazer como exemplo o artigo 235 do Código Penal Militar, que define o crime de pederastia ou outro ato de libidinagem. Ao destacar a prática de ato libidinoso homossexual, passivo ou ativo, em lugar sujeito à administração militar, dentre os demais atos libidinosos, fica clara a discriminação na concepção da norma penal. A legislação, é possível inferir, objetivou mais que reprimir condutas libidinosas em estabelecimentos militares. Ela foi concebida especialmente considerando a repressão da homossexualidade. Tal conclusão pode ser reforçada pela análise da jurisprudência castrense. As decisões do Superior Tribunal Militar associam à libidinagem homossexual a pecha de conduta infamante, comprometedora do caráter e da moral dos envolvidos, ao passo que atos libidinosos heterossexuais não são assim qualificados e ensejam menores prejuízos (compare-se, por exemplo, a decisão na Apelação 1994.01.047182-0/AM[32] com a proferida no Conselho de Justificação nº 1994.02.000165-5/DF;[33] a primeira, cuidando de heterossexual, a segunda, de homossexual).

3.3.2. Discriminação indireta e homofobia

Independentemente da intenção, a discriminação é um fenômeno que lesiona direitos humanos de modo objetivo. Seu enfrentamento exige, além da censura às suas manifestações intencionais, o cuidado diante de sua reprodução involuntária. Mesmo onde e quando não há vontade de discriminar, distinções, exclusões, restrições e preferências injustas nascem, crescem e se reproduzem, insuflando força e vigor em estruturas sociais perpetuadoras de realidades discriminatórias.

Diante destas realidades, o conceito de discriminação indireta ganha especial relevo e importância. De fato, muitas vezes a discriminação é fruto de medidas, decisões e práticas aparentemente neutras, desprovidas de justificação e de vontade de discriminar, cujos resultados, no entanto, têm impacto diferenciado perante diversos indivíduos e grupos, gerando e fomentando preconceitos e estereótipos inadmissíveis.

Quando se examina a homofobia, fica ainda mais clara a pertinência e a relevância desta preocupação. De fato, em uma cultura heterossexista, condutas individuais e dinâmicas institucionais, formais e informais, reproduzem o tempo todo, freqüentemente de modo não-intencional e desapercebido, o parâmetro da heterosssexualidade hegemônica como norma social e cultural. A naturalização da heterossexualidade acaba por distinguir, res-

---

[32] Tribunal Superior Militar, DJU 17.02.1995.
[33] Tribunal Superior Militar, DJU 19.02.1998.

Em Defesa dos Direitos Sexuais

tringir, excluir ou preferir, com a conseqüente anulação ou lesão, o reconhecimento, o gozo ou o exercício de direitos humanos e liberdades fundamentais de tantos quantos não se amoldarem ao parâmetro heterossexista.

Nesta linha, a discriminação indireta se relaciona com a chamada discriminação institucional. Enfatiza-se a importância do contexto social e organizacional como efetiva raiz dos preconceitos e comportamentos discriminatórios. Ao invés de acentuar a dimensão volitiva individual, ela se volta para a dinâmica social e a "normalidade" da discriminação por ela engendrada, buscando compreender a persistência da discriminação mesmo em indivíduos e instituições que rejeitam conscientemente sua prática intencional (Korn, 1995). Conforme a teoria institucional, as ações individuais e coletivas produzem efeitos discriminatórios precisamente por estarem inseridas numa sociedade cujas instituições (conceito que abarca desde as normas formais e as práticas informais das organizações burocráticas e dos sistemas regulatórios modernos, até as pré-compreensões mais amplas e difusas, presentes na cultura e não sujeitas a uma discussão prévia e sistemática) atuam em prejuízo de certos indivíduos e grupos, contra quem a discriminação é dirigida.[34]

O estudo da discriminação indireta demonstra a relação entre homofobia e heterossexismo. Não só porque há instituições e práticas, formais e informais, em nossa cultura, que historicamente excluem ou restringem o acesso a certas posições e situações apenas a heterossexuais (realidade cujos casos do casamento e do acesso às Forças Armadas ilustram), como também porque fica patente a supremacia heterossexista no convívio social.

Com efeito, a percepção da discriminação indireta põe a nu a posição privilegiada ocupada pela heterossexualidade como fator decisivo na construção das instituições sociais, cuja dinâmica está na base do fenômeno discriminatório, nas suas facetas individual e coletiva. Este privilégio heterossexista faz com que a cosmovisão e as perspectivas próprias de um certo grupo sejam concebidos como "neutros do ponto de vista sexual", constitutivos da "normalidade social", considerada "natural": tudo aquilo que é próprio e identificador da heterossexualidade enquanto expressão sexual específica é efetivamente percebido como neutro, genérico e imparcial.

Esta pseudoneutralidade heterossexista, que encobre relações de dominação e sujeição, pode ser entendida, segundo Flagg (1998), por meio do "fenômeno da transparência". Vale dizer, a tendência de heterossexuais desconsiderarem sua orientação sexual como fator conformador e normatizador da realidade, conduzindo-os a uma espécie de inconsciência de sua

---

[34] Sobre as dinâmicas institucionais e seus efeitos concretos independente da vontade dos indivíduos que nelas atuam, ver Douglas (1998).

heterossexualidade. Este fenômeno só é possível pelo fato de heterossexuais serem socialmente dominantes e faz com que a heterossexualidade seja norma sexual, e a homossexualidade transformada em diferença.

Registro, para que não paire qualquer dúvida, a compatibilidade da discriminação indireta como forma de violação do princípio da igualdade no direito brasileiro. Não bastasse a previsão explícita da discriminação indireta no próprio conceito jurídico de discriminação presente no ordenamento jurídico nacional (sublinhe-se que a discriminação é distinção, restrição, exclusão ou preferência com o propósito *ou o efeito* de anular ou prejudicar o reconhecimento, gozo ou exercício de direitos humanos), há precedente do Supremo Tribunal Federal sancionando com a inconstitucionalidade medida estatal desprovida de intenção discriminatória, que, todavia, produz discriminação em virtude de seu impacto diferenciado contra certo grupo social, no caso, as mulheres.[35]

Conclusão: respostas jurídicas à homofobia

A análise da homofobia no quadro mais amplo dos estudos sobre preconceito e discriminação, acrescida do aporte jurídico do direito da antidiscriminação, fornece elementos a pesquisadores, operadores do direito e ativistas para uma melhor compreensão das violações aos direitos humanos experimentadas por homossexuais, bissexuais, travestis e transexuais. No combate a esta expressão discriminatória, as funções do direito são várias.

A partir da crucial afirmação dos direitos básicos de tais indivíduos e grupos, o ordenamento jurídico pode, na contramão da discriminação homofóbica, colaborar na crítica e no enfrentamento do heterossexismo. Este é o resultado, por exemplo, da censura judicial a laudos psicológicos que excluem homossexuais como inaptos para o acesso a cargos públicos, exclusivamente em virtude de sua orientação sexual.

A introdução de diretrizes respeitosas à diversidade sexual na atividade administrativa, por sua vez, pode agir no sentido da promoção de mudanças institucionais e na superação de preconceitos e discriminações historicamente consolidadas, mobilizando organizações tradicionalmente associadas ao controle e à repressão de minorias. Este esforço pode ser ilustrado pela adoção de parâmetros curriculares e de cursos de formação do magistério atentos e respeitosos às diversas expressões da sexualidade no ambiente escolar.

Outra resposta jurídica capaz de contribuir com processos mais amplos de mudança é a reparação de injustiças perpetradas, individual ou coletivamente, a grupos estigmatizados. Neste ponto, apresentam-se tanto as

---

[35] Medida Cautelar na Ação Direta de Inconstitucionalidade nº 1.946 – DF, relator Ministro Sydney Sanches, DJU 14.09.2001.

Em Defesa dos Direitos Sexuais

demandas individuais por indenização de danos materiais e morais decorrentes de demissões arbitrárias, quanto iniciativas judiciais coletivas visando à alteração de praxes institucionais discriminatórias, formais ou informais.

Mais diretamente ligadas ao direito da antidiscriminação, a denúncia e o combate a tratamentos discriminatórios, de modo direto ou indireto (itens 3.3.1. e 3.3.2.), são medidas inequivocamente capazes de concorrer para a luta contra a homofobia.

Neste quadro, as violações físicas diretas à vida e à integridade física de grupos contra os quais se dirige a discriminação heterossexista são realidades inadmissíveis, cuja superação é vital para a promoção dos direitos humanos e o combate à homofobia. Diante destes episódios, cuja freqüência horroriza, não se deve exigir menos que a atuação dos órgãos estatais de persecução penal, extraindo-se do direito penal e do direito civil toda a responsabilização cabível.

Já a violência não-física, pontuada pela injúria homofóbica, expõe, além das lesões concretas perpetradas contra determinados indivíduos, a dimensão democrática da luta contra a homofobia. Como demonstra Lopes (2003), a estigmatização da diferença por orientação sexual fere o direito ao reconhecimento, a todos devido e necessário para o convívio democrático, intimamente relacionado à dignidade e à liberdade individual.

De fato, a intolerância não é uma conduta dirigida contra determinada pessoa, decorrente de uma condição peculiar e restrita àquela vítima. A intolerância viola o direito à existência simultânea das diversas identidades e expressões da sexualidade, que é um bem comum indivisível. Uma vez acionada, a intolerância ofende o pluralismo, que é requisito para a vida democrática. Daí a compreensão de que os chamados crimes de ódio, manifestação que merece intensa reprovação jurídica, atentam contra a convivência democrática. Daí também a propriedade da utilização de ações coletivas para a proteção e promoção do direito ao reconhecimento das identidades forjadas e estigmatizadas num contexto heterossexista.

Referências bibliográficas

ADORNO, T. W., FRENKEL-BRUNSWIK, E., LEVINSON, D. & SANFORD, R. N. *The Autoritarian Personality*, New York W. W. Norton & Company, 1982.

ALLPORT, Gordon. *The Nature of Prejudice*. Cambridge: Perseus Books, 1979.

BAMFORTH, Nicholas. *Sexuality, Morals and Justice – a theory of lesbian and gay rights law*, Londres: Cassell, 1996.

BOSSUYT, Marc Bossuyt. '*Interdiction de la Discrimination dans le Droit International des Droits de L'Homme*, Bruxelas: Bruylant, 1976

BUTLER, Judith. *Gender Trouble – Feminism and the Subversion or Identity*. New York: Routledge, 1999.

CARRARA, Sérgio. *Política, direitos, violência e homossexualidade. Pesquisa 9ª Parada do Orgulho GLBT – Rio 2004.* Rio de Janeiro: CEPESC, 2005.

COSTA, Jurandir Freire. 'O referente da identidade homossexual', in *Sexualidades Brasileiras*, org. Richard Parker e Regina Maria Barbosa, Rio de Janeiro: Relume Dumará: ABIA: IMS/UERJ, 1996.

CRENSHAW, KIMBERLÉ. Background paper for the expert meeting on the gender-related aspects of race discrimination. Rev. Estud. Fem., Florianópolis, v. 10, n°. 1, 2002. Disponível em: http://www.scielo.br/scielo.php?script=sci_arttext&pid=S0104-26X2002000100011&lng=es&nrm=iso. 16 Nov. 2006.

DORAIS, Michel. *Une science-fiction?* http://www.europrofem.org/02.info/22contri/2.07.fr/livr_dwl/peur/dwlpeur2.htm, *disponível em 15/11/2006.*

DOUGLAS, Mary. *Como as instituições pensam.* São Paulo: EDUSP, 1998.

FACHINNI, Regina. (*Sopa de Letrinhas?: movimento homossexual e produção de identidades coletivas nos anos 90*, Rio de Janeiro: Garamond, 2005).

FLAGG, Barbara. *Was Blind, but now I see: white race consciousness and the law*, New York: NYU Press, 1998.

FOUCAULT, Michel. *História da sexualidade.* Rio de Janeiro: Graal, 1993. v. I: A vontade de saber.

FREDMAN, Sandra. *Discrimination Law*, New York: Oxford University Press, 2002.

FRY, Peter. *A persistência da raça*, Rio de Janeiro: Civilização Brasileira, 2005.

GOFFMANN, Erving. *Estigma – notas sobre a manipulação da identidade deteriorada*, Rio de Janeiro: LTC, 1988.

GOLIN, Célio (org.). *A justiça e os direitos de gays e lésbicas: jurisprudência comentada.* Porto Alegre: Sulina, 2003.

GUIMARÃES, Antônio Sérgio Alfredo. Preconceito de cor e racismo no Brasil. Rev. Antropol., São Paulo, v. 47, n°. 1, 2004. Disponível em: http://www.scielo.br/scielo.php?script=sci_arttext&pid=S0034-7012004000100001&lng=en&nrm=iso. 17 Nov. 2006.

HEINZE, Eric. *Sexual Orientation – a Human Right: an Essay on International Human Rights Law*, Amsterdan: Martinus Nijhoff Publishers: 1995.

HEREK, Gregory M. 'Beyond Homophobia: Thinking About Sexual Prejudice and Stigma in the Twenty-First Century', *Sexuality Research & Social Policy*, Vol. 1, n° 2, San Francisco: National Sexuality Resource Center, abril, 2004.

IANNI, Octavio. *Escravidão e racismo*, 2ª ed., São Paulo: HUCITEC, 1988.

KATZ, Jonathan. *The invention of heterosexuality.* New York: Penguin, 1995.

KORN, Jane B. "Institutional sexism: responsibility and intent", *Texas Journal of Women and Law,* verão, 1995.

LANG, Welzer. "La peur de l'autre en soi, du sexisme à l'homophobie, 1994. Disponível em http://www.europrofem.org/02.info/22contri/2.07.fr/livr_dwl/peur/dwlpeur0.htm, 15/11/2006.

LEIVAS, Paulo Gilberto Cogo. "Os homossexuais diante da Justiça: relato de uma Ação Civil Pública", In: *A Justiça e os direitos de gays e lésbicas: jurisprudência comentada*; org. Célio Golin, Fernando Altair Pocahy e Roger Raupp Rios. Porto Alegre: Sulina e Nuances, 2003, p. 111.

LOPES, José Reinaldo de Lima. "O direito ao reconhecimento de gays e lésbicas", in *A Justiça e os Direitos de Gays e Lésbicas: jurisprudência comentada.*

LOURO, Guacira Lopes. 'Teoria Queer – uma política pós-identitária para a educação', *Revista de Estudos Feministas*, segundo semestre, ano/vol. 9, n. 02, UFRJ, RJ, Brasil.

MACRAE, Edward. *A construção da igualdade: identidade sexual e política no Brasil da 'abertura'*, Campinas: Editora da UNICAMP, 1990.

Em Defesa dos Direitos Sexuais

MARSHALL, G.. "Discrimination". In: *Oxford Dictionary of Sociology*. Oxford and New York: Oxford University Press.

MOUTINHO, Laura. *Sexualidade e comportamento sexual no Brasil: dados e pesquisas*. Orgs. Laura Moutinho, Sérgio Carrara, Silvia Aguião. Rio de Janeiro: CEPESC, 2005

MOUTINHO, Laura et all. Raça, sexualidade e saúde. Revista Estudo. Feminino, Florianópolis, v. 14, n°. 1, 2006. Disponível em: http://www.scielo.br/scielo.php?script=sci_arttext&pid=S0104-026X2006000100002&lng=en&nrm=iso. 18 Nov. 2006.

NARDI, Henrique, SILVEIRA, Raquel & SILVEIRA, Silvia. 'A destruição do corpo e a emergência do sujeito: a subjetivação em Judith Butler.' Disponível em http://www.estadosgerais.org/mundial_rj/download/5b_Silveira_45110903_port.pdf. 16/11/2006.

PARKER, Richard. "The negotiation of difference: Male prostitution, bisexual behavior and HIV transmission in Brazil." In: *Sexuality, Politics and AIDS in Brazil* (org. H. Daniel & R. Parker, eds.), London: The Falmer Press, 1993.

———. *Abaixo do Equador*, Rio de Janeiro: Record, 2002.

———; AGGLETON, Peter. *Estigma, discriminação e AIDS*. Coleção ABIA, Cidadania e Direitos, n° 1, Rio de Janeiro: Associação Brasileira Interdisciplinar de AIDS, 2002.

———; CAMARGO JR., Kenneth Rochel de. 'Pobreza e HIV/AIDS: aspectos antropológicos e sociológicos'. Cad. Saúde Pública., Rio de Janeiro, v. 16, 2000. Disponível em: http://www.scielo.br/scielo.php?script=sci_arttext&pid=S0102-11X2000000700008&lng=pt&nrm=iso. Acesso em: 14 Nov. 2006.

PATMORE, Glenn. 'Moving towards a substantive conception of the anti-discrimination principle: *Waters v. Public Transportion Corporation of Victoria* reconsidered', *Melbourne University Law Review*, 1999.

PINHO, Osmundo. *Desejo e poder: racismo e violência estrutural em comunidades homossexuais*. Disponível em http://www.ciudadaniasexual.org/boletin/b15/Art_Osmundo_Bol15.pdf. Acesso em 16/11/2006.

POCAHY, Fernando. *A pesquisa fora do armário: ensaio de uma heterotopia queer.* (Dissertação de Mestrado). Rio Grande do Sul: Instituto de Psicologia da UFRGS, 2006.

RHOODIE, Eschel. *Discrimination in the Constitutions of the World*, Atlanta: Brentwood, 1984

RIOS, Roger Raupp. *A Homossexualidade no Direito*. Porto Alegre: Livraria do Advogado, 2001.

———. *O princípio da igualdade e a discriminação por orientação sexual: a homossexualidade no direito brasileiro e norte-americano*. São Paulo: Revista dos Tribunais, 2002.

———. "Soropositividade, homossexualidade e direitos sexuais", in *Aids, Direito e Justiça – o papel do direito frente à AIDS*, org. Maria Cristina Pimentel Franceschi, Porto Alegre: GAPA, 2002.

SEFFNER, Fernando. 'Masculinidade bissexual e violência estrutural: tentativas de compreensão, modalidades de intervenção', in *Construções da Sexualidade: gênero, identidade e comportamento em tempos de AIDS*, org. Anna Paula Uziel, Luís Felipe Rios e Richard Parker, Rio de Janeiro: Pallas: Programa em Gênero e Sexualidade IMS/UERJ e ABIA, 2004.

SILVA, Tomaz Tadeu; HALL, Stuart; WOODWARD, Kathryn. *Identidade e diferença: a perspectiva dos estudos culturais*, Petrópolis: Vozes, 2000.

SPAGNOL, Antonio Sergio. *O Desejo Marginal*. São Paulo: Arte Ciência/Villipress, 2001.

TERTO JR., Veriano. Homossexualidade e saúde: desafios para a terceira década de epidemia de HIV/AIDS. Horiz. antropol., Porto Alegre, v. 8, n. 17, 2002. Disponível em http://www.scielo.br/scielo.php?script=sci_arttext&pid=S0104-71832002000100008&lng=en&nrm=iso. Acesso em 16 Nov. 2006.

TORO-ALFONSO, José. 'Vulnerabilidad de hombres gays y hombres que tienem sexo con hombres (HSH) frente a la epidemia del VIH/SIDA en América Latina: la otra historia de la masculinidad', in *SIDA y sexo entr hombres en América Latina: Vulnerabilidad, fortalezas, y propuestas para la acción – Perspectivas y reflexiones desde la salud publica, las ciências sociales y el activismo.* Org. Carlos Cáceres, Mario Pecheny e Veriano Terto Jr. UPCH/ONUSIDA, 2002.

WINTEMUTE, Robert. *Sexual Orientation and Human Rights: the United States Constitution, the European Convention and the Canadian Charter*, Oxford: Oxford University Press, 1995.

Em Defesa dos Direitos Sexuais

— 5 —

Transexualidade: Algumas reflexões jurídicas sobre a autonomia corporal e autodeterminação da identidade sexual[1]

MIRIAM VENTURA[2]

Sumário: 1. Introdução; 2. A construção dos direitos sexuais; 3. A trajetória de um direito à "mudança de sexo"; 4. As práticas judiciárias e a transexualidade: Entre o direito à saúde e à nova identidade sexual e o dever de adequação social; 5. As decisões desfavoráveis ao direito à "mudança de sexo"; 6. As decisões favoráveis à "mudança de sexo"; 7. Os limites das decisões favoráveis; 8. Conclusão; Referências bibliográficas.

> "Precisamos *verdadeiramente* de um *verdadeiro* sexo? Com uma constância que beira a teimosia, as sociedades do Ocidente moderno responderam afirmativamente a essa pergunta."
>
> (Foucault, *O Verdadeiro Sexo*)

---

[1] As idéias centrais deste texto foram desenvolvidas na monografia intitulada "Transexualismo, autonomia e acesso à terapia para a 'mudança de sexo' – Um estudo bioético do princípio do respeito à autonomia nos argumentos jurídicos, pró e contra, o acesso à terapia, no Brasil", para a obtenção do título de especialista em Bioética, no Curso de Especialização da Fundação Oswaldo Cruz e Instituto Fernandes Figueiras. A pesquisa jurisprudencial foi realizada no âmbito da pesquisa para a dissertação de mestrado em saúde pública, na Escola Nacional de Saúde Pública – FIOCRUZ, orientado pelo Dr. Fermin Roland Schramm. Agradeço ao NUPACS – Programa de Pós-Graduação em Antropologia Social – UFRGS, a oportunidade de ter integrado o grupo de discussão sobre direitos sexuais constituído no âmbito deste programa, coordenado pelo Dr. Roger Raupp Rios, que permitiu o aprofundamento do debate para o delineamento teórico e prático dos direitos sexuais. Agradeço, ainda, a José Reinaldo de Lima Lopes, Paulo Leivas, Roberto Lorea, Roger Raupp e Samantha Buglione, pela amizade e a possibilidade de compartilhar a discussão sobre um tema tão instigante.

[2] Advogada, consultora jurídica na área de direitos humanos e saúde, direitos sexuais e reprodutivos, especialista em Bioética pela FIOCRUZ e Instituto Fernandes Figueira, mestre em Saúde Pública na Escola Nacional de Saúde Pública – FIOCRUZ.

Em Defesa dos Direitos Sexuais

1. Introdução

A transexualidade pode ser definida como uma expressão da sexualidade, cujas principais características são o desejo de viver e ser identificado como pessoa do sexo oposto ao seu sexo biológico, e realizá-lo através da transformação de seu corpo para o sexo/gênero vivenciado.

O fenômeno transexual é definido, na Medicina e no Direito, como um tipo de transtorno psíquico, denominado na Classificação Internacional de Doenças (CID), pela OMS – Organização Mundial de Saúde, como transtorno de identidade de gênero, e conhecido amplamente como transexualismo. Este antagonismo vivenciado entre sexo biológico e gênero faz com que a pessoa transexual busque de forma persistente adequar seu corpo ao sexo que crê possuir. Esta "mudança de sexo" é realizada através de extensas intervenções cirúrgicas, com a ablação de órgãos – pênis, mama, útero, ovários – e reconstrução de uma nova genitália – cirurgia de transgenitalização –, e tratamento hormonal para transformação dos caracteres sexuais secundários.

Além das transformações corporais, a pessoa transexual busca alterar seu prenome e sexo legal. Esta mudança de elementos do estado da pessoa é considerada como fundamental para o pleno sucesso da terapia de "mudança de sexo", vez que permite cessar os constrangimentos pessoais e sociais de se viver um sexo oposto a de sua identificação civil, favorecendo o livre desenvolvimento da personalidade e integração social da pessoa submetida às transformações.

No Brasil, não há lei específica que trate dos direitos dos transexuais ao acesso à terapia e à alteração da sua situação legal. Os critérios e as condições para o acesso ao tratamento hormonal e cirúrgico para "mudança de sexo" estão estabelecidos em uma norma legal ético-profissional de âmbito nacional – Resolução CFM nº 1.652/2002, do Conselho Federal de Medicina. A alteração do *status* civil da pessoa transexual vem sendo decidida, caso a caso, em ações judiciais propostas individualmente, em geral, pelas pessoas já submetidas às transformações corporais.

São duas as questões controvertidas em relação à transexualidade, que este artigo se propõe discutir: a legitimidade ética e legal das transformações corporais desejadas para a "mudança de sexo", e a possibilidade de alteração do prenome e sexo legal da pessoa transexual.

A primeira questão se inscreve no âmbito da antiga e persistente discussão ética e legal sobre os limites e possibilidades dos atos de disposição do próprio corpo – nosso corpo nos pertence? – orientado pelo princípio jurídico da indisponibilidade do próprio corpo e/ou intangibilidade da pessoa. Apesar de a modificação corporal ser uma expressão comum da identidade, presente em diversas culturas, "não são claros os limites entre a livre disposição do corpo como projeção do desenvolvimento da personalidade e identidade e a sua mutilação como ato patológico" (Konder, 2003:65) ou como violação de direitos humanos (Cook et al, 2004:276-278). O fato é que na maioria dos países as leis limitam as intervenções médicas que importem em uma diminuição permanente de funções e da integridade física da pessoa.

A segunda questão está relacionada à alteração legal dos elementos que constitui o estado da pessoa – prenome e sexo –, a princípio, imutáveis e indisponíveis. O estado da pessoa é um antigo instituto oriundo do direito romano (Frygnet, 2002), e considerado como um bem de ordem pública, que define e delimita o sujeito no corpo social do qual ele faz parte. A principal justificativa para esta imutabilidade decorre do dever do Estado em garantir a segurança nas relações pessoais e institucionais, basicamente, de natureza patrimonial – contratual e de herança – e de preservação da instituição familiar, relacionada à filiação e ao matrimônio (Peres, 2001; Frygnet, 2002).

A partir da possibilidade concreta de se transformar o corpo, adequando-o a um sexo oposto ao sexo biológico, a transexualidade resgata e renova antigos questionamentos sobre o limite da liberdade em relação aos atos de disposição do próprio corpo, os sentidos de saúde e doença no âmbito da vivência da sexualidade, e a relevância do sexo na identificação do sujeito de direitos. O novo elemento desse debate, disparado pelos avanços biotecnocientíficos, relaciona-se à legitimidade de a pessoa alterar livremente sua identidade sexual e vivenciá-la através do uso desses novos recursos, e às responsabilidades estatais e institucionais, no sentido de garantir e promover políticas legais e de saúde que garantam o acesso às transformações.

A revisão dessas antigas e novas questões nos discursos da Saúde e do Direito sobre a transexualidade, inscreve-se na discussão dos direitos sexuais como direitos humanos. A proposta deste artigo é trazer à tona alguns elementos deste debate, no marco dos direitos sexuais como direitos humanos, a partir da apresentação do resultado de uma breve revisão bibliográfica sobre o tema no campo jurídico, e de uma análise geral da produção jurisprudencial dos Tribunais Superiores Brasileiros, até outubro de 2006.

2. A construção dos direitos sexuais

As situações de ambigüidades sexuais não são novas para o Direito. Igualmente, não são novas nem desconhecidas as injustiças decorrentes das classificações relacionadas ao sexo, à orientação sexual e às diversas expressões da sexualidade, já que, ao classificar, a lei passou também a discriminar.

Em Defesa dos Direitos Sexuais

Segundo Foucault, é no século XX que há uma "inflexão da curva", ou seja, que se verifica que os mecanismos de repressão teriam começado a afrouxar; "e passar-se-ia das interdições sexuais imperiosas a uma relativa tolerância a propósito das relações pré-nupciais ou extra-matrimoniais; a desqualificação dos perversos teria sido atenuada e, sua condenação pela lei, eliminada em parte" (Foucault, 2005:109).

De fato, a partir dos anos 60, as denúncias relacionadas às interdições sexuais e às reivindicações específicas de reformulação das normas e dos valores no campo da sexualidade, nas sociedades ocidentais, surgem e se firmam como bandeira dos movimentos organizados de mulheres e de homossexuais, indicando a referida "inflexão da curva", observada por Foucault. Grande parte das demandas dessa década foi sendo paulatinamente consolidada e incorporada nos estatutos legais e éticos de alguns países nas décadas posteriores, como: o direito ao divórcio, ao uso de contraceptivos, a descriminalização da homossexualidade e do aborto.

A liberdade sexual é um tema central dessas reivindicações. O lema feminista da década de 1970, "Nosso corpo nos pertence", refletia a demanda pelo controle da própria sexualidade, desdobrando-se em reivindicações voltadas ao Estado, em sua maioria, jurídicas e de saúde, como a legalização do aborto e o livre acesso à contracepção (Corrêa e Ávila, 2003; Villela e Arilha, 2003). O movimento homossexual, no mesmo sentido, contesta os discursos médico-científico e legal, construído a partir do século XVII, da homossexualidade como doença e crime contra os costumes, que se desdobrou na "medicalização do desvio", sanções penais – crimes de sodomia – e limitações na vida civil – como a vedação do matrimônio para e pessoas do mesmo sexo (Foucault, 2005). A demanda das pessoas transexuais em relação às transformações corporais e à alteração do *status* civil surge neste mesmo período, refletindo as estratégias e os fundamentos das reivindicações desses movimentos já consolidados (Castel, 2001).

Pode-se afirmar que as reivindicações desses segmentos organizados, por direitos de liberdade sexual, se centram na reformulação das normas e práticas médicas e jurídico-legais, e, fundamentalmente, objetivam o afastamento das restrições e óbices injustificados à autonomia sexual e reprodutiva dos sujeitos nestes âmbitos.

Mas é somente na década de 90 que se consolida um novo tipo de tratamento da sexualidade, na Medicina e no Direito, impulsionado pelas discussões no âmbito dos Direitos Humanos, sobre o impacto da pandemia de HIV/AIDS e a necessidade de um modelo diferenciado de intervenção na saúde sexual. No âmbito desses debates públicos, nacionais e internacionais, cresce a visibilidade social dos direitos de gays, lésbicas e transgêneros (transexuais e travestis), e se fortalece a idéia de direitos sexuais, como direitos humanos. As novas propostas fundamentam-se, basicamente, nas Convenções Internacionais de Direitos Humanos, e articulam premissas de liberdade, igualdade e justiça social, para legitimar novas práticas, normas e relações de poder no campo da sexualidade.

Como destaca Petchensky, (1999:17) "de modo bastante significativo, nenhum instrumento internacional relevante, anterior a 1993, faz qualquer referência ao mundo proibido do 'S' (além do 'sexo', o sexo biológico); isto é, antes de 1993, a sexualidade de qualquer espécie e suas manifestações estão ausentes do discurso internacional sobre direitos humanos." A idéia de direitos sexuais e sua "inclusão no debate dos direitos humanos assinala[m] a importância da dimensão sexual na vida humana, buscando o reconhecimento das diversas orientações sexuais e a legitimidade de suas expressões", que implica a "aceitação dos diferentes tipos de expressão sexual e a autonomia individual de decisão sobre o uso do próprio corpo" [que a pessoa] "pode assumir ao longo da vida" [como] "um aspecto positivo das sociedades humanas, justas e pluralísticas, considerando-se, aí, a relação entre expressão sexual e a chamada identidade sexual" (Villela e Arilha 2003:136).

Os direitos sexuais situam-se nessa complexa "interface do público e do privado" [que], "por um lado, refuta julgamentos morais em função de modos de obter prazer, [e] por outro, exige liberdade para que afetos e relacionamentos possam ser vivenciados e assumidos sem discriminação" (Villela e Arilha, 2003:138). Exige, portanto, além da garantia de proteção pelo Estado à vida privada e às escolhas pessoais, que sejam viabilizados os meios e as condições indispensáveis para a vivência da almejada liberdade sexual, que implica a implementação de ações e políticas sociais que previnam e coíbam as discriminações, violências, e demais desigualdades nas relações pessoais e sociais.

A proposta de afirmação de direitos humanos no âmbito da sexualidade é, sem dúvida, relevante para superar a lógica de dominação e coerção imposta historicamente à sexualidade humana, e comporta profundas mudanças no tratamento dado às dimensões pública e privada deste aspecto da vida humana. "Na esfera pública, [implica em construir] um arcabouço legal e uma atmosfera moral que, gradativamente, permitam superar uma longa tradição de tratar as práticas sexuais que não se conformam às normas dominantes como patologia, desvio ou crime". Na esfera privada, requer "respeito à privacidade e intimidade, assim como o consentimento mútuo nas relações interpessoais", que implica a garantia de relações mais justas e igualitárias também nesse âmbito (Corrêa, et al. 2006: 51 e 52).

O princípio democrático, da universalidade, indivisibilidade, diversidade e laicidade são os princípios de direitos humanos eleitos, para nortear e fundamentar o delineamento e a implementação dos direitos sexuais. O princípio democrático, comumente relacionado ao exercício dos direitos políticos, na visão contemporânea dos direitos humanos, enfatiza a necessidade de que seja assegurada a ativa participação e consideração dos interesses de todos os sujeitos de direito envolvidos, na identificação de prioridades, na tomada de decisões, no planejamento, e na própria produção legislativa. O da universalidade significa que a condição de ser humano é o requisito único e exclusivo para a titularidade de direitos. O da indivisibilidade exige que haja uma conjugação dos direitos civis e políticos, com os direitos econômicos, sociais e culturais, de forma que sejam garantidos os meios e a efetiva vivência das liberdades afirmadas. O da diversidade implica que a proteção da igualdade seja realizada a partir do reconhecimento das peculiaridades e particularidades de determinados segmentos e indivíduos, e sejam desenvolvidas ações específicas e diferenciadas de proteção e promoção dos direitos daqueles mais vulneráveis às violações; o direito à diferença torna-se uma expressão efetiva do direito à igualdade. O princípio da laicidade do Estado se traduz na não-adoção pelos Estados de Direito Democráticos, de qualquer tipo de comprometimento ou orientação pautada por tradições ou qualquer forma de credo religioso, para justificar violações e/ou descumprimentos de direitos previstos nos diversos instrumentos internacionais de proteção aos direitos humanos (Ventura et al, 2003, Rios, 2005).

Do ponto de vista jurídico, os contextos locais vêm determinando hermenêuticas e estratégias diferenciadas no desenvolvimento e asserção dos direitos sexuais. Na Europa e na América do Norte, o reconhecimento de direitos sexuais GLBT – gays, lésbicas, bissexuais e transgêneros – vêm se desenvolvendo a partir de demandas que invocam o direito à privacidade e o de não sofrer discriminação – os chamados direitos negativos – que exigem a não-intromissão estatal ou de terceiros, nas escolhas e práticas individuais. No contexto latino-americano, a demanda por direitos sociais é que tem impulsionado a discussão sobre direitos sexuais, especialmente, em relação ao acesso aos serviços de saúde, que levem em consideração situações específicas desses grupos, e o reconhecimento de direitos previdenciários e securitários, como: o recebimento de pensão por morte e a inclusão em planos e seguros de saúde de parceiros do mesmo sexo, que vivam em união com o titular do seguro. (Rios, 2006).

O Direito é um campo fértil e estratégico para sediar as demandas reivindicatórias que denunciam a posição de desvantagem de determinados segmentos populacionais em relação ao *status*, social e legal, vigente. A elaboração dos chamados direitos sexuais representa o resultado positivo de uma "estratégia discursiva" (Corrêa e Ávila, 2003:27) dos movimentos feministas e de GLBT, que utilizando a linguagem dos direitos, tem o objetivo de melhorar as condições sociais e pessoais desses segmentos, para o livre exercício da sexualidade. Ao longo desta última década, a proposta de direitos sexuais vem avançando e ganhando uma formulação específica no campo jurídico e da saúde. Alguns consensos normativos internacionais e nacionais significativos já foram alcançados, como a afirmação de um rol de direitos humanos – civis e sociais – a serem garantidos neste âmbito pelos governos, como: o direito de exercer a sexualidade e a reprodução livre de discriminações, coerções ou violências, e de ter acesso à informação e aos meios para este exercício (ONU, 1994; ONU, 1995; Brasil, 2002).

Porém, não se deve perder de vista que os direitos sexuais representam, ainda, um produto em construção, com grandes dificuldades políticas, sociais e culturais, para seu efetivo e amplo reconhecimento e asserção (Petchesky, 1999; Rios, 2005 e 2006; Ventura *et al*, 2003; Corrêa et al. 2006). A trajetória da construção de um direito à "mudança de sexo" revela grande parte das dificuldades dessa construção, nos campos da Saúde e do Direito.

3. A trajetória de um direito à "mudança de sexo"

Verifica-se que a proposta dos direitos sexuais, como direitos humanos, é bastante adequada e favorável para a legitimação ética e jurídica das demandas das pessoas transexuais, considerando-se que, nesta perspectiva, "assumir uma identidade em função de um tipo particular de expressão sexual, mais do que uma contingência, sinalizaria a assunção e o exercício de um direito humano" (Villela e Arilha, 2003:138). O direito das pessoas transexuais à "mudança de sexo" vem, ao longo de poucas décadas, conseguindo se legitimar a partir:

(a) dos avanços biotecnológicos e da oferta desses recursos na prática médica;

(b) da inserção do fenômeno da transexualidade como doença – transexualismo, do estabelecimento de critérios para o diagnóstico, e da validação de uma terapia considerada capaz de promover o bem-estar da pessoa;

(c) da afirmação do direito da pessoa transexual ao acesso às transformações corporais para a "mudança de sexo", como um direito à saúde, e o direito à alteração do prenome e do sexo na identidade civil, como um direito de personalidade.

A construção efetiva de um direito à "mudança de sexo" inicia-se com a difusão, nos anos 70, de uma proposta de diagnóstico e de tratamento para um tipo de transtorno de identidade sexual, conhecido como transexualismo. O acesso das pessoas transexuais às transformações passou a se legitimar, moral e legalmente, como "terapia", principalmente, através dos trabalhos da equipe da Clínica de Identidade de Gênero do Hospital John Hopkins, nos Estados Unidos da América (Saadeh, 2004). Essa difusão, associada ao aprimoramento das técnicas cirúrgicas e do progresso da tera-

Em Defesa dos Direitos Sexuais

pia hormonal, tornou a "mudança de sexo" uma possibilidade concreta, e estimulou a oferta de cuidados e a demanda por acesso à "terapia" e à alteração legal da identidade sexual.

Finalmente, no ano de 1990, a Organização Mundial de Saúde estabeleceu internacionalmente um diagnóstico para o transexualismo, incluindo-o no Manual de Classificação das Doenças da Organização Mundial da Saúde – CID-10, como um transtorno mental e de comportamento, denominado de Transtorno de Identidade de Gênero (OMS, 1990), que também consta do Manual Diagnóstico e Estatístico das Desordens Mentais (DMS-IV) como "desordem da identidade de gênero" (Saahed:2004).

A primeira regulamentação sobre a questão no Brasil foi aprovada no ano de 1997, pelo Conselho Federal de Medicina (CFM), que detém a atribuição legal de supervisionar, julgar e disciplinar a ética médica em todo o país (art. 2°, Lei 3.268, de 30-09-1957). A atual Resolução CFM n° 1.652/2002 estabelece os seguintes critérios de diagnóstico do transexualismo: a) desconforto com o sexo anatômico natural; b) desejo expresso de eliminar os genitais, perder as características primárias e secundárias do próprio sexo e ganhar as do sexo oposto; c) permanência desses distúrbios de forma contínua e consistente por, no mínimo, dois anos; d) ausência de outros transtornos mentais ou anomalias sexuais de base orgânica.

Além da necessária conclusão do diagnóstico médico de transexualismo, para o acesso ao tratamento hormonal e cirúrgico, a Resolução n° 1.652/2002 estabelece (a) que seja realizada uma avaliação e acompanhamento do paciente por equipe multidisciplinar – médico psiquiatra, cirurgião, endocrinologista, psicólogo e assistente social –, no mínimo, por dois anos, antes da cirurgia; (b) que o paciente seja maior de 21 anos;[3] e c) que tenha características físicas apropriadas para a cirurgia.

Um aspecto relevante da abordagem da transexualidade pela Medicina é o processo de diagnóstico do tipo diferencial estabelecido. Para o diagnóstico do transexualismo deve o médico afastar as possíveis causas biológicas da doença, diferenciar transexuais, travestis, homossexuais e intersexuais, e identificar o *verdadeiro* transexual, pois somente os casos de transexualismo, e de intersexualidade são considerados justificações médicas capazes de legitimar, ética e juridicamente, as transformações corporais necessárias para a alteração do sexo anatômico. As pessoas transexuais são diferenciadas das pessoas homossexuais, que têm apenas uma orientação sexual dirigida para o mesmo sexo, e não uma insatisfação com o seu sexo; e dos travestis, que se expressam, vestindo-se e comportando-se como pertencente ao sexo oposto ao seu, mas não acreditam necessariamente

---

[3] Na época da aprovação da Resolução do CFM, era a idade estabelecida para o alcance da maioridade civil na lei.

possuir uma corporeidade equivocada; e das pessoas intersexuais, que possuem características de ambos os sexos decorrentes de algum tipo de distúrbio ou anomalia de base orgânica, como os hermafroditas.

Constata-se que o diagnóstico diferencial busca identificar o *verdadeiro* transexual, através da confirmação do desejo expresso da pessoa candidata de eliminar seus genitais e construir uma nova genitália, e ainda diferenciá-los dos travestis, homossexuais e intersexuais. Como conseqüência das premissas estabelecidas para o diagnóstico, a cirurgia de transgenitalização é considerada como a etapa final e necessária do tratamento para a "mudança de sexo". Nesse sentido, alguém que deseje transformar seus caracteres sexuais secundários, exceto sua genitália, ou que na interpretação médica seja considerado homossexual, não é considerado um *verdadeiro* transexual, e, portanto, não deve ter acesso à terapia, considerando que a norma médica não oferece alternativas de escolha para o paciente, devendo este aderir, ou não, ao tratamento proposto.

Esses aspectos demonstram uma concepção de sexo relacionada à anatomia da genitália, e a intensa normalização da conduta sexual e dos desejos da pessoa, em relação à vivência de sua sexualidade, imposta pela norma médica. Isto significa que a discussão sobre as intervenções médicas na pessoa transexual não envolve, apenas, uma deliberação ética e técnica relacionada à existência de uma possibilidade terapêutica, para minimização de um desconforto do paciente, mas depende da compreensão, valoração e do julgamento dos profissionais envolvidos, em relação ao desejo e à demanda da pessoa transexual de fazer uso dos novos recursos médicos, para vivência de sua expressão sexual.

Até a aprovação, no ano de 1997, da Resolução do CFM, as intervenções cirúrgicas e hormonais eram consideradas mutiladoras e não-terapêuticas, e sua prática passível de sanção legal e ético-profissional (CFM, 1991(a), 1991(b), 1997). Porém, muitas cirurgias foram realizadas no Brasil através de autorização judicial, a pedido do paciente e do médico, e outras sem autorização judicial, provocando demandas judiciais e debates jurídicos sobre a legalidade do ato cirúrgico, a partir dos anos 70 (Chaves, 1981, 1992, 1994, 1994(b)).

As controvérsias ética e jurídica acerca das intervenções médicas necessárias para a "mudança de sexo" dos transexuais se concentram na discussão acerca dos limites e possibilidades dos atos de disposição do próprio corpo, e de autodeterminação da identidade sexual, que está relacionada não só à interpretação das limitações legais existentes, mas, como já referido, a compreensão, valoração e julgamento, pelos saberes, médico e jurídico, da transexualidade, como expressão da sexualidade.

No direito brasileiro, as limitações legais aos atos de disposição do próprio corpo estão expressas na Constituição Federal e no Código Civil

Em Defesa dos Direitos Sexuais

(art. 13), e estabelecem que qualquer intervenção no corpo, que importe na diminuição permanente da integridade física, seja realizada por exigência médica e não fira os bons costumes. Estabelece, ainda, que a lei deve regulamentar as condições e os critérios para a remoção de órgãos e tecidos humanos para fins de transplante, pesquisa e tratamento, e veda qualquer tipo de comercialização de partes do corpo e do corpo humano em si (art. 199, § 4º, CRFB). A limitação legal imposta implica não considerar como suficiente para a legalidade da intervenção médica o expresso consentimento livre e esclarecido do paciente, podendo o profissional de saúde e a instituição serem responsabilizados civil e criminalmente por lesão corporal e por prática profissional ilícita, no caso de realizá-la sem a comprovada finalidade terapêutica, ou de forma ética ou legalmente reprovável.

Nesse sentido, a aprovação da Resolução CFM nº 1.482, de 10.09.1997, tem uma importância ética, legal e social de grande relevância. Primeiramente, significou redefinir a posição institucional médica, e considerar como alternativa terapêutica às intervenções cirúrgicas e hormonais para "mudança de sexo" nas pessoas transexuais. Esta alternativa de intervenção corporal para atender a uma instância psíquica do paciente, até hoje, é bastante controvertida no âmbito da prática médica, e considerada, a princípio, ética e clinicamente não adequada. Além disso, no contexto legal brasileiro, representa uma ampliação da autonomia da pessoa transexual, ao permitir o acesso aos recursos médicos necessários para as transformações desejadas, mesmo que mediada pela instituição médica. Também serviu para estabelecer uma justificativa médica oficial, que atende a exigência legal, na medida em que reconhece a licitude – isto é, a natureza terapêutica, – das intervenções corporais, permitindo a incorporação e a difusão do tratamento para "mudança de sexo", em vários hospitais brasileiros.

Atualmente, há uma única objeção à Resolução do Conselho Federal de Medicina, no sentido de que este não é o instrumento normativo adequado para tratar do tema, entendendo-se que o artigo 199, § 4º, da Constituição Federal brasileira, exige que a regulamentação das condições e os requisitos para remoção de tecidos e órgãos para fins de pesquisa e tratamento deve ser estabelecida por lei federal, aprovada pelo Poder Legislativo (Choeri, 2004). Porém, o entendimento jurídico que vem prevalecendo é o da legitimidade do ato institucional, fundamentado nas seguintes premissas legais: a competência legal do Conselho Federal de Medicina, de supervisionar, julgar e disciplinar a prática médica no país; o dever legal do médico de agir em prol da recuperação da saúde do paciente, desde que consentidas por este; e o direito do paciente de ter acesso aos recursos necessários e reconhecidos como eficientes para seu bem-estar.

Se a Resolução do Conselho Federal de Medicina serviu para possibilitar o acesso ao tratamento, estabelecendo seu caráter terapêutico, e com isso afastar a incidência da norma legal restritiva para a prática desse tipo de intervenção, há ainda questões pendentes e dificuldades significativas para o reconhecimento do direito a um novo prenome e sexo legal, após o tratamento. A lei civil brasileira, fundamentada no princípio da indisponibilidade do estado da pessoa, limita a alteração do nome e de outros dados de identificação pessoal, por livre vontade do sujeito, salvo em situações muito especiais ou quando há um erro comprovado no registro civil.

O sexo é um dos elementos considerados indisponíveis da identificação pessoal do cidadão. Porém, não há um conceito legal de sexo, mantendo o discurso jurídico, consolidado a partir do século XIX, uma estreita interrelação e correspondência com discurso médico-científico (Hespanha, 1998), e uma forte influência da moral sexual dominante. Observa-se que, apesar de todas as transformações estabelecidas modernamente nos ordenamentos jurídicos, e da intensa ação política dos movimentos sociais de liberação sexual, o "natural" modelo dos dois sexos – fundamentado na diferença anatômica entre os sexos, e na idéia de complementaridade necessária entre homem e mulher – permanece praticamente inabalável. As leis, a doutrina jurídica e as decisões judiciais adotam, com poucas restrições, esse modelo. Até hoje definimos e vinculamos alguns crimes à diferença sexual biológica, como o de estupro; adotamos o sexo biológico como um dos elementos indispensáveis na identificação civil das pessoas, e mantemos, na maioria dos países, a primazia da heterossexualidade e das diferenças sexuais nos institutos jurídicos do matrimônio e na filiação.

De fato, as dificuldades para a construção de argumentos jurídicos favoráveis à alteração da identidade sexual da pessoa transexual repousam no abalo que a "terapia" para a "mudança de sexo", admitida pela medicina, causou no modelo legal binário de dois sexos e dois gêneros, que se correspondem – mulher/feminino homem/masculino –, e da necessidade de se considerar outras possibilidades para se estabelecer o sexo legal. Como dificuldade adicional, os saberes biomédicos e das ciências humanas oferecem, atualmente, uma série de teorias para a definição de sexo, dentre elas: as tradicionais teorias biológicas, que definem o sexo como uma conseqüência biológica natural e inalterável (sexo genético, endócrino, morfológico); as teorias construtivistas que defendem a hipótese de que o sexo é construído a partir de referências sociais e políticas; e as teorias que consideram o sexo como uma conjugação de aspectos físicos, psíquicos, comportamentais e sociais, resultantes da fixação individual de uma identidade sexual. (Zambrano, 2003; Szaniawski, 1999; Choeri, 2004; Peres, 2001; Saadeh, 2004; Castel, 2001).

Na ausência de lei e/ou definição legal específica, o Judiciário torna-se o espaço catalisador e o principal árbitro da demanda dos transexuais por alteração do seu *status* civil, e o parceiro indispensável do saber médico

Em Defesa dos Direitos Sexuais

para o alcance do resultado terapêutico esperado. A função de árbitro do Poder Judiciário requer que respeite os limites e os procedimentos constitucionais e de direitos humanos estabelecidos, e implica, dentre outros deveres, o de fundamentar suas decisões de forma razoável e coerente com o contexto jurídico-legal vigente.

Nesse sentido, a análise das práticas judiciárias é indispensável para uma melhor compreensão do "fenômeno transexual" no debate jurídico. O resultado da pesquisa bibliográfica e jurisprudencial revela como a partir da "verdade" estabelecida pela ciência médica sobre a transexualidade, o saber jurídico vem estabelecendo sua própria "verdade" (Foucault, 2003). As discussões vão desde a busca por um *verdadeiro sexo,* que deve o Direito reconhecer, até os consensos sobre quais os critérios legais deve determinar a identidade sexual dos sujeitos de direitos.

4. As práticas judiciárias e a transexualidade: Entre o direito à saúde e à nova identidade sexual e o dever de adequação social

Na pesquisa jurisprudencial realizada junto aos Tribunais de Justiça Estaduais, Federais, Superior Tribunal de Justiça e Supremo Tribunal Federal, até outubro de 2006, foram identificados 45 (quarenta e cinco) acórdãos que tratavam da alteração do prenome e do sexo da pessoa transexual, e 2 (dois) relativos à cobertura pelo Sistema Único de Saúde da terapia para "mudança de sexo".

Do total encontrado, 20 (vinte) são decisões desfavoráveis à alteração do prenome e do sexo da pessoa transexual submetida à cirurgia. Como respaldo médico-científico, as decisões afirmam que as transformações corporais e hormonais realizadas na pessoa transexual são meramente estéticas, e tais transformações não têm o condão de alterar o sexo da pessoa. A veracidade e imutabilidade do estado da pessoa no Registro Civil são os principais fundamentos jurídico-legais, que estabelecem a negativa de alteração de dados pessoais incompatíveis com os dados biológicos. Enfatizam, ainda, que a identidade sexual decorre do direito natural, e não pode ser constituída por força de lei, ou de qualquer outra autoridade.

São 22 (vinte e duas) as decisões favoráveis e, em linhas gerais, os argumentos utilizados reconhecem o direito da pessoa transexual à nova identidade sexual, a partir da comprovação da realização de todas as etapas da terapia de "mudança de sexo". Estabelecem como critério determinante, para a concessão do pedido, a realização da cirurgia da transegenitalização, enfatizando: (a) o transexualismo como uma enfermidade; (b) a necessidade terapêutica (exigência médica) das intervenções hormocirúrgicas para a recuperação da saúde psíquica do paciente transexual; (c) a distinção entre homossexuais, travestis, transexuais e intersexuais; (d) o dever do Estado de autorizar a alteração do registro civil, como ato cogente de ordem pública, considerando seu dever de garantir e proteger a pessoa de violações de direitos fundamentais, como: o direito à inviolabilidade da vida privada, à integridade psicofísica, à saúde, ao trabalho, à educação, e o outros que permitam o livre desenvolvimento da personalidade, que significa o exercício efetivo desses direitos de cidadania.

Finalmente, 3 (três) decisões são parcialmente favoráveis, pois reconhecem apenas o direito de mudança de nome em razão da não-realização da cirurgia de transgenitalização, reafirmando o critério da reconstrução da genitália como indispensável para a alteração do sexo no registro civil.

As decisões desfavoráveis compreendem o direito à identidade sexual como um direito natural; assentam-se em uma ética naturalista, buscando fundamentar normas sociais e legais a partir de imperativos da vida biológica e/ou da natureza. As posições favoráveis entendem que o Direito é uma construção social e cultural, que tem como função não a determinação de um "tipo ideal de homem ou de bem moral" ou a busca por um tipo de *verdade*, mas, sim, de realizar uma "justiça objetiva" que estabeleça uma "relação ideal entre homens" (TJAP, AC 693/00 Relator: Juiz Convocado Raimundo Vales, j. em 05.06.2001); adotam uma ética do dever (preservação da dignidade da pessoa humana), com elementos utilitaristas. Essas linhas argumentativas sintetizam os principais elementos das posições favoráveis e desfavoráveis, e revelam, de forma privilegiada, os conflitos éticos e de direitos mais significativos.

5. As decisões desfavoráveis ao direito à "mudança de sexo"

O argumento do determinismo biológico e da impossibilidade jurídica de se admitir um novo sexo foi firmado pelo Supremo Tribunal Federal, no ano de 1981 (STF, Agravo Regimental nº 82517, relator: Min. Cordeiro Guerra, julgado em 28.04.1981), e seguiu como majoritário nos anos 90 – das 9 (nove) decisões identificadas nesse período, apenas 4 (quatro) foram favoráveis.[4]

---

[4] Decisões desfavoráveis nos anos 90: Tribunal de Justiça do Rio de Janeiro: AC 1992.001.06087 Des. Marden Gomes – Julgamento: 04/03/1993 – Quarta Câmara Cível; AC 1993.001.04425 Des. Luiz Carlos Guimarães – Julgamento: 10/05/1994 – Oitava Câmara Cível; AC 1993.001.06617 – Des. Geraldo Batista – Oitava Câmara Cível – Julgamento: 18/03/1997; Tribunal de Justiça do Paraná: Acórdão n.º 10842 decisão unânime. 1a. Câmara cível Relator: Des. Osiris Fontoura. Julgamento: 08/11/1994; Tribunal de Justiça do Rio Grande do Sul – AC nº. 596103135, Terceira Câmara Cível. Relator: Tael João Selistre, Julgado em 12/09/1996; AC nº 597134964, Terceira Câmara Cível, Relator: Tael João Selistre, Julgado em 28/08/1997), AC nº 597156728, Terceira Câmara Cível, Relator: Tael João Selistre, Julgado em 18/12/1997). Tribunal de Justiça de São Paulo AC 340284-6/00, Relator: Des. Paulo Menezes, 9ª Câmara de Direito Privado, j. em 26.05.1998.

Em Defesa dos Direitos Sexuais

As principais premissas desses argumentos desfavoráveis são: o sexo é a conseqüência de uma determinação biológica imutável; o sexo tem a função natural e social de procriação; a diferença sexual é um pressuposto necessário da instituição matrimonial, considerada como um bem comum, cujas finalidades sociais, protegidas pelo Direito, são a procriação e a constituição da família, que não pode ser alcançada através da união entre pessoas do mesmo sexo biológico. Nesse sentido, adotam teses semelhantes à de Finnis, apresentadas por Leivas (2007), na primeira parte deste livro, reforçando uma "concepção normativa seja do sistema sexo-gênero, seja do dispositivo diferença sexual. Ambas fundadas numa matriz binária heterossexual que se converte em um sistema regulador da sexualidade e da subjetividade" (Áran, 2006:6). Vejamos alguns trechos das decisões:

[o apelado não pode ser considerado] como sendo do sexo feminino, uma vez que há impossibilidade de procriação porquanto não possui o mesmo os órgãos internos femininos. Ao se deferir o pedido do apelado estar-se-ia outorgando a este uma capacidade que efetivamente não possui. Por outro lado, ao permitir-se a retificação do nome e sexo do apelado em possível casamento que venha a se realizar, se estaria contrariando frontalmente o ordenamento jurídico vigente; ademais, estaria ausente um dos requisitos para o casamento, qual seja a diferença de sexos. A lei de registros públicos veda a alteração pretendida, tutelando interesses de ordem pública. Processo: 030019800 TJPR. Jaguapita – Vara Única. Acórdão: 10842 decisão unânime. 1ª Câmara cível Relator: Des. Osiris Fontoura. Julg. em 08/11/1994.

A concepção da transexualidade como uma expressão "não-razoável, não-natural e imoral" (Leivas, 2007), que não merece qualquer proteção do Direito, pode ser identificada no trecho destacado a seguir:

O homem que almeja transmudar-se em mulher, submetendo-se a cirurgia plástica reparadora, extirpando os órgãos genitais, adquire uma "genitália" com similitude externa ao órgão feminino, não faz jus à retificação de nome e de sexo porque não é a medicina que decide o sexo e sim a natureza. Se o requerente ostenta aparência feminina, incompatível com a sua condição de homem, haverá de assumir as conseqüências, porque a opção foi dele. O Judiciário, ainda que em procedimento de jurisdição voluntária, não pode acolher tal pretensão, eis que a extração do pênis e a abertura de uma cavidade similar a uma neovagina não tem o condão de fazer do homem, mulher. Quem nasce homem ou mulher, morre como nasceu. Genitália similar não é autentica. Autentico é o homem ser do sexo masculino e a mulher do feminino, a toda evidência. (TJRJ AC 1993.001.06617 – Des. Geraldo Batista – Oitava Câmara Cível – Julgamento: 18/03/1997).

As seis decisões contrárias do Tribunal de Justiça de Minas Gerais 2003, 2004, 2005, são, igualmente, exemplares das teses defendidas por Finnis (Leivas, 2007), e da concepção de que o Direito deve acolher um modelo normativo de sexo biológico e gênero, que mantenha a necessária correspondência "natural" entre eles – fêmea/mulher/feminino, macho/homem/masculino. Destaca-se, a seguir, o voto do Des. Almeida Melo, cujas teses vêm sendo vencedoras neste Tribunal:

O sexo integra os direitos da personalidade e não existe previsão de sua alteração; a identidade sexual deve ser reconhecida pelo homem e pela mulher, por dizer respeito à afetividade, à capacidade de amar e de procriar, à aptidão de criar vínculos de comunhão com os outros.

A diferença e a complementação físicas, morais e espirituais estão orientadas para a organização do casamento e da família; a diferença sexual é básica na criação e na educação da prole. Embora homem e mulher estejam em perfeita igualdade, como pessoas humanas, são também iguais em seu respectivo ser-homem e ser-mulher. A harmonia social depende da maneira como os sexos convivem a complementação, a necessidade e o apoio mútuos.

O Direito é a organização da família e da sociedade. Não pode fazê-lo para contrariar a natureza. Ainda que a aparência plástica ou estética seja mudada, pela mão e pela vontade humana, não é possível mudar a natureza dos seres.

Poder-se-ia admitir um conceito analógico, como o da personalidade moral em relação à personalidade natural. Mas, neste caso, a lei haveria de defini-lo. Não pode o juiz valer-se do silêncio eloqüente da lei para construir sobre o que não é lacuna, mas espaço diferenciado.

Não me impressiona a evolução dos tempos e que seja conservador na minha definição. Assumo decisão histórica e moral, porque tem fundamento cristalizado na consciência da humanidade.

Para a Ciência Jurídica é sumamente relevante a função social do sexo. Como os sexos são iguais, não serão discriminados, mediante a averbação do procedimento plástico. Será possível que o Estado aparelhe quem nasceu homem, da identidade de mulher, para que se apresente, como mulher, e não ressalve interesses de terceiros de boa-fé? Não o aceito.

A identidade psicológica é um aspecto subjetivo da personalidade. A identidade biológica é o elemento objetivo e social, que perfaz o registro do estado individual. Enquanto o estado civil ou político pode ser mudado, o estado individual, além de inalienável e imprescritível, é imutável.

(TJMG, Emb. Infr. 1.0000.00.296076-3/001, Relator: Desembargador Carreira Machado, julgamento: 22.04.2004)

Para afastar as razões apresentadas pelo requerente de que os constrangimentos sociais e pessoais vivenciados, decorrente do antagonismo entre sexo legal e sua aparência física, violam direitos fundamentais e, portanto, há um dever do Estado de afastar as causas das violações, a decisão mineira traz peculiar argumento:

[a] causa do constrangimento, alegada pelo apelando, não é o seu prenome que é adequado a seu sexo, mas, sim, a falta de correspondência entre a atual aparência e seu sentimento psicológico. A discriminação que sofre a pessoa transexual pode ser resolvida através das leis que proíbem esse tipo de discriminação como a Lei SP 10.948/2001. (TJMG, Emb. Infr. 1.0000.00.296076-3/001, Relator: Desembargador Carreira Machado, j. em 22.04.2004)

Na decisão supra transcrita há um voto vencido, do Des. Hyparco Immesi, que concorda com a alteração do sexo e do nome, afirmando que [n]egar, nos dias atuais,

Em Defesa dos Direitos Sexuais

não o avanço do falso modernismo que sempre não convém, mas a existência de um transtorno sexual reconhecido pela medicina universal, seria pouco cientifico. Continua o voto vencido que [à] ordem jurídica incumbe outorgar a todo ser humano a qualidade de sujeito de direito e uma esfera de autonomia de vontade em suas relações sociais. Nisso consiste o direito da personalidade. (TJMG, Emb. Infr. 1.0000.00.296076-3/001, Relator: Desembargador Carreira Machado, julgamento: 22.04.2004). Em conclusão, afirma que negar à pessoa transexual completamente transformado em mulher, o direito de se identificar como é, implica em impedir de exercer sua cidadania, como o de exercício de suas atividades sócio-laborais.

Em uma última decisão no ano de 2006 (TJMG AC 1.0543.04.910511-6/001, Relator: Des. Roney Oliveira, j. em 23.02.2006), o Tribunal Mineiro demonstra uma pequena mudança, autorizando apenas a alteração do nome, mas mantendo o sexo.

Pode-se observar que a preocupação dos argumentos contrários não se restringe à veracidade dos dados no registro civil, ou da necessária correspondência dos dados biológicos relacionado ao sexo, por força do direito natural e do determinismo biológico, mas expressam, claramente, uma forte defesa da preservação da moralidade sexual dominante – heterossexual – no matrimônio e na filiação. A equiparação dos transexuais às pessoas homossexuais, e o receio expresso de que qualquer permissão de alteração no registro civil significa uma abertura – ou permissão indireta – para o casamento entre pessoas do mesmo sexo e, também, de perfilhação de crianças por estes casais, considerados do mesmo sexo, são afirmações recorrentes.

As decisões desfavoráveis vêm causando o que se denomina de *iatrogenia judicial,* por submeter, por toda a vida, a pessoa transexual aos efeitos negativos do antagonismo – agora irreversível – entre sua identidade corporal e sua identidade legal, como bem acentua uma das decisões pernambucanas favoráveis ao pedido de alteração:

> O que busca afinal o Direito, com seu ideal de Justiça, é o bem comum, a felicidade das partes, material ou imaterial, daí pondo pelo Estado, politicamente organizado, seu aparelhamento jurisdicional à disposição daqueles que o procuram para assim satisfazer suas pretensões quer nessas suas relações intersubjetivas, ou intrasubjetiva quando esta, aparentemente está desconforme a lei.[...] Qual seria pois o senso de Justiça, do Direito, em deixar que uma mulher, ainda que assim alçada a tal condição por meios cirúrgicos, mas consentâneos com seu estado de desequilíbrio primitivo, ficasse no "limbo do purgatório eterno" sob a rubrica legal de ter nome de homem e sexo masculino? (TJPE , AC 58755-7, Relator: Des. Subst. Juiz Fernando Martins, 5ª Câmara Cível, j. em 01.12.2000, p. 114)

6. As decisões favoráveis à "mudança de sexo"

A primeira decisão favorável identificada foi do Tribunal de Justiça do Rio Grande do Sul, no ano de 1991. Ela admite que

> [Se tratando] de transexualismo e, no caso, a cirurgia efetivada como solução terapêutica dos conflitos psíquicos decorrentes de naturezas antagônicas no caráter e

na sexualidade, comporta essa legitimação perante a sociedade e a organização jurídica. Nessa conformidade, se a lei previa só dois sexos (masculino e feminino), mas se o direito natural está mostrando que também existe outro tipo de pessoas, que não o macho e a fêmea, e se nós temos como certo que todo indivíduo quer-se afirmar quer como macho, quer como fêmea no círculo de relacionamento no qual ele se insere, ele, mesmo submetendo-se a uma cirurgia desse tipo está, em última análise, querendo-se afirmar, como no caso concreto, como um ser do sexo feminino, embora saiba de antemão que jamais poderá vir a procriar e também jamais poderá vir a casar-se, pelo menos, por enquanto, aqui no Brasil. Mas ele quer uma harmonia entre o físico e o psíquico, ele quer-se tornar um ser definido, e, para ele, ser definido é ser do sexo feminino e não ser do sexo masculino, como ele viveu, até que se decidiu a fazer isso. (Voto Des. Gervási Barcellos. TJRS. AC. 591019831- 4ª Câmara Cível, julgamento: 05.06.1991)

Mas é a partir do ano de 2000 que a tese do direito à alteração do sexo no Registro Civil, das pessoas transexuais submetidas à cirurgia, ganha força, identificando-se no período de janeiro de 2000 a outubro de 2006, 10 (dez) decisões desfavoráveis, e um total de 18 (dezoito) favoráveis. Os argumentos favoráveis destacam que "diante das condições peculiares, [o] nome de registro está em descompasso com a identidade social, sendo capaz de levar seu usuário a situação vexatória ou de ridículo. Ademais, tratando-se de um apelido publico e notório justificada está a alteração". (TJRS – Apelação Cível nº 70000585836, Sétima Câmara Cível, Tribunal de Justiça do RS, relator: Sérgio Fernando de Vasconcellos Chaves, julgado em 31/05/2000).

Destacam, ainda, a irreversibilidade da condição feminina – e/ou masculina –, sua aceitação social, a realização do tratamento médico recomendado, e a possibilidade deste tratamento alterar a identidade sexual originária:

[I]nobstante nascida como do sexo masculino, desde a infância manifesta comportamento sócio-afetivo-psicológico próprio do genótipo feminino, apresentando-se como tal, e assim aceito pelos seus familiares e integrantes de seu círculo social, sendo, ademais, tecnicamente caracterizada como transexual, submetendo-se a exitosa cirurgia de transmutação da sua identidade sexual originária, passando a ostentar as caracterizadoras de pessoa do sexo feminino. Registrando que não é conhecido pelo seu prenome constante do assentamento em apreço, mas pelo que pretende substitua aquele. Conveniência e necessidade de se ajustar a situação defluente das anotações registrais com a realidade constatada, de modo a reajustar a identidade física e social da pessoa com a que resulta de aludido assentamento. Parcial provimento do recurso, para determinar que sejam promovidas as alterações pretendidas no aludido assentamento. (TJRJ, AC 2005.001.17926, Relator: Des. Nascimento Povoas Vaz, 18ª Câmara Cível, julgamento em 22.11.2005).

Outra decisão destaca a finalidade terapêutica e o dever constitucional do estado promover a saúde e cidadania de todos, refletindo a compreensão

Em Defesa dos Direitos Sexuais

do transexualismo, como doença, e da intervenção judicial para o sucesso do processo terapêutico:

[h]á de se notar que o assunto diz respeito a uma tentativa de cura, de ajustamento social e afetivo de um ser humano que busca, como qualquer outro, a sua realização pessoal, enfim, a sua felicidade.

Se a primeira fase da luta do autor pode ser definida como médica, a segunda passa a ser jurídica.

É aqui, justamente, que o operador do Direito é convocado para encontrar a solução complementar adequada para garantir ao autor o bem estar que o Estado se obrigou a patrocinar a todos os cidadãos.

A questão passa a ser: o Direito pode colidir com a ciência médica e psíquica a ponto de interromper um processo terapêutico único que busca uma cura plena que pode dar ao autor uma chance concreta de realização psicossocial? (TJPE, AC 85199-6, Relator: Des. Márcio de Albuquerque Xavier, 5ª Câmara Cível, j. em 26.02.2003).

A mesma decisão reflete, ainda, a compreensão do transexualismo como uma manifestação independente da livre vontade da pessoa transexual. Não há, portanto, autonomia dos sujeitos transexuais. Vejamos:

[e]sta sua iniciativa de mudança não é ditada pelo capricho, não é um simples rompante de delírio calcado numa subjetividade mórbida e pervertida. Antes, é um drama pessoal que encontra definição e respaldo na ciência médica e psicológica que o impeliu para uma final realização terapêutica que encontra o seu clímax na sentença retificadora de sua condição sexual e do seu nome.

7. Os limites das decisões favoráveis

Pode-se constatar que as decisões favoráveis adotam como prova necessária para a procedência do pedido judicial, o diagnóstico psiquiátrico de transexualismo e a realização de todas as etapas da terapia; principalmente, a cirurgia de transgenitalização. Dessa forma, deixam de considerar – ou privilegiar – as provas que, em seus próprios argumentos, têm como relevantes e necessárias para a autorização da alteração da identidade legal, como: a vivência de constrangimentos públicos e pessoais, e as barreiras para o acesso a direitos fundamentais, que as pessoas transexuais sofrem ao se identificarem através de documento legal incompatível com sua aparência física. As razões e as garantias legais que fundamentam essas decisões são, de fato, em sua maioria, irrelevantes em relação à prova que se exige a favor da pretensão da pessoa transexual.

A falácia identificada nos argumentos favoráveis torna-se evidente quando os Tribunais são instados a decidirem sobre a alteração de nome e/ou de sexo das pessoas, que ainda não realizaram a cirurgia. Ao negar o direito à nova identidade àqueles não submetidos à cirurgia de transgenitalização, os Tribunais admitem como prova indispensável para o acolhimento da pretensão, a compatibilidade do sexo genital com o sexo legal, ou seja, o dimorfismo sexual integral como necessário para definir mulher e homem na nossa sociedade. Até mesmo o respaldo da natureza terapêutica da alteração da identidade legal é abandonado em nome da veracidade necessária dos dados do registro civil com a genitália. Nesse sentido, se as decisões desfavoráveis se apóiam no determinismo biológico, às decisões favoráveis se apóiam no determinismo anatômico.

Foi identificada apenas uma decisão judicial que reconhece o direito de um transexual adotar o sexo masculino, apesar da não-construção peniana. Porém, os argumentos não reconhecem o direito à livre vivência do modo de vida escolhido, mas tão-somente, uma exceção ao critério determinante da genitália compatível com o sexo requerido, em razão dos riscos para integridade física da pessoa, como claramente dispõe a decisão:

> [N]o caso concreto, J. A. P. é transexual (devidamente diagnosticado – CID10 F.64-0), é transexual primário (conforme se pode verificar dos autos – vide seu depoimento pessoal, fls. 171/174), sente-se como homem, ofendendo-se, mesmo, se denominado mulher (vide fl. 182, razões de recurso), já fez cirurgias de extirpação dos órgãos femininos (e, portanto, ao menos anatomicamente, "não seria mulher"). O que faltaria para a procedência da ação? A construção da genitália masculina (neopênis e escroto, além da realização da prótese peniana). [...] Ora, por primeiro, diga-se que tal "complemento" advém de cirurgia que oferece riscos bastante elevados. No particular, cita-se o depoimento de J. A. P. (fl. 173): 'Primeiro pega massa muscular do braço, se implanta 03 meses, é retirado o músculo do braço, fica uma cavidade horrível de feia, tira veias, tira nervos dali e está sujeito a perder movimento do braço e nos dedos. Depois de enxertado 03 meses no braço o membro vai para baixo e após é feito o implante da prótese peniana. Na colocação do implante pode acontecer o que aconteceu com o Paulinho, ele teve várias contusões, teve que tirar uma veia nas pernas, teve retirado um pedaço da perna aqui, ele teve várias seqüelas, nas duas pernas, sendo que ele quase morreu, não morreu por segundos'. Ainda assim, a dicotomia do sexo psicológico com o sexo registral é de tal forma que manifesta J. A. P. firme intenção de realizá-la (vide fl. 173, in fine). (TJRS, AC 70011691185, relator: Des. Alfredo Guilherme Engler, 8ª câmara cível, j. Em 15.07.2005).

Três outras decisões, do ano de 2006, proferidas no mesmo Tribunal gaúcho, tratam da questão da alteração do sexo antes da cirurgia de transgenitalização. A decisão de abril de 2006 admite a alteração somente do prenome enquanto o requerente aguarda a cirurgia, considerando a possibilidade de o requerente realizá-la, já que a construção de uma neovagina não conta com os riscos verificados para a construção peniana. Mesmo que permitindo uma maior flexibilidade, a referida decisão não deixa de reforçar a anatomia da genitália como critério para definir-se homem ou mulher, e a falácia recorrente contida nos argumentos favoráveis persiste. Os votos contrários à alteração do sexo se expressam da seguinte forma:

> É preciso reconhecer que mesmo nos casos em que ocorre a completa transgenitalização, a mudança de sexo será sempre apenas aparente, pois os órgãos sexuais cirurgicamente criados são inteiramente desprovidos de funcionalidade. Ademais,

Em Defesa dos Direitos Sexuais

cromossomicamente não há como modificar a característica do indivíduo. Logo, nessas situações o que se verifica é uma mera adequação do registro civil à configuração anatômica. Mas, de qualquer modo, é certo que, extirpados os órgãos sexuais originais, a pessoa não estará mais apta a desempenhar a função reprodutora própria de seu sexo de origem.

No entanto, enquanto não extirpados os órgãos sexuais masculinos do requerente este estará, em tese, apto a reproduzir como homem. Logo, deferir-se a modificação do registro, desde já para que conste que é mulher, poderá ensejar situação verdadeiramente kafkiana, pois, podendo potencialmente vir a fecundar uma mulher, será pai. E teríamos uma mulher pai!

Por fim, destaco que a manutenção do sexo masculino no registro não causará situações vexatórias para o requerente, pois é fato notório que na carteira de identidade não consta a identificação do sexo e na vida diária esse é o único documento exigido.

Pelo exposto, dou parcial provimento ao apelo para deferir apenas a alteração do prenome do requerente, que passa a ser Isadora." (Parte do voto do Des. Luiz Felipe Brasil Santos, TJRS, AC 70013909874, Relatora: Desª. Maria Berenice Dias, 7ª Câmara Cível, em 05.04.06)

Na seqüência deste mesmo julgamento, o Des. Sérgio Fernando de Vasconcelos Chaves segue, reafirmando: "provejo em parte. Autorizo a troca do nome, mas não de sexo. Ele não é mulher." Seguido pelos Des. Luiz Pelipe Brasil Santos e Sérgio Fernando de Vasconcelos Chaves. A Des. Maria Berenice Dias, que havia se pronunciado favorável à alteração do prenome e do sexo do requerente, propõe que seja "averbado na certidão do registro do nascimento do recorrente sua condição de transexual. Assim, ao menos até a realização da cirurgia de redesignação, quando então passará a ser identificado com do sexo feminino, constaria sua real identificação."

Mas o resultado do julgamento reafirma que:

[o] fato de o apelante ainda não ter se submetido à cirurgia para a alteração de sexo não pode constituir óbice [tão somente] ao deferimento do pedido de alteração do nome. (TJRS, AC 70013909874, Relatora: Desa. Maria Berenice Dias, 7ª Câmara Cível, j. em 05.04.06)"

Duas outras decisões identificadas recentes, que tratam da questão da alteração do sexo antes da cirurgia de transgenitalização, também do Tribunal gaúcho, reafirmam a necessidade da realização do procedimento cirúrgico, mas admitem que, tendo sido realizada a cirurgia no curso do processo judicial, o Tribunal deve acolher o pedido de reforma da decisão de primeira instância, para admitir a alteração do sexo no registro civil (TJRS, AC 70013580055, Relator: Des. Claudir Fidélis Faccenda, 8ª Câmara Cível, em 17.08.06; TJRS, AC 70014179477, relator: Des. Luiz Ari Azambuja Ramos, 8ª câmara cível, j. em 24.08.06). De qualquer forma, o critério da anatomia da genitália é estabelecido para o acesso à alteração do sexo no registro civil.

Apesar dos avanços constatados, os argumentos favoráveis apontam para o reconhecimento do direito da pessoa transexual ao acesso a um tratamento médico considerado benéfico pelo saber médico, e capaz de adequá-la à norma social, e não o reconhecimento de um direito de autodeterminação da identidade sexual e de autonomia no âmbito da proposta terapêutica.

8. Conclusão

A análise da produção bibliográfica e jurisprudencial conclui que as premissas básicas dos direitos sexuais não estão incorporadas, de forma efetiva e consistente, nos argumentos jurídicos favoráveis ao acesso à terapia para "mudança de sexo" e à alteração do sexo legal no Registro Civil. Essas decisões favoráveis deixam de considerar, na extensão desejada, o princípio da autonomia sexual dos sujeitos, central na proposta dos direitos sexuais. De fato, só reconhece o direito à alteração do sexo legal se comprovada a realização das transformações corporais, estabelecidas pela instituição médica, e devidamente justificadas pela natureza patológica desse tipo de expressão da sexualidade.

As decisões favoráveis à "mudança de sexo", nesse sentido, ainda não refletem uma superação da lógica de dominação e coerção imposta historicamente à sexualidade humana, porém, no nosso contexto jurídico-legal e social restritivo, representam uma alternativa concreta e favorável para que a pessoa transexual adquira a capacidade indispensável para o exercício de sua autonomia, que envolve a titularidade de direitos fundamentais, como: o acesso aos recursos específicos para suas necessidades no sistema oficial de saúde, e a possibilidade de alteração legal da identidade sexual. É a partir dessas intervenções médica e judicial, que a pessoa transexual pode conformar sua vida e se desenvolver livremente, de acordo com suas convicções pessoais, usufruir de uma convivência social sem constrangimentos, e viabilizar, concretamente, o acesso ao emprego, ao sistema educacional, ao matrimônio, dentre outros projetos pessoais de vida.

Porém, não se pode deixar de observar que a adoção de um modelo normalizador de um tipo de expressão da sexualidade, com severas restrições à autonomia dos sujeitos, é desfavorável para a garantia do direito à saúde, de liberdade e à diferença, daqueles que não desejam conformar-se à norma estabelecida. Os critérios – legais e médicos – atualmente estabelecidos para a "mudança de sexo", obrigam aqueles que não preenchem seus requisitos, mas que utilizam da prática das transformações corporais para vivência de sua sexualidade, a recorrer a um mercado de clandestino, e nem sempre seguro, com riscos graves à saúde. Além disso, esses critérios impedem o acesso à alteração do sexo e, consequentemente, a vivência livre e sem constrangimentos de um tipo de expressão da sexualidade.

Em Defesa dos Direitos Sexuais

Constata-se que o saber jurídico mantém sua tradição de se definir a partir do saber médico, quando chamado a intervir nas novas questões trazidas pelos avanços biotecnocientíficos, buscando estabelecer uma relação direta e imediata entre linguagem médica e jurídica. É uma espécie de "estratégia naturalizadora do direito" que historicamente se desenvolveu na cultura jurídica européia e se reproduz na nossa cultura jurídica (Hespanha, 1998).

As alternativas construídas nesses últimos 30 anos no Brasil podem ser resumidas nas seguintes proposições a seguir apresentadas, que refletem as dificuldades apontadas acima quando se adota uma "estratégia naturalizadora" para deliberação ética e legal:

a) Os argumentos que consideram o desejo de trocar o sexo sempre uma manifestação psicótica tendem a considerar reprováveis as intervenções cirúrgica e hormonal, pois as transformações corporais em favor de uma instância psíquica doente não constituiriam uma terapia adequada. Neste sentido, as intervenções seriam mutiladoras e não se cogita sobre o respeito à autonomia da pessoa transexual, pois portadora que é de uma doença psíquica desta natureza, não possuiria a capacidade necessária para decidir, no sentido que sua habilidade cognitiva e sua independência para compreender, processar informações e refletir sobre as conseqüências dos próprios atos, estariam prejudicadas. Mas o fundamento moral da reprovação do ato médico é o princípio da não-maleficência, pois a intervenção é considerada não-necessária para a recuperação da pessoa e danosa para sua saúde física. Os pareceres do Conselho Federal de Medicina anteriores à aprovação da Resolução n° 1.482/97 são unânimes neste sentido. Somente dois estudos jurídicos identificados se posicionavam contrários ao acesso, no período de 1976 a 2006.

b) Os argumentos majoritários são aqueles que admitem a natureza de doença psíquica do transexualismo, mas consideram que as intervenções cirúrgicas e hormonais podem ter um efeito terapêutico satisfatório, minimizar os efeitos da doença e possibilitar, efetivamente, uma melhor vivência e desenvolvimento pessoal e social do doente. A função terapêutica da intervenção médica, nesses argumentos, é compreendida no sentido de abranger tanto ao bem-estar físico quanto ao bem-estar psíquico da pessoa. Após a ponderação dos riscos e benefícios à saúde física e ao bem-estar integral da pessoa, e de considerar a inexistência de outras alternativas terapêuticas, admitem os argumentos favoráveis que o direito à integridade física e psíquica possa sofrer limitação voluntária para o alcance desse bem-estar geral. Porém, a ampliação dos espaços de autonomia pessoal, nos atos de livre disposição do próprio corpo e de autodeterminação da identidade sexual, é bastante limitada, e as deliberações ética e legal buscam não

Miriam Ventura

vincular os limites e possibilidades das alterações, exclusivamente, à vontade individual da pessoa.

Fica evidente que a compreensão e legitimação ética e legal da demanda das pessoas transexuais estão diretamente relacionadas à concepção que se tem da transexualidade. Nesse sentido, se a transexualidade for considerada uma expressão da sexualidade, tal qual a heterossexualidade e a homossexualidade, o diagnóstico psiquiátrico de transexualismo e demais pré-requisitos para o acesso às transformações corporais constituiriam um tipo de discriminação e dominação, pois não se exige um diagnóstico da condição sexual da pessoa para o acesso a qualquer outro cuidado de saúde. Portanto, não é ética e legalmente justificável qualquer restrição de acesso, exceto àquelas relacionadas às condições clínicas e cognitivas da pessoa que busca as transformações, como nas cirurgias estéticas ou esterilização cirúrgica reprodutiva. Esta concepção não foi defendida por nenhum dos estudos analisados, e se harmoniza com a "reivindicação libertária de uma despatologização radical do transexualismo, e a idéia de que a identidade sexual é em si um preconceito e limita a liberdade individual" (Castel, 2001:4).

Se a transexualidade for compreendida como um tipo de doença – transexualismo – que reduziria em algum grau a capacidade de autodeterminação da pessoa, por exemplo, de avaliar, de forma livre e racional, os riscos e efeitos das intervenções médicas a serem realizadas, que são extensos e irreversíveis, e, portanto, as limitações impostas ao acesso constituem instrumentos legalmente e eticamente legítimos de proteção das pessoas. Esta foi à concepção prevalente identificada no material pesquisado. (neste sentido ver: Chaves, 1981, 1992, 1981; Araújo, 2000; Bordas et al, 2000, 2004; Choeri, 2004; Hooft, 2004; Konder, 2003; Lucarelli, 1991, Peres, 2001; Sá, 1984, Santos, 2000; Vieira, 2000, 2003 e 2004).

A transexualidade pode, ainda, ser compreendida como uma expressão legítima da sexualidade, que não traz em si limitações à capacidade da pessoa transexual, mas sim, um tipo de vulnerabilidade específica em razão da contradição que estabelece entre a norma social e a moral sexual vigentes, e que resulta em restrições pessoais e sociais, como: a proibição legal de alteração do prenome e do sexo nos documentos de identificação pessoal, ou de realizar as transformações corporais. Nesse sentido, justificar-se-ia o desenvolvimento de instrumentos específicos de garantia do acesso aos meios e recursos necessários para que a pessoa transexual adquira "a competência da autonomia e de seu exercício" (Schramm, 2005), indispensável para o livre desenvolvimento de sua personalidade, sem estabelecer restrições ou normalização de condutas certas ou erradas, apenas o alcance do bem-estar integral – individual e social – da pessoa transexual. Essa terceira concepção é mais recorrente nas discussões sociológica, antropológica, fi-

Em Defesa dos Direitos Sexuais

losófica e também nas discussões mais recentes no âmbito da saúde (Arán, 2006; Bento, 2005; Zambrano, 2005; Butler, J. 2004).

Porém, uma análise mais aprofundada da questão dependerá, ainda, de se adotar e/ou desenvolver-se uma concepção para a sexualidade, adequada e harmônica com os princípios dos direitos humanos, e relacioná-la com a da transexualidade. Se a sexualidade for considerada algo de competência exclusiva da autonomia e da vontade individual, o Estado e a sociedade têm apenas obrigações de não-intervenção e de garantir seu livre exercício. Se a sexualidade for considerada como algo de interesse público, devem ser estabelecidos os limites e possibilidades de exercício da autonomia e da vontade neste âmbito. Mas, se considerarmos que a sexualidade não se esgota na vontade livre, desencarnada e descontextualizada de um determinado sujeito, mas que esta autonomia e vontade livre são elementos indispensáveis e fundamentais para o seu exercício, devemos problematizar a concepção moderna de autonomia e suas conseqüências nas práticas individuais e sociais relacionadas à sexualidade (Buglione, 2005). Esta é, sem dúvida, a tarefa proposta para os Direitos Sexuais e que alguns estudiosos dos diversos campos de saber vem buscando construir.

A tarefa exige que ultrapassemos preconceitos e motivações pessoais, e que as decisões judiciais e interpretações jurídicas incorporem integralmente a proposta contemporânea dos direitos sexuais como direitos humanos, que, no contexto atual, se mostra mais adequada para uma vivência justa, solidária e respeitosa das diferentes expressões da sexualidade.

Referências bibliográficas

ARÁN, Márcia. *A Transexualidade e a Gramática Normativa do Sistema Sexo-Gênero* (no prelo), 2006.

ARAÚJO, L. A. D. A. *A Proteção Constitucional do Transexual.* São Paulo: Editora Saraiva, 2000.

BENTO, B. *A reinvenção do corpo – Sexualidade e gênero na experiência transexual.* Rio de Janeiro. Garamond, 2006.

BORDAS, F. C. Raymundo, MM. Goldim, JR. Aspectos bioéticos e jurídicos do transexualismo. *In Revista HCPA.* 20(2) 2000.

——; RAYMUNDO, M. M., GOLDIM, J. R. Aspectos bioéticos e jurídicos do transexualismo. In *Bioética e Sexualidade.* Tereza Rodrigues Vieira (coord). São Paulo: Editora Jurídica Brasileira, 2004, p. 99-106

BRASIL. Constituição [da] República Federativa do Brasil. Senado Federal. Brasília, 1988.

——. Decreto 4.229 (Programa Nacional de Direitos Humano). Presidência da República. Brasília, 2002(b).

BUGLIONE, S. Sujeito de Direito x Sujeito Sexual: Conflitos sobre os direitos sexuais dos adolescentes. p. 53-75. *Jovens, Trajetórias, Masculinidades e Direitos.* Adorno. R. C. F.; Alvarenga, A. T. e Vasconcellos, M. P. C. (org). São Paulo: Fapesp:Editora da Universidade de São Paulo, 2005.

BUTLER, J. *Undoing Gender.* New York and London: Routledge, 2002.

CASTEL, P. H. *Algumas reflexões para estabelecer a cronologia do "fenômeno transexual" (1910-1995)*. *Rev. bras. Hist.* [online]. 2001, vol.21, no.41 [citado 01 Marzo 2006], p.77-111. http://www.scielo.br/cielo (acessado em 01/Mar/2006)

CFM – CONSELHO FEDERAL DE MEDICINA. Resolução CFM nº 1652/02. Dispõe sobre a cirurgia de transgenitalismo e revoga a Resolução CFM nº 1.482/97. Disponível em http://www.portalmedico.org.br, acessado em 06/Mar/2006.

——. Resolução CFM nº 1.482/97. Dispõe sobre a cirurgia de transgenitalismo. Disponível em http://www.portalmedico.org.br, acessado em 06/Mar/2006.

——. Processo Consulta CFM nº. PC/CFM/nº/1997. Disponível em http://www.portalmedico.org.br, acesso em 06/Mar/2006.

——. Processo Consulta CFM nº 0617/90. PC/CFM/nº11/1991. Disponível em http://www.portalmedico.org.br, acessado em 06/Mar/2006.

——. Processo Consulta CFM nº. PC/CFM/nº 1991. Disponível em http://www.portalmedico.org.br, acessado em 06/Mar/2006.

——. Resolução CFM n.º 1.246, de 08 de janeiro de 1988.

CHAVES, A. Responsabilidade civil do ato médico. In *Revista Forense*, RJ, 89(324):17-22, set. 1994.

——. Responsabilidade Médica. Operações de "mudança" de sexo. Transmissão do vírus da Aids. *In Revista dos Tribunais, SP, 83(707):7-13, set. 1994.*

——. Operações cirúrgicas de mudança de sexo: A recusa de autorização de retificação do registro civil. *In Revista dos Tribunais*, SP, 81(679):7-14, maio de 1992.

——. Castração. Esterilização. "Mudança" artificial de sexo. *In Revista de Informação Legislativa*, Brasileira, 18(69):261-272. jan/mar. 1981.

——. Direitos à vida, ao próprio corpo e às partes do mesmo (transplantes). Esterilização e operações cirúrgicas para "mudança de sexo". Direito ao cadáver e a partes do mesmo. *In Revista de Informação Legislativa*. Brasília, 14(55):125-168.

CHOERI, R. C. S. *O conceito de identidade e a Redesignação Sexual*. Rio de Janeiro, São Paulo e Recife: Renovar, 2004.

——. Transexualismo e Identidade Pessoal: cirurgia de transgenitalização. *In Temas de Biodireito e Bioética*. Heloisa Helena Barboza e Vicente de Paulo Barreto (org.). Rio de Janeiro e São Paulo: Renovar. p. 225-258, 2001.

COOK, R. J.; Dickens, BM; Fathalla, MF. Saúde Reprodutiva e Direitos Humanos – Integrando Medicina, Ética e Direito. Tradução Romani, A. et al. Rio de Janeiro: CEPIA, 2004.

CORRÊA, S. Betânia M. Direitos Sexuais e Reprodutivos. Pauta Global e Percursos Brasileiros pp. 17-73. Berquó, E (org) *Sexo & Vida – Panorama da Saúde Reprodutiva no Brasil*. São Paulo: Editora Unicamp, 2003.

——; Alves, J. E. D.; Jannuzzi, P.M. Direitos e saúde sexual e reprodutiva: marco teórico-conceitual e sistema de indicadores. In Indicadores Municipais de Saúde Sexual e Reprodutiva. Suzana Cavenaghi (Org.). Rio de Janeiro: ABEP, Brasília: UNFPA, 2006.

FOUCAULT, M. História da Sexualidade I – A vontade de saber. Tradução de Maria Thereza da Costa Albuquerque e J.A. Guilhon Albuquerque. Rio de Janeiro: Edições Graal, 2005.

——. *O verdadeiro Sexo*. In Ética, sexualidade, política. Manoel Barros da Motta, MB (organização e seleção dos textos). Tradução de Elisa Monteiro e Inês Autran Dourado Barbosa. Rio de Janeiro: Forense Universitária, 2004.

——. *A verdade e as Formas Jurídicas*. Tradução Roberto Cabral de Melo Machado e Eduardo Jardim Morais, supervisão final do texto Lea Porto de Abreu Novaes *et al*, Rio de Janeiro: NAU Editora, 2003.

FRIGNET, H. *O Transexualismo*. Tradução Procópio Abreu. Rio de Janeiro: Editora Companhia de Freud, 2000.

Em Defesa dos Direitos Sexuais

HESPANHA, A. M. *Panorama histórico da cultura jurídica européia*. 2ª ed. Portugal: Publicações Europa-América, 1998.

HOOFT, P. F. Bioética, medicina y derechos humanos: um reciente caso judicial de transexualidad. In *Bioética e Sexualidade*. Tereza Rodrigues Vieira (coord). SP: Editora Jurídica Brasileira. Ltda. p. 123-134, 2004.

KONDER, C. N. O consentimento no Biodireito: Os casos dos transexuais e dos *wannabes*. Revista Trimestral de Direito Civil (RTDC). 15:41-71. Rio de Janeiro: Padma, 2003.

LEIVAS, P. G. C. A rejeição da conduta homossexual por John Finnis. In *Em Defesa dos Direitos Sexuais*. Roger Raupp Rios (org). Porto Alegre: Livraria do Advogado, 2007.

LUCARELLI, L. R. Aspectos jurídicos da mudança de sexo. *Revista da Procuradoria Geral do Estado de São Paulo, SP*. (35):213-228, jun. 1991.

OMS – Organização Mundial de Saúde. 2003. Classificação Internacional de Doenças – CID 10. Disponível em http://www3.who.int/icd/vol1htm2003/fr-icd.htm, acessado em 07/Mar/2006.

ONU – Organização das Nações Unidas. 1994. Plano de Ação da Conferência Internacional sobre População e Desenvolvimento. http://www.un.org./popin/icpd2.htm, (acessado em 07/Mar/2005)

––––. Plano de Ação da Conferência Mundial da Mulher, Pequim, 1995, Disponível em http://www.un.org./womenwattc/daw/beijing/official.htm, acessado em março de 2005.

PERES, A. P. A. B. *Transexualismo – O Direito a uma Nova Identidade Sexual*. Biblioteca de Teses. Rio de Janeiro, São Paulo: Editora Renovar, 2007.

PETCHESKY, R. P. Direitos Sexuais: um novo conceito na prática política internacional. *Sexualidades pelo Avesso – Direitos, Identidades e Poder*. Parker, R. e Barbosa R. M. (organizadores). Rio de Janeiro: IMS/UERJ; São Paulo: Ed. 34, 1999.

RIOS, R. R. Para um direito democrático da sexualidade. Coleção Documentos Website. Disponível em http://www.clam.org.br/pdf/

––––. Direitos Sexuais De Gays, Lésbicas E Transgêneros No Contexto Latino-Americano. Disponível em http://www.clam.org.br/pdf/

SÁ, E. L. B. 1984. Da emasculação. *In Revista Forense, Rj*, 80(285):512-523. Jan/Mar. 1984.

SAADEH, A. *Transtorno de Identidade Sexual – Um estudo psicopatológico de transexualismo masculino e feminino*. [Tese de Doutorado]. Departamento de Psquiatria da Faculdade de Medicina da Universidade de São Paulo, área de concentração Psiquiatria. Orientadora: Profa. Dra. Carmita Henlena Najjar Abdo, 2004.

SANTOS, O. F. Mudança de Sexo – Autorização judicial concedida. *In Revista Trimestral de Jurisprudência dos Estados*, SP, 24(175):89-94, mar/abr 2000.

SCHRAMM, F. R. Cuidados em Saúde da Mulher e da Criança, Proteção e Autonomia. In Bioética e Saúde: Novos Tempos para Mulheres e Crianças? Schramm, F.R. e Braz, M. (org). Rio de Janeiro: Fiocruz, 2005.

SZANIAWSKI, E. *Limites e Possibilidades do Direito de Redesignação do Estado Sexual*. São Paulo. Editora Revista dos Tribunais, 1999.

VENTURA, M.; Ikawa, D., Piovesan, F., Barsted, L. L. Direitos Sexuais e Direitos Reprodutivos na Perspectiva dos Direitos Humanos – Síntese para Gestores, Legisladores e Operadores do Direito. Rio de Janeiro: Advocaci – Advocacia Cidadã pelos Direitos Humanos. Disponível no *site* http://www.advocaci.org.br.

VIEIRA, T. R. A bioética e o direito à adequação de sexo do transexual. In *Bioética e Sexualidade*. Tereza Rodrigues Vieira (coord). São Paulo: Jurídica Brasileira, 2004, p. 107-122.

––––. Bioética em estados transexuais. *In Bioética Clínica*. Cícero de Andrade Urban (org.). Rio de Janeiro: Revinter, 2003. p.410-421.

————. Aspectos psicológicos, médicos e jurídicos do transexualismo. In Psicólogo Informação. Ano 4, n° 4, jan/dez, 2000. Disponível em http://editora.metodista.br/Psicologo1/psi05.pdf, acessado em maio de 2005.

VILLELA, W. V e Arilha M. Sexualidade, Gênero e Direitos Sexuais e Reprodutivos p. 95-145. Berquó, E. Sexo & Vida – Panorama da Saúde Reprodutiva no Brasil, org. Elza Berquó. Campinas, SP: Unicamp, 2003.

ZAMBRANO, E. *Trocando os Documentos – Um Estudo Antropológico sobre a Cirurgia de Troca de Sexo* [Dissertação de Mestrado] Orientadora Profa. Dra. Ceres Victora. Universidade Federal do Rio Grande do Sul. Instituto de Filosofia e Ciências Humanas. Programa de Pós-Graduação em Antropologia Social, 2003.

————. *Transexualismo e cirurgia de troca de sexo no Brasil: Diálogo entre a medicina e o direito.* Disponível em http://www.ciudadaniasexual.org, acessado em 07/Mar/2005.

— 6 —

A influência religiosa no enfrentamento jurídico de questões ligadas à cidadania sexual: Análise de um acórdão do Tribunal de Justiça do RS[1]

ROBERTO ARRIADA LOREA[2]

Sumário: Introdução; 1. Noção de Família; 2. Casamento e procriação; 3. Casamento entre pessoas do mesmo sexo; 4. Homossexualidade como patologia; 5. Jurisdição Secular [vs. Eclesiástica]; 6. Liberdades laicas; Referências bibliográficas.

Introdução

O presente artigo busca demonstrar que os argumentos utilizados em algumas decisões judiciais são, na verdade, argumentos de ordem religiosa, em desacordo com o princípio da laicidade esculpido na Constituição Federal vigente no país. Essa realidade, porque violadora de princípios constitucionais, justifica, por si só, que se busque identificar esses argumentos, isolando-os, para que se possa rechaçar seu uso pelos operadores do Direito, notadamente a magistratura.

A relevância dessa questão está em que a exigência constitucional de que as decisões judiciais sejam fundamentadas,[3] abrange a natureza mesma

---

[1] Registro que os estudos para a realização do presente trabalho contaram com o apoio do Conselho da Magistratura do Tribunal de Justiça do RS, o qual autorizou meu afastamento da jurisdição para participar de eventos acadêmicos no *National Sexuality Resource Center*, na *San Francisco State University*, em 2005; e na *Red Iberoamericana por las Libertades Laicas*, no *Colegio de Mexico*, em 2006.

[2] Juiz de Direito no Rio Grande do Sul. Doutorando em Antropologia Social (UFRGS). Professor na Escola Superior da Magistratura, ESM/AJURIS.

[3] Artigo 93, inciso IX, da Constituição Federal: "todos os julgamentos dos órgãos do Poder Judiciário serão públicos, e fundamentadas todas as decisões, sob pena de nulidade, podendo a lei limitar a presença, em determinados atos, às próprias partes e a seus advogados, ou somente a estes, em casos nos quais a preservação do direito à intimidade do interessado no sigilo não prejudique o interesse público à informação".

Em Defesa dos Direitos Sexuais

dessa fundamentação, vedando que se utilizem argumentos de crença religiosa, pois a fé não pode ser imposta através do Poder Judiciário, sob pena de violação da separação entre Estado e igreja (artigo 19, inciso I) e da liberdade de consciência (artigo 5°, inciso VI), asseguradas na Constituição Federal.[4]

Além disso, o resultado da presente análise sugere que a utilização de argumentos calcados na crença religiosa vem em detrimento de uma análise mais completa do ordenamento jurídico brasileiro, chegando-se mesmo ao equívoco de utilizar "os costumes" para tratar fatos sociais que estão juridicamente regrados, como se fossem casos onde a lacuna jurídica autorizasse ao magistrado a buscar fontes secundárias para a aplicação do Direito no caso concreto.

Ainda mais grave, como se verá, chega-se mesmo a utilizar como justificativa para negar o acesso à cidadania, o fato de que ainda existem pessoas homofóbicas no Brasil, numa absurda subversão de valores, violadora de princípios constitucionais basilares da República.

Como pano de fundo para o presente trabalho, é importante explicitar a noção de cidadania sexual, que tem sido reconhecida como a capacidade de efetivo exercício da sexualidade, aliada aos direitos e deveres decorrentes do exercício da cidadania (Eadie, 2004: 203). Nesse sentido, tornamonos sujeitos de nossa sexualidade, quando adquirimos consciência de nosso direito a exercitá-la de forma livre e esclarecida. Desta noção decorre a exigência de que se dê eficácia ao arcabouço jurídico disponível para assegurar o exercício da cidadania brasileira, revelando-se a orientação sexual dos indivíduos como o que ela realmente é no direito brasileiro: um indiferente legal.

O tema do acesso ao casamento tem suscitado intensos conflitos ao longo dos últimos séculos. Desde os sempre lembrados casos de proibição de casamentos inter-raciais nos Estados Unidos, limitação que a Suprema Corte daquele país declarou inconstitucional em 1968, passando por casos, bem menos referidos, de segregação religiosa ocorridos no Brasil que apenas em 1863 regulamentou o casamento entre pessoas que professavam religião diferente da do Estado. Cumpre referir que tão-somente com o advento da República foi secularizado o matrimônio, disponibilizando-se

---

[4] Para os objetivos desse trabalho, torna-se relevante compreender a laicidade, pensada esta como um regime social de convivência cujas instituições políticas estão legitimadas pela soberania popular, e não (mais) por elementos religiosos (Blancarte, 2000). Ao enfrentar o tema da influência religiosa nas decisões judiciais, proponho "que os juízes são profundamente afetados por sua visão de mundo" (Portanova, 1992: 16) e que "O juiz que não tem valores e diz que o seu julgamento é neutro, na verdade, está assumindo valores de conservação. O juiz sempre tem valores. Toda sentença é marcada por valores. O juiz tem que ter a sinceridade de reconhecer a impossibilidade de sentença neutra" (Portanova, 1992: 74).

aos cidadãos o casamento civil, o que se deu após intenso debate que se prolongou por décadas.

Para fins de verificar a incidência de influência religiosa nas razões de decidir dos julgadores, a proposta metodológica do presente artigo é apresentar um estudo de caso, relativamente à natureza dos argumentos utilizados por ocasião do julgamento de um pedido de reconhecimento de união estável entre dois homens.

Tratando-se de um acórdão que julgou procedente o pedido inicial, torna-se interessante, para os objetivos desse trabalho, examinar os argumentos vencidos, que se revelam particularmente importantes, justificando-se o seu exame de modo mais aprofundado ao menos por dois motivos: Foram proferidos por ocasião de um julgamento do IV Grupo Cível do Tribunal de Justiça do Rio Grande do Sul, ou seja, participavam reunidas a 7ª e a 8ª Câmaras Cíveis do Tribunal, que são as únicas duas Câmaras com jurisdição na matéria de família, cuja competência é especializada na Justiça gaúcha.

Ainda, trata-se, a posição vencida nesse acórdão, de uma peça jurídica que recentemente foi utilizada pelo Ministério Público do Rio Grande do Sul como fundamento para se posicionar contra a adoção postulada por um casal formado por duas mulheres.[5]

Portanto, acredito que se trate de um acórdão cuja posição vencida é representativa de uma categoria de pensamento que, como pretendo demonstrar adiante, está atrelada a valores religiosos, os quais não deveriam informar as decisões judiciais.

Oportuno referir que não se está aqui afirmando que esses argumentos que serão examinados foram, por si só, responsáveis pela posição adotada nos votos vencidos. O que se pretende, nos estreitos limites desse trabalho, é verificar se esses argumentos são de caráter laico ou religioso e, conseqüentemente, se podem (ou não) integrar os fundamentos de uma decisão judicial. Transcrevo a seguir, parte dos argumentos utilizados por aqueles que ficaram vencidos no resultado final do julgamento:

Ora, a família é um fenômeno natural e que prescinde de toda e qualquer convenção formal ou social, embora não se possa ignorar que foram as exigências da própria natureza e da própria sociedade acatando os apelos naturais, que se encarregou de delinear e formatar esse ente social que é a base da estrutura de toda e qualquer sociedade organizada.

Toda e qualquer noção de família passa, necessariamente, pela idéia de uma prole, e foi a partir dessa noção que se estruturou progressivamente esse grupamento social, em todos os povos e em todas as épocas da história da humanidade. (...)

---

[5] Em decisão pioneira no Brasil, a VII Câmara Cível do TJRS, tendo como relator o Des. Luiz Felipe Brasil Santos, deferiu a adoção de duas crianças a um casal formado por duas mulheres. Nesse processo, o Ministério Público de segundo grau posicionou-se contrariamente ao pedido, utilizando, dentre outros argumentos, a fundamentação que é objeto de exame nesse trabalho.

A sociedade foi evoluindo até chegar à monogamia, como ocorre no mundo moderno e, particularmente, no mundo ocidental (...)

A própria união de um homem e uma mulher não casados deve ser examinada restritivamente, porque ela é excepcional. (...)

É que a lei diz que a família inicia com o casamento, e quando o legislador constituinte disse que *"para efeito de proteção do Estado, é reconhecida a união estável (...)"* e *"entende-se, também, (...) a comunidade formada por qualquer dos pais e seus descendentes"*, está excepcionando a regra geral de que a família começa com o casamento. E não se pode, por princípio elementar de hermenêutica, interpretar ampliativamente a exceção.

E entendo que constitui até uma heresia, data máxima vênia, dizer que tal forma de união possa ser considerada base da sociedade.(...)

Se o possível casamento entre dois homens constitui casamento inexistente pela ausência de um dos pressupostos materiais (condição de existência), não se pode considerar como união estável a união entre dois homens ou homossexuais. (...)

E não se pode admitir que uma união homossexual seja tratada com a dignidade de uma instituição que é a própria base da sociedade, que é a família, fonte geradora de princípios e da moral que deve nortear as relações interpessoais. (...)

Ora, os costumes vigentes no país ainda abominam o relacionamento homossexual, tratando não raro, de forma preconceituosa, com escárnio, com desrespeito, visto como uma doença ou, mesmo, com uma situação de imoralidade. (...)

Portanto, constitui uma afronta aos costumes admitir que a união homossexual possa ser erigida à categoria de entidade familiar e ser contemplada com os direitos postos na lei destinados a assegurar a "especial proteção do Estado", tal como ocorre na união estável.

Mas nem toda a relação amorosa constitui família e, no caso de homossexuais, a lei não permite a adoção de filhos, nem existe qualquer razão para que se estabeleça a priori um regime de bens para reger tais relações.

Finalmente, quero lembrar que o princípio constitucional de igualdade entre as pessoas, vedando discriminações, e, por extensão, também as decorrentes da orientação sexual, deve ser focalizado em consonância com os demais preceitos constitucionais.

Não se pode ignorar os valores e as instituições que a própria Carta Magna cuidou em preservar para que se possa ter uma sociedade mais equilibrada e saudável.

A família é protegida pelo Estado por ser a própria base da sociedade, cuidando o Estado para que nela se efetive o fenômeno natural da procriação.[6]

Metodologicamente, passarei a analisar a linha argumentativa desenvolvida pelos defensores da posição supratranscrita, sob quatro enfoques,

---

[6] A transcrição integral do acórdão nº 70011120573/2005 não seria viável no corpo do trabalho. Assim, com o intuito de proporcionar ao leitor uma visão do conjunto dos argumentos, para que possa aferir se a presente análise examina algum argumento fora do contexto em que foi utilizado, indico a leitura de todo o conteúdo do documento, que se encontra disponibilizado no sítio do Tribunal de Justiça do Rio Grande do Sul, www.tj.rs.gov.br e pode ser acessado, buscando-se pelo número, no *link* de jurisprudência.

a saber: a) concepção de família utilizada, onde demonstrarei quão questionável é a noção de família utilizada no argumento, especialmente quanto à idéia de uma sucessão dos modos de arranjos familiares até se atingir um modelo atual de caráter universalista, equívoco que resulta de uma visão evolucionista vigente no século XIX, mas já bastante questionada no momento atual; b) parte da noção de casamento como uma instituição destinada à procriação, numa interpretação descolada do Código Civil e atrelada à concepção sacralizada de casamento estabelecida no Código Canônico; c) desconsidera os saberes produzidos pela Medicina, Psicologia e Antropologia, para, reproduzindo a doutrina da Santa Sé, considerar a homossexualidade como uma patologia; d) deixa de aplicar a legislação brasileira, a qual protege juridicamente as manifestações afetivo-sexuais entre pessoas do mesmo sexo, para reproduzir o senso comum homofóbico contido nos textos produzidos pela Santa Sé sobre a questão das uniões entre pessoas do mesmo sexo.

1. Noção de Família

O primeiro aspecto a ser considerado na presente análise diz respeito à noção de "família natural", para dar visibilidade ao fenômeno da naturalização da família, principal estratégia utilizada pelo pensamento religioso no debate sobre questões de cidadania e sexualidade.

Para que se possa melhor compreender a pertinência da presente discussão – Secularização e Poder Judiciário – para o Direito de Família, convém referir Danièle Hervieu-Léger, quando a mesma afirma que a existência de uma "família natural" é obra de uma construção histórica (geralmente esquecida). Afirma, ainda: "Modernamente, operou-se a separação – face às novas técnicas anticoncepcionais e modernas tecnologias reprodutivas – entre casamento e procriação. A partir de então, impõe-se relativizar os conceitos de 'casal', 'casamento' e 'família', fazendo com que se perceba mais claramente a 'família natural' como o que ela realmente é: uma construção social, política, histórica e cultural" (Hervieu-Léger, 2003: 5).

A importância de se perceber a multiplicidade de possibilidades de organizações familiares favorece a compreensão de que não se está diante de uma "família natural". No dizer de Laburthe-Tolra: "As tradições de certas sociedades colocam particularmente em evidência o aspecto cultural, o lado artificial e construído da união matrimonial" (Laburthe-Tolra, 1999: 93).

Nesse sentido, revela-se ainda necessário o ensinamento de Lévi-Strauss: "Assim, pois, começa-se a ver que o problema da família não deve ser visto de uma maneira dogmática (...) ao considerarmos a grande diversificação das sociedades humanas que têm sido observadas desde o tempo de Heródoto, por exemplo, até os nossos dias, a única coisa que se pode dizer é que a família conjugal monogâmica é relativamente freqüente. Outrossim, os poucos exemplos de família não-conjugal, (mesmo nas formas poligâmicas) estabelecem de modo irretorquível que a elevada freqüência do grupamento social do tipo conjugal não decorre de uma necessidade universal" (Lévi-Strauss, 1956: 314).

Vê-se, assim, o quanto é questionável a noção de família calcada na natureza, decorrente de uma visão evolucionista, com propensão ao determinismo biológico, produtora de uma noção de família com um sentido "natural", como afirmado na fundamentação ora examinada e que deixa de contemplar a diversidade de modelos familiares que sempre existiu (Leach, 1982: 16-17; Comaroff, 1992: 3-7; Corrêa, 1994; Viana, 2000; Brauner, 2004; Heilborn, 2004Therborn, 2006;).

Sobre a questão da naturalização de uma determinada concepção de família, pode-se buscar ainda o enfoque filosófico. Argumentar em termos de "família natural", como esclarece Martha Nussbaum (2001), é um forma de argumento escorregadio, posto que o termo "natural" está longe de ser unívoco. Ao se afirmar uma relação R é "natural", pode-se estar recorrendo a uma, dentre quatro alternativas: 1. biologia: R é baseada num dom inato, numa tendência; 2. tradição: R é o único modo que nós conhecemos, as coisas sempre foram desse modo; 3. necessidade: R é o único modo possível, as coisas não podem ser de outro modo; 4. norma: R é o certo e o apropriado, o modo como as coisas deveriam ser.

Argumentos baseados no "natural" freqüentemente deslizam entre essas diferentes proposições, sem qualquer argumentação. Por certo que nenhuma dessas inferências é legítima: os costumes não estão fundados na biologia, e nossa limitação em conceber outros modos de convivência pode estar mais ligada à falta de imaginação do que a uma herança que justificasse a impossibilidade de modos alternativos. Claramente, a longevidade de um costume não demonstra que o mesmo é correto. (Nussbaum, 2001: 254).

Compreende-se, assim, que a utilização de argumentos deterministas, cujo uso tem sido recorrente por aqueles que defendem uma "naturalidade" da família, não resistem a uma análise adequada, revelando-se insustentáveis enquanto obstáculo à democratização do acesso ao casamento.

2. Casamento e procriação

Quanto à idéia de casamento[7] estar necessariamente associado à vontade de filhos, é preciso que se diga abertamente: não há qualquer sustentação jurídica para essa afirmação.

---

[7] Assumindo-se, como proposto pela posição vencida, que a família se inicia pelo casamento, não faria sentido que as exigências para a união estável ultrapassassem aquelas inerentes ao próprio casamento. Por essa razão, referir-se diretamente ao instituto do casamento tem por objetivo facilitar a compreensão do quanto está desamparada a tese adotada por aqueles que sustentaram a tese vencida.

No dizer de Daniel Borrillo, "Uma vez produzida a secularização do matrimônio, a característica da consumação (como união de duas carnes) do sacramento religioso é substituída pelo consentimento (como união de duas vontades) própria ao direito civil. Sendo o acordo de vontades, e não a *copula carnalis* o que faz a essência do matrimônio, a *conditio sine qua non* de sua existência não pode continuar sendo a diferença dos sexos das partes contratantes. Em outras palavras, para o direito secular, o que conta não é a natureza física da instituição, mas a sua dimensão psicológica. À carne sexuada da regra canônica, o direito moderno opõe o sujeito abstrato, livre e consciente" (Borrillo, 2006: 03).

Em primeiro lugar, fertilidade não é condição para o casamento, bastando, para chegar a tal conclusão, que se examinem os dispositivos legais pertinentes, a começar pelo artigo 1.511 do Código Civil, que define o casamento nos seguintes termos: "O casamento estabelece comunhão plena de vida, com base na igualdade de direitos e deveres dos cônjuges".

Trata-se de regular a relação entre cônjuges, sequer estabelecendo a oposição de sexos como pressuposto para o casamento, ao contrário da tese defendida pela posição vencida ao sustentar que: "Se o possível casamento entre dois homens constitui casamento inexistente pela ausência de um dos pressupostos materiais (condição de existência), não se pode considerar como união estável a união entre dois homens ou homossexuais".

Essa posição não aprofunda o debate sobre a questão, limitando-se a um enfrentamento formal.[8] Conforme já tive oportunidade de demonstrar, "o instituto do casamento, como regulado no ordenamento jurídico brasileiro, é passível de ser acessado por todas as pessoas, independentemente de sua orientação sexual" (Lorea, 2005: 31).

É dizer, tanto as pessoas estéreis ou mulheres que já atingiram a menopausa podem se casar, quanto podem permanecer casadas aquelas cujos filhos já são adultos e constituíram novas famílias.

Fosse outra a legislação, homens e mulheres teriam que provar sua capacidade reprodutiva para poderem acessar o instituto do casamento no Brasil. Estaríamos, então, frente a uma hipótese que não é desconhecida dos estudos antropológicos, como salienta, com absoluta pertinência para o caso em exame, Laburthe-Tolra: "O casamento é uma instituição no sentido de que deve se conformar a certas regras sociais que dão legitimidade

---

[8] Cabe registrar a crítica de Dalmo Dallari às decisões que se limitam aos aspectos formais da questão posta em lide: "É por esse caminho que os Tribunais de Justiça se reduzem a Tribunais de Legalidade e a magistratura perde a grandeza que lhe seria inerente se os juízes realmente dedicassem sua vida a promover justiça (...) Por um vício que se liga a anacronismos do ensino jurídico e que se agrava pela mentalidade dos juízes, é comum que os julgadores se preocupem quase que exclusivamente com os aspectos formais de suas decisões. São freqüentes as sentenças e os acórdãos recheados de citações eruditas, escritos em linguagem rebuscada e centrados na discussão de formalidades processuais, dando pouca ou nenhuma importância à questão da justiça das decisões" (Dallari, 2002: 97).

à aliança, mesmo se a vida sexual fora do casamento é mais ou menos tolerada em toda parte, com suas próprias regras, muito variáveis, como já foi dito, de uma sociedade a outra: por exemplo, aqui a virgindade da moça deve ser conservada e comprovada na noite de núpcias, ali ela só poderá se casar se uma maternidade anterior comprovou a sua fecundidade" (Laburthe-Tolra, 1999: 81).

Todavia, mesmo que fosse exigível a procriação como requisito para se ter o direito de casar (constituir família), ainda assim seria equivocada a premissa do argumento lançado no acórdão, porque restrita, sem qualquer justificativa, à hipótese de filiação biológica. Como esclarece Françoise Héritier "Não existem, até nossos dias, sociedades humanas que sejam fundadas unicamente sobre a simples consideração da procriação biológica ou que lhe tenham atribuído a mesma importância que a filiação socialmente definida. Todas consagram a primazia do social – da convenção jurídica que funda o social – sobre o biológico puro. A filiação não é, portanto, jamais um simples derivado da procriação. É uma terceira constante" (Héritier, 2000:102).

Portanto, mesmo na hipótese de que fosse a procriação um requisito para o casamento, esta poderia se dar através da adoção, o que invalidaria a referência à capacidade reprodutiva em termos biológicos.

De resto, para não deixar de enfrentar o rigor formal inerente à celebração da família através do contrato de casamento, convém explicitar que também o capítulo III do Código Civil, ao tratar dos impedimentos ao casamento, não faz qualquer alusão à capacidade reprodutiva dos cônjuges, fazendo certo que não há lugar para uma tal exigência por parte do Poder Judiciário.

Para que fique bem definido que não há suporte legal à tese de que o casamento tem por fim a procriação, convém aprofundar o exame desse ponto. É que, se por um lado o Código Civil não estabelece qualquer vinculação entre casamento e reprodução, por outro, a Constituição Federal assegura que o casamento esteja, a critério dos cônjuges, dissociado da procriação. Para tanto, estabelece o artigo 226, § 7º, da Constituição Federal: "Fundado nos princípios da dignidade da pessoa humana e da paternidade responsável, o planejamento familiar é livre decisão do casal, competindo ao Estado propiciar recursos educacionais e científicos para o exercício desse direito, vedada qualquer forma coercitiva por parte de instituições oficiais ou privadas".

Esse dispositivo estabelece a liberdade de o casal decidir sobre ter ou não ter filhos; o número de filhos; e qual o espaçamento entre os mesmos. Garante também o direito de acesso aos recursos educacionais e ferramentas tecnológicas disponíveis, seja para ter filhos, seja para não tê-los.

É dizer, em matéria de direitos sexuais e reprodutivos,[9] compete ao Estado assegurar que a vontade do casal seja soberana num ou noutro sentido, sendo-lhe vedada qualquer interferência contrária à vontade do casal, sob pena de violação da cidadania sexual.

Constatada, portanto, a inexistência de qualquer amparo legal à exigência de capacidade reprodutiva dos cônjuges, desvendar qual a natureza desse argumento se torna uma necessidade, para que se possa avaliar a sua licitude.

Na legislação eclesiástica podermos encontrar uma provável origem para o argumento, de vez que no cânone 1.055, § 1º, do Código de Direito Canônico, aparece uma definição de casamento, na qual, diferentemente da lei civil, está contemplada a sua finalidade reprodutiva nos seguintes termos: "O pacto matrimonial, pelo qual o homem e a mulher constituem entre si consórcio para toda a vida, por sua índole natural ordenado ao bem dos cônjuges e à geração e educação da prole, entre batizados foi por Cristo Senhor elevado à dignidade de sacramento" (Hortal, 2005: 479).

Percebe-se, então, que essa é justamente a concepção de família natural utilizada como fundamento para a decisão judicial em exame, a qual adota a procriação como requisito para a constituição da família.

Sabendo-se, agora, que a exigência não tem origem na legislação secular, mas sim no Código Canônico, é forçoso reconhecer que se trata de utilizar um fundamento calcado na fé cristã, como se fora um argumento de ordem pública, que fosse passível de ser imposto a todos os cidadãos através do Poder Judiciário.

Isso porque há dispositivos constitucionais que asseguram ao cidadão que o enfrentamento judicial de suas demandas não esteja contaminado por convicções pessoais de ordem religiosa, como, por exemplo, o artigo 5º, incisos VI e VIII, e artigo 19, inciso I, da Constituição Federal (Palomino, 2005; Welter, 2004; Roaro, 1998).

Ao assegurar a laicidade, o Estado não se limita apenas a assegurar a co-existência pacífica entre diferentes credos. Tão importante quanto garantir a liberdade de crença, é o fato de que a laicidade garante o direito de divergir da hierarquia de sua própria igreja, contemplando a diversidade existente no seio de uma mesma doutrina religiosa.[10]

---

[9] No mesmo sentido, garantindo os direitos sexuais e reprodutivos, especialmente no que tange à autonomia das mulheres em relação ao livre exercício de sua sexualidade, surgem a Conferência do Cairo (1994), e a Conferência de Beijing (1995). Ambos os documentos são textos internacionais produzidos pela Organização das Nações Unidas e têm o Brasil como Estado signatário.

[10] Sobre o distanciamento da atual doutrina católica em relação às escrituras sagradas, no que tange ao tema das uniões entre pessoas do mesmo sexo, ver "Christianity, Social Tolerance, and Homosexuality. Gay People in Western Europe From the Beginning of the Christian Era to the Fourteenth Century" de John Boswell.

Em Defesa dos Direitos Sexuais

Essa é a razão pela qual, no Brasil, um casal católico pode se divorciar sem que seja permitido ao magistrado negar o divórcio com base em sua própria convicção religiosa ou, ainda, sob o argumento de que a doutrina católica não admite o divórcio e portanto um casal católico não poderia infringir um dogma de sua própria igreja.

Isso porque, com o fim da Monarquia, consolidou-se a separação entre Estado e igreja no Brasil. Tratando da questão do acesso ao casamento por pessoas não-católicas e secularização do casamento no Brasil do século XIX, afirma Lordello: "Pelo Decreto nº 119-A de 7 de janeiro de 1890, que separava a Igreja do Estado, o Reino dos Homens tinha afinal real possibilidade de adquirir preeminência sobre o matrimônio. Essa foi uma das primeiras providências da República, de tal forma angustiava a quantos eram atingidos pela discriminação religiosa que se impusera no Império nesse particular. A separação dos poderes temporal/espiritual era tão urgente que no dia 9 de dezembro de 1889 foi apresentado o projeto e já em 7 de janeiro de 1890 vigorava a lei" (Lordello, 2002: 144).

3. Casamento entre pessoas do mesmo sexo

A proposta desse trabalho dispensa uma revisão da doutrina acerca do reconhecimento jurídico das uniões entre pessoas do mesmo sexo, na medida em que o foco está centrado na questão da natureza dos argumentos utilizados em um determinado julgamento, escolhido para um estudo de caso.[11]

Para tanto, um terceiro aspecto que deve ser enfrentado diz respeito ao fato de que a doutrina católica tem posição definida, através de documentos oficiais do Vaticano, acerca dos projetos de reconhecimento legal de uniões entre pessoas homossexuais.

Assim, em face de demandas judiciais que versam justamente sobre essa questão, é preciso ter o cuidado de verificar se as soluções encontradas pelo Poder Judiciário contêm argumentos capazes de serem justificados por sua razoabilidade ou, diferentemente, se estão informadas por textos religiosos cuja utilização no campo do direito secular viola a Constituição Federal.[12]

---

[11] Sobre a trajetória internacional dos reconhecimentos legais de uniões entre pessoas do mesmo sexo e sobre o debate acerca do tema, ver: Wolfson, 2004; Mohr, 2005; Sullivan, 2004; Kotulski, 2004. Tomando em conta as questões do Direito brasileiro: Rios, 2001; Golin *et all*, 2003, Matos, 2004.

[12] Embora esse trabalho não vise a debater o aspecto jurídico da questão, porquanto o que se pretende mapear é a influência religiosa contida nos argumentos do acórdão, convém referir que a defesa de soluções alternativas à democratização do acesso ao casamento não parece ser a melhor solução para a desigualdade de tratamento em função da orientação sexual. Especialmente com relação às propostas de parcerias civis, como o Pacto Civil de Solidariedade (PaCS) adotado na França, sobre o qual afirma Daniel Borrillo "Os casais homossexuais encontram-se em situação de inferioridade jurídica. Diferentemente do casamento, o PaCS não dá direito algum relativo à filiação, não concede automática e

Nessa linha de raciocínio, pode-se começar a investigação pelo seguinte trecho do acórdão, que merece detida análise: "E entendo que constitui até uma heresia, data máxima vênia, dizer que tal forma de união possa ser considerada base da sociedade".

Primeiramente, é preciso encontrar o significado do termo *heresia* no contexto de uma decisão judicial. Do vernáculo, colhe-se a definição do dicionário: "heresia. [Do gr. Haíresis, 'escolha', pelo lat. Haeresis + -ia] S. f. 1. doutrina contrária ao que foi definido pela Igreja em matéria de fé. 2. Ato ou palavra ofensiva à religião. 3. Fig. Contra-senso, tolice" (Ferreira, 1986: 889).

Que a utilização do termo *heresia* se refira a um contra-senso, uma tolice, traduz a (melhor) possibilidade de que se trate apenas de um equívoco decorrente da falta de conhecimento sobre o tema. Mesmo assim, é preciso atentar para o fato de que a escolha do termo não é aleatória, nem desprovida de valoração, portanto, ainda que fosse utilizada no sentido figurado, trata-se de um termo carregado de significado negativo.

Como salienta Pierre Bourdieu, "o veredicto do juiz (...) pertence à classe dos *actos de nomeação* ou de *instituição*, diferindo assim do insulto lançado por um simples particular que, enquanto discurso privado – *idios logos* –, que só compromete o seu autor, não tem qualquer eficácia simbólica; ele representa a forma por excelência da palavra autorizada, palavra pública, oficial, enunciada em nome de todos e perante todos" (Bourdieu, 2001: 236).

A temática do casamento entre pessoas do mesmo sexo gera polêmica, notadamente por haver uma posição fortemente contrária à pretensão dos demandantes por parte da igreja católica. Polêmica essa que não recomenda o uso de termos carregados de significado religioso, que, no mínimo, colocam em dúvida a origem da posição sustentada na decisão judicial.

Não é presumível que se interprete a utilização de um termo lançado numa decisão judicial não pelo primeiro ou segundo significado encontrado no dicionário, mas apenas por um terceiro, assim mesmo revelador de um sentido que é significado no mundo jurídico, como atinente à legislação eclesiástica.[13]

---

imediatamente um visto de permanência ao estrangeiro, e não dá direito à transmissão de pensão em caso de morte do parceiro. (...) Os parceiros do PaCS não têm direito aos benefícios em matéria de acidente de trabalho, seguro velhice, férias concomitantes, e suas uniões não são reconhecidas fora da França" (Borrillo, 2005: 8). Soluções que se desviam da questão da democratização do instituto do casamento, abdicando de reivindicar o acesso ao casamento, independentemente da orientação sexual, conformam-se a uma concepção religiosa de família, reforçando a heteronormatividade e deixam de enfrentar a questão da igualdade na liberdade de escolha do cônjuge, que é pressuposto da dignidade da pessoa humana. (Lorea, 2005: 38; Arendt, 2004: 145).

13 Como se constata, por exemplo, no Vocabulário Jurídico Plácido e Silva, no qual o significado aparece como: "Heresia – Derivado do latim *haeresis*, no conceito em que lhe empresta o Direito Canônico, em sentido lato é todo erro involuntário contra alguma fé verdadeira. Mas, em sentido estrito, é o *erro voluntário e pertinaz*, contra dogma ou fé reconhecida como verdadeira pela Igreja" (Silva, 1993: 380).

Em Defesa dos Direitos Sexuais

Chama a atenção, contudo, a possibilidade, bastante provável diante do conjunto de toda a linha argumentativa até aqui examinada, de que se esteja afirmando, no corpo de uma decisão judicial, que a pretensão dos demandantes afronta a doutrina católica.

Não quero negar que haja uma contraposição à doutrina católica que pudesse levar ao reconhecimento da heresia, conforme se vê do cânone 751 do Código Canônico: "Chama-se heresia a negação pertinaz, após a recepção do batismo, de qualquer verdade que se deva crer como fé divina e católica, ou a dúvida pertinaz a respeito dela".

A gravidade reside no fato de que se utilize tal justificativa (incorrer em heresia) como argumento para negar o acesso à cidadania sexual no Estado Democrático de Direito.

Com o objetivo de examinar a posição da doutrina católica sobre o tema do reconhecimento jurídico das uniões entre pessoas do mesmo sexo, deve-se conhecer dois importantes documentos relativos ao tema publicados pela Congregação para a doutrina da fé. Ambos produzidos pelo então prefeito da Congregação, cardeal Joseph Ratzinger, ambos potenciais justificadores do uso da expressão *heresia* na linha de argumentação desenvolvida no julgamento.

O primeiro é de 1992, intitulado *Algumas reflexões acerca da resposta a propostas legislativas sobre a não-discriminação das pessoas homossexuais*. Destaco a seguinte passagem "Como acontece com qualquer desordem moral, a atividade homossexual impede a auto-realização e a felicidade da pessoa, porque é contrária à sabedoria de Deus".

Nas palavras de Luiz Mello, "Uma visão de mundo heterocêntrica e excludente é o fundamento a partir do qual a doutrina católica advoga a impossibilidade de a 'atividade homossexual' proporcionar 'auto-realização' e 'felicidade'. Um tal entendimento, contudo, está na contramão de tudo aquilo que os próprios homossexuais afirmam acerca de seu ideal de auto-realização e felicidade, o qual incluiria, em posição de absoluto destaque, a possibilidade de estabelecer relações afetivo-sexuais com outros de seu próprio sexo, sem ser objeto de discriminação social" (Mello, 2005: 175).

O segundo documento que merece ser considerado, ainda que sucintamente, é de 2003, denomina-se *Considerações sobre os projetos de Reconhecimento legal das Uniões entre Pessoas Homossexuais*. Dele, transcrevo: "O ensinamento da Igreja sobre o matrimônio e sobre a complementaridade dos sexos propõe uma verdade, evidenciada pela reta razão e reconhecida como tal por todas as grandes culturas do mundo".

Essas são pequenas amostras, suficientes para demonstrar a linha de pensamento que embasa a afirmação como a encontrada no acórdão, relativamente à possibilidade de uniões homossexuais também poderem servir de base à sociedade ser uma heresia.

Exatamente sobre essa possibilidade, manifestou-se a Associação Americana de Antropologia em documento intitulado *Declaração sobre família e casamento*. Publicado em 2004, esse documento foi uma resposta à pretensão do governo George W. Bush de aprovar no Congresso norte-americano uma emenda constitucional que banisse a possibilidade de casamento entre pessoas do mesmo sexo.

Na oportunidade assim foi redigida a declaração:

Declaração sobre o Casamento e a Família feita pela Associação Americana de Antropologia (AAA):

Os resultados de mais de um século de pesquisas antropológicas sobre unidades domésticas, relações de parentesco e famílias, em diferentes culturas e ao longo do tempo, não fornecem qualquer tipo de evidência científica que possa embasar a idéia de que a civilização ou qualquer ordem social viável dependa do casamento ser uma instituição exclusivamente heterossexual.

Ao contrário, as pesquisas antropológicas fundamentam a conclusão de que um imenso leque de tipos de famílias, incluindo famílias baseadas em parcerias entre pessoas do mesmo sexo, podem contribuir na promoção de sociedades estáveis e humanitárias.

Diante de uma manifestação dessa ordem, acerca do tema da inserção das uniões entre pessoas do mesmo sexo no conjunto da sociedade, parece evidente que apontar o saber antropológico como uma heresia não é suficiente para legitimar uma decisão judicial que suprime cidadania sexual.

4. Homossexualidade como patologia

Prosseguindo-se na análise da estreita co-relação entre os argumentos lançados no acórdão e a doutrina católica sobre o tema das uniões entre pessoas do mesmo sexo, encontram-se mais sobreposições, agora no que tange à errônea convicção de que a homossexualidade possa ser considerada uma patologia.

Para facilitar a compreensão desse ponto, pode-se afirmar, fazendo uso de uma figura de linguagem, que os distúrbios mentais estão relacionados no Código Internacional de Doenças como as infrações penais estão relacionadas na legislação penal. Não há crime sem lei anterior que o defina, afirma o princípio da legalidade.

Do mesmo modo, não se pode considerar como desordem a homossexualidade porque, conforme esclarece a médica psicanalista Elizabeth Zambrano: "segundo a Organização Mundial da Saúde, através do Código Internacional de Doenças – CID 10, a homossexualidade, em si, não deve ser considerada uma doença. Também o Manual de Doenças e Estatística

Em Defesa dos Direitos Sexuais **181**

da Sociedade Americana de Psiquiatria, na versão DSM IV, retirou a homossexualidade do seu código de doenças. Ambos os códigos são usados como referência para médicos em todo o mundo, com o objetivo de homogeneizar as classificações das doenças mentais. No Brasil, o Conselho Federal de Psicologia, pela resolução 001/99, afirma que a homossexualidade não constitui doença, distúrbio nem perversão e proíbe, sob pena de punição, que os psicólogos façam terapia psicológica em homossexuais, com vistas à cura da homossexualidade". (Zambrano, 2006: 28).

Conclui a autora, em apresentação dos resultados da pesquisa, que coordenou enquanto antropóloga, afirmando que "Atualmente, considera-se a homossexualidade como uma forma de expressão da sexualidade, entre outras. As opiniões contrárias são vistas como apoiadas, na sua maioria, em preconceito e/ou posicionamento ideológico" (Zambrano, 2006: 29).

Ao assumir que os relacionamentos afetivo-sexuais mantidos por homossexuais não contêm a mesma dignidade dos relacionamentos afetivo-sexuais mantidos por heterossexuais, está-se afirmando que pessoas com distintas orientações sexuais devem receber tratamento diverso por parte do Poder Judiciário.

Sobre o modo de enfrentar esse tratamento desigual, leciona Roger Rios: "A igualdade perante a lei – como já visto – só alcançará a universalidade do direito mediante a ruptura do modelo abstrato do sujeito de direito como pessoa heterossexual. Ao invés da cristalização da 'normalidade heterossexual' revelada tanto na invocação de 'direitos homossexuais' como no apelo ao 'direito à diferença', é necessário afirmar o 'direito à indiferença', pelo respeito às diversas modalidades de orientação sexual, todas sob o pálio de uma mesma regulação geral" (Rios, 2002: 131).

Não podemos esquecer, como leciona Pérez Luño (citado por Ingo Sarlet), que a dignidade da pessoa humana alcança uma dimensão intersubjetiva "partindo da situação básica do ser humano em sua relação com os demais (do ser com os outros), ao invés de fazê-lo em função do homem singular, limitado à sua esfera individual" (Sarlet, 2003: 111).

Do reconhecimento dessa dimensão da dignidade da pessoa humana decorre que a postura adotada no acórdão, de estabelecer uma hierarquia, inferiorizando uma determinada orientação sexual, viola a proteção à honra, à intimidade e ao livre desenvolvimento da personalidade, asseguradas na Constituição Federal (Sarlet, 2003: 113; Brauner, 2004: 276).

Tal postura é arbitrária (Alexy, 2002: 395) e discriminatória (Rios, 2002: 33), autorizando a crítica formulada por Dalmo Dallari, quando afirma que "O direito consagrou um princípio de que 'todos são iguais perante a lei', mas, além disso, é preciso afirmar que 'todos são iguais perante o juiz', como parte do pressuposto da igualdade de todos em direitos e dignidade" (Dallari, 2002: 147-148).

Para os limites desse trabalho, importa reconhecer que desvalorizar as uniões formadas por pessoas do mesmo sexo, como proposto no acórdão, é postura que se harmoniza ao conteúdo dos documentos produzidos pela Santa Sé, os quais afrontam os princípios constitucionais que regem o ordenamento jurídico brasileiro.

A seguinte passagem do supramencionado documento "Reflexões..." é emblemática dessa sintonia entre os fundamentos utilizados no acórdão e a posição da igreja católica:

A dignidade própria de cada pessoa deve ser respeitada sempre, nas palavras, ações e nas legislações. Todavia, a necessária reação diante das injustiças cometidas contra as pessoas homossexuais não pode levar, de forma alguma, à afirmação de que a condição homossexual não seja desordenada.

Quando tal afirmação é aceita e, por conseguinte, a atividade homossexual é considerada boa, ou quando se adota uma legislação civil para tutelar um comportamento, ao qual ninguém pode reivindicar direito algum, nem a Igreja, nem a sociedade no seu conjunto deveriam surpreender-se se depois também outras opiniões e práticas distorcidas ganharem terreno e se aumentarem os comportamentos irracionais e violentos.

Dois aspectos sobressaem no exame desta passagem assinada pelo então prefeito da Congregação para a doutrina da fé, hoje Papa Bento XVI.

O primeiro diz respeito à dimensão homofóbica dessa postura, para cuja compreensão é oportuno trazer o conceito de homofobia, na formulação de Daniel Borrillo: "O termo homofobia designa, assim, dois aspectos diferentes de uma mesma realidade: uma dimensão pessoal de natureza afetiva que se manifesta em uma repulsa aos homossexuais e uma dimensão cultural, de natureza cognitiva, na qual não é o homossexual enquanto indivíduo que é objeto da repulsa, mas a homossexualidade como fenômeno psicológico e social. Esta distinção permite compreender uma situação bastante difundida nas sociedades modernas, que consiste em tolerar e inclusive simpatizar com os membros do grupo estigmatizado, porém considerando inaceitável qualquer política de igualdade" (Borrillo, 2001: 23).

O segundo aspecto a ser destacado na linha de pensamento desenvolvida no documento "Reflexões..." remete à separação entre Estado e igreja, como salienta Luiz Mello, nos seguintes termos:

O estímulo do Vaticano à ativa ingerência dos representantes católicos na definição do arcabouço legal dos Estados laicos pode ser compreendido, assim, como uma clara manifestação de que a Igreja Católica não concebe que seus valores religiosos só podem ser definidos como legítimos para os seus fiéis. A tentativa de imposição de sua moral para o conjunto da sociedade é, portanto, uma manifestação de intolerância, que desconhece o respeito à diversidade como um dos fundamentos das sociedades pluralistas e democráticas (Mello, 2005: 183).

Em Defesa dos Direitos Sexuais

Conforta essa corrente de pensamento que está atenta para a secularização do mundo, especialmente no que tange às democracias modernas, a lição de Daniele Hervieu-Léger: "As instituições religiosas não podem mais pretender reger as sociedades. Suas atividades não se exercem legitimamente senão no interior de um campo religioso especializado e não têm abrangência para além de um grupo determinado de crentes voluntários." (Hervieu-Léger, 1987: 362-364).

Contudo, não se ignora que a intolerância religiosa na cena legislativa ainda encontra espaço no país, como se observou no curso das eleições de 2006. Foi amplamente divulgado pelos veículos de comunicação de massa, tornando-se fato público e notório, que o candidato derrotado ao governo do Rio de Janeiro, Senador da República, Marcelo Crivella (pastor licenciado da Igreja Universal do Reino de Deus) condicionou o seu apoio político no segundo turno a que o candidato, também Senador Republicano, Sérgio Cabral, retira-se do Congresso a proposta de emenda à Constituição que previa a união estável entre pessoas do mesmo sexo. O que realmente aconteceu.

O arranjo político foi largamente divulgado na mídia, reproduzindo a manifestação do Senador Crivella sobre a questão: "Sérgio Cabral aceitou minha ponderação. Isso é um princípio fundamental tanto da Igreja Católica quanto da evangélica, que são a maioria no Rio. Pedi a ele que revisse a posição e ele o fez. Assinou requerimento retirando o projeto, e achei isso um gesto muito importante".[14]

É um retrato do nível de influência religiosa a que está submetido o Congresso Nacional. Essa distorção viola a separação entre Estado e igreja estabelecida na Constituição Federal, impondo uma determinada concepção religiosa a milhões de cidadãos que não compartilham da fé do Senador Crivella ou que, professando essa mesma religião, compreendem que a atuação dos legisladores não deva estar sob sua influência.

Confirmando essa hipótese, a pesquisa de opinião realizada numa parceria Ibope/CDD[15] no Brasil (2005), aponta para uma expressiva divergência entre o pensamento da população brasileira católica e o discurso da hierarquia dessa mesma igreja, destacadamente no que diz respeito à separação entre Estado e igreja.

---

[14] Reproduzido, textualmente,dentre outro sites, nas seguintes páginas eletrônicas: http://www1.folha.uol.com.br/folha/brasil/ult96u84800.shtml; http://www.mulheresdeolho.org.br/?p=109 http://noticias.terra.com.br/eleicoes2006/interna/0,,OI1177526-EI6676,00.html; http://www.estadao.com.br/ultimas/ nacional/eleicoes2006/noticias/2006/out/05/273.htm

[15] Instituto Brasileiro de Pesquisa, notoriamente reconhecido como um importante instituto de pesquisa no Brasil, em parceria com a Organização Não Governamental, Católicas pelo Direito de Decidir, CDD. A metodologia e os resultados da pesquisa estão disponíveis no site da ONG: http://www.catolicasonline.org.br/outros/EstadoLaico.pdf

Os resultados do Ibope revelam que 85% dos católicos afirmam que o presidente da República deve governar segundo a diversidade de opiniões existentes no país, e não com base nos ensinamentos da igreja católica. Também 86% da população católica entrevistada acredita que legisladores e juízes devem tomar decisões com base na diversidade de opiniões existentes e não com base nos ensinamentos da igreja católica – hipótese em que a crença religiosa estaria se sobrepondo à lei.

5. Jurisdição Secular [*vs*. Eclesiástica]

Como afirmado ao início, o exame dos argumentos lançados, e a forma como estão organizados, sugere que a visão de mundo oriunda de uma perspectiva religiosa tende a obscurecer a interpretação dos fatos, à luz do arcabouço jurídico disponível, gerando uma forte tendência a antecipar soluções que não estariam autorizadas. É o caso de se acionar o "uso dos costumes", sem que antes se tenha esgotado a possibilidade de aplicação das normas que regulam a matéria *sub judice*.

Evitando-se aqui retomar o exame dos princípios constitucionais que norteiam o exame da matéria, como são o princípio da dignidade da pessoa humana e o princípio da não-discriminação, há que se referir que o estado do Rio Grande do Sul possui regramento legal específico, o qual, todavia, sequer se viu mencionado no julgamento, ao contrário.

Note-se que a Lei estadual nº 11.872, de 2002, harmoniza-se com os princípios constitucionais já referidos, quando estabelece o compromisso do Estado do Rio Grande do Sul com a defesa da liberdade de orientação sexual.

Dispõe o artigo 1º da referida lei: "O Estado do Rio Grande do Sul, por sua administração direta e indireta, reconhece o respeito à igual dignidade da pessoa humana de todos os seus cidadãos, devendo, para tanto, promover sua integração e reprimir os atos atentatórios a esta dignidade, especialmente toda forma de discriminação fundada na orientação, práticas, manifestação, identidade, preferências sexuais, exercidas dentro dos limites da liberdade de cada um e sem prejuízos a terceiros".

Frente a esse dispositivo legal, não há margem para que se deixe de aplicar a lei. Todavia, o que se vê no acórdão é uma adesão irrestrita à doutrina católica que sustenta a inexistência de direitos àquelas pessoas que têm práticas sexuais com pessoas do mesmo sexo.

Não fosse isso suficiente, há que se mencionar o Provimento nº 06/2004, do Tribunal de Justiça do Rio Grande do Sul, o qual alterou a Consolidação Normativa Notarial Registral, para o efeito de regrar a união entre pessoas do mesmo sexo, fazendo-o nos seguintes termos:

Em Defesa dos Direitos Sexuais

Art. 1º – Inclui-se o parágrafo único no artigo 215 da Consolidação Normativa Notarial Registral, com o seguinte teor:

Art. 215

(...)

Parágrafo único. As pessoas plenamente capazes, independentemente da oposição de sexo, que vivam uma relação afetiva, com ou sem compromisso patrimonial, poderão registrar documentos que digam respeito a tal relação. As pessoas que pretendam constituir uma união afetiva na forma anteriormente referida também poderão registrar os documentos que a isso digam respeito

Então, pode-se afirmar com segurança que, seja pela existência de lei estadual que dispõe sobre orientação e práticas homossexuais, protegendo-as legalmente, seja pela existência de norma administrativa emanada do Tribunal de Justiça, tutelando juridicamente as relações afetivo-sexuais entre pessoas do mesmo sexo, revela-se equivocado afirmar que "No caso em exame, cuidando-se de relações homossexuais, cuida-se de inexistência de fonte formal, ganhando relevância a incidência dos costumes e dos princípios gerais do direito".

Somente a hipótese de que estivesse esgotada a fase de aplicação dos princípios gerais do Direito legitimaria a busca da justiça nos costumes. Contudo, o preenchimento de uma lacuna (de fato inexistente) no ordenamento jurídico brasileiro acerca do tema, certamente autoriza o Poder Judiciário a invocar costumes contrários à lei, como fonte para a aplicação do direito no caso concreto. Mesmo que esses costumes estejam alicerçados na doutrina difundida pelos documentos produzidos pela hierarquia da igreja católica, pois sendo homofóbicos, é certo que violam a legislação secular vigente no Brasil.

Precisamente esse contraste, entre a doutrina católica e a lei civil, é que impõe que se faça uma leitura crítica do seguinte argumento utilizado no acórdão:

Ora, os costumes vigentes no país ainda abominam o relacionamento homossexual, tratando, não raro, de forma preconceituosa, com escárnio, com desrespeito, visto como uma doença ou, mesmo, como uma situação de imoralidade.

Explicitamente, está-se afirmando que as pessoas homossexuais não devem ter seus direitos respeitados em face da homofobia ainda existente no Brasil. Em outras palavras, seria o mesmo que afirmar que as pessoas negras não devem ter seus direitos respeitados em face do racismo ainda existente no Brasil.

Fundamentar o julgamento[16] no fato de que relacionamentos homossexuais são vistos de forma preconceituosa é uma afronta ao ordenamento

---

[16] Sobre a prática homofóbica no campo jurídico, oportuno registrar Didier Eribon, citado por José Lopes, quando afirma: "A injúria homofóbica inscreve-se em um contínuo que vai desde a palavra dita na rua que cada gay ou lésbica pode ouvir (veado sem-vergonha, sapata sem-vergonha) até as palavras

jurídico brasileiro, pois o artigo 3º, inciso IV, da Constituição Federal estabelece que é um objetivo fundamental da República promover o bem de todos, sem preconceito ou qualquer outra forma de discriminação.

Sendo assim, por se tratar de princípio fundante da República Federativa do Brasil, razão de sua existência, tal princípio deve orientar a interpretação de todo o ordenamento jurídico (Sarlet, 2003: 1000).

Conclui-se que não é razoável que o Poder Judiciário afirme que justamente o preconceito existente contra a orientação sexual dos demandantes é a razão para se negar o acesso à cidadania sexual, violando-se o princípio da não-discriminação assegurado na Constituição Federal.

A postura adotada no julgamento ignora também a vigência da lei estadual nº 11.872, de 2002, numa linha argumentativa que se ajusta, *qual mão à luva*, à doutrina católica antes examinada, a qual considera as práticas homossexuais como "um comportamento, ao qual ninguém pode reivindicar direito algum". Essa proposição se vê reproduzia na seguinte passagem do acórdão:

> Não deixa de causar perplexidade e constrangimento o fato de pessoas do mesmo sexo exteriorizarem, em locais públicos, manifestações de caráter erótico-afetivo, que são bem aceitos entre pares heterossexuais, como abraços, beijos e troca de carícias. Ou, até mesmo, de andarem abraçados ou de mãos dadas... E isso traduz o costume vigente no país.

É preciso lembrar que a legislação vigente protege o direito de pessoas do mesmo sexo exteriorizarem, em locais públicos, manifestações de caráter erótico-afetivo. É dizer, as práticas sexuais descritas no acórdão como atentatórias aos costumes estão protegidas pelo Estado, através da Lei estadual nº 11.872, de 2002, numa explicitação do alcance do princípio da não-discriminação, cujo conteúdo é objeto do artigo 1º (transcrito acima) dessa mesma Lei:

> Art. 2º – Consideram-se atos atentatórios à dignidade humana e discriminatórios, relativos às situações mencionadas no art. 1º, dentre outros:
>
> VII – a restrição à expressão e à manifestação de afetividade em locais públicos ou privados abertos ao público, em virtude das características previstas no art. 1º;
>
> VIII – proibir a livre expressão e manifestação de afetividade do cidadão homossexual, bissexual ou transgênero, sendo estas expressões e manifestações permitidas aos demais cidadãos.[17]

---

que estão implicitamente escritas na porta de entrada da sala de casamentos da prefeitura: 'proibida a entrada de homossexuais' e, portanto, até as práticas profissionais dos juristas que inscrevem essa proibição no direito" (Lopes, 2003: 22).

[17] O conteúdo do artigo 1º da Lei nº 11.872, de 2002, já está reproduzido acima. Também a Lei Orgânica do Município de Porto Alegre, em seu artigo 150, traz menção à obrigação de respeito às manifestações públicas de afeto entre pessoas do mesmo sexo.

Portanto, não é exagerado afirmar que a fundamentação da posição vencida no acórdão deixa de aplicar a legislação vigente para, conformando-se à doutrina católica, negar direitos às pessoas com a orientação sexual voltada para o mesmo sexo.

Seria o caso de questionar qual o papel do Poder Judiciário, quando nega acesso à cidadania sexual em face da oposição de segmentos conservadores da sociedade cujo pleito se opõe à vigência do ordenamento jurídico, na medida em que têm suas crenças contrariadas pela legislação secular.

Retoma-se, em pleno século XXI, a tensão instalada no período da Monarquia do século XIX, quando se debatia a secularização do casamento no Brasil, confrontando-se os ideais republicanos com a doutrina da igreja católica.

Há ainda uma outra afirmação contida no acórdão que é digna de toda a preocupação, relativamente à interferência de valores religiosos na fundamentação da decisão judicial, diz respeito à afirmação de que "no caso de homossexuais, a lei não permite a adoção de filhos, nem existe qualquer razão para que se estabeleça a priori um regime de bens para reger tais relações".

Ao contrário do que está afirmado no acórdão, não há no ordenamento jurídico brasileiro qualquer obstáculo à adoção por casais homossexuais. (Lorea, 2005: 41). Nem haveria razão para uma tal restrição.

Quanto aos aspectos jurídicos que apontam o equívoco da afirmação, não são objeto desse trabalho, razão pela qual me reporto aos argumentos lançados nas recentes decisões do Poder Judiciário gaúcho que deferiram adoções para casais formados por pessoas do mesmo sexo.[18]

O que precisa ser aprofundado, que é o objetivo desse trabalho, são as razões pelas quais se está considerando que a adoção de crianças por casais formados por pessoas do mesmo sexo não é admitida no Direito brasileiro. Especialmente em face da inexistência de qualquer justificativa que pudesse amparar essa restrição.

Esse aspecto da questão deve ser enfrentado, haja vista a existência de manifestações da hierarquia da igreja católica sobre o tema, fazendo com que se mostre prudente examinar se não está havendo, também nesse ponto, uma contaminação da posição judicial pela posição religiosa.

Veja-se o que afirma o documento "Considerações..." já referido: "Como a experiência confirma, a falta da bipolaridade sexual cria obstáculos ao desenvolvimento normal das crianças eventualmente inseridas no

---

[18] Sentença do juiz Marcos Danilo Edon Franco, da Comarca de Bagé (28-10-2005), unanimemente confirmada pela VII Câmara Cível do Tribunal de Justiça do Rio Grande do Sul (caso nº 70013801592, julgado em 05.04.2006, Relator, Des. Luiz Felipe Brasil Santos). Sentença do juiz José Antônio Daltoé Cezar, da 2ª Vara da Infância e Juventude da Comarca de Porto Alegre (03-07-2006).

interior dessas uniões. Falta-lhes, de fato, a experiência da maternidade ou paternidade. Inserir crianças nas uniões homossexuais através da adoção significa, na realidade, praticar a violência sobre essas crianças, no sentido que se aproveita do seu estado de fraqueza para introduzi-las em ambientes que não favorecem o seu pleno desenvolvimento humano".

Sobre a impropriedade do conteúdo do documento, cabe referir que diversas entidades, representativas de categorias profissionais que atuam justamente para assegurar o bem estar das crianças, já se manifestaram favoravelmente à adoção de crianças por casais homossexuais.

São exemplos: Academia Americana de Psiquiatria da Criança e do Adolescente (1999); Academia Americana de Pediatria (2002); Associação Americana de Psicologia (1976), Associação Americana de Psiquiatria (1997), Associação Psicanalítica Americana (1997); Conselho Norte-americano sobre Crianças Adotáveis (1998); Academia Americana de Médicos de Família (2002); Associação Americana de Advogados (1995); Associação Americana de Antropologia (2004).[19]

A importância dessas manifestações não pode ser desconhecida da magistratura. A decisão judicial, necessariamente, deve alcançar o máximo de razoabilidade possível e, no caso da homoparentalidade por adoção, estando disponível essa enorme quantidade de dados, não se pode simplesmente ignorá-los.

E ignorar esses dados, afirmando a impossibilidade de adoção por casais homossexuais, seria não apenas criar obstáculo que não se encontra no ordenamento jurídico, mas, aliar-se à doutrina católica sobre a questão.

Portanto, a afirmação de que "Não se pode ignorar os valores e as instituições que a própria Carta Magna cuidou em preservar para que se possa ter uma sociedade mais equilibrada e saudável", remete à idéia de que existiriam valores cuja defesa, no caso concreto, justificaria a não-proteção da dignidade das pessoas homossexuais. Todavia, não esclarece[20] o acórdão que valores seriam esses e porque os mesmos estariam ameaçados através do reconhecimento do casamento entre pessoas do mesmo sexo.

---

[19] Os conteúdos das declarações estão disponíveis em www.hrc.org .

[20] Sobre a necessidade desse esclarecimento, afirma Jane Pereira "O vocábulo ponderação, em sua acepção mais corrente, significa operação hermenêutica pela qual são contrabalançados bens ou interesses constitucionalmente protegidos que se apresentam em conflito em situações concretas, a fim de determinar, à luz das circunstâncias do caso, qual deverá prevalecer. Nas palavras de Chester Antieau, neste método o 'Tribunal Constitucional identifica os interesses sociais opostos, reconcilia-os se possível, e, se a reconciliação não é possível, determina que naquelas circunstâncias um dos interesses deve prevalecer, com uma explicação para a comunidade do porquê decidiu assim'. '' (Pereira, 2006: 261). No mesmo sentido, através de uma análise histórica da Ciência do Direito, Ariani Sudatti, anota em substituição ao juiz que se limitava a ler a lei, após o advento do art. 4º, do Código Napoleônico, molda-se o juiz que interpreta a legislação e, portanto, surge a necessidade de motivação das decisões. "Agora, a sentença surge como um discurso racionalmente estruturado, capaz de convencer os interlocutores que lhe figuram como destinatários diretos ou indiretos. As partes, os juízes superiores, a sociedade como um todo, devem reconhecer na decisão, um certo critério de razoabilidade" (Sudatti, 2003: 32).

Como afirma Eric Posner, os opositores do casamento entre pessoas do mesmo sexo deixam de articular os argumentos religiosos que estão implícitos nessa postura, limitando-se a uma vaga menção à subversão do casamento (e da família), mas não descrevem o processo através do qual essa subversão poderia ocorrer (Posner, 200: 84). Trata-se de adesão ao senso comum homofóbico difundido pela doutrina católica.

Desde uma perspectiva laica, conforme já teve oportunidade de afirmar a Suprema Corte de Massachusetts, em julgamento de 2003 (Sullivan, 2004: 112), reconhecer o direito de um indivíduo se casar com uma pessoa do mesmo sexo não irá diminuir a validade ou dignidade do casamento entre pessoas do sexo oposto. Estender o casamento civil para casais do mesmo sexo reforça a importância do casamento para os indivíduos e para a comunidade.

De resto, como afirma Luís Barroso (2006: 352): "apenas será possível controlar a argumentação do intérprete, se houver uma argumentação explicitamente apresentada. (...), mas quando uma decisão judicial envolver a técnica da ponderação, o dever de motivar torna-se mais grave. Nesses casos, como visto, o julgador percorre um caminho mais longo e acidentado para chegar à conclusão. É seu dever constitucional guiar as partes por essa viagem, demonstrando, em cada ponto, porque decidiu por uma direção ou sentido e não por outro".

É o caso da argumentação analisada que, para afastar a aplicação do princípio da dignidade da pessoa humana, limita-se a ponderar com uma vaga idéia de promoção de "uma sociedade equilibrada e saudável", revelando-se nula, pois desatende o comando constitucional que impõe a fundamentação das decisões judiciais – artigo 93, inciso IX, da Constituição Federal.

6. Liberdades laicas

As liberdades laicas (art. 5º, VI, da CF), enquanto garantias fundamentais, consistem em uma limitação à atuação administrativa, legislativa e judicial do Estado Democrático de Direito. É dizer, o princípio da liberdade religiosa contém uma importante dimensão negativa, em que pese essa noção não receba a necessária visibilidade no cenário jurídico brasileiro.

Dentre outros reflexos, posto que não é o foco desse trabalho apresentar o quadro geral das liberdades laicas, limito-me a destacar, como decorrentes das liberdades laicas, o direito à imunidade à coação estatal e o direito de não revelar a própria convicção religiosa.[21]

---

[21] A corrente de pensamento que defende a inércia do Estado frente ao uso de símbolos religiosos no espaço público, alegando ser obrigação da pessoa lesada invocar o seu desconforto frente à presença de símbolos religiosos, desconhece o direito do cidadão a não revelar a própria convicção religiosa.

Para uma melhor compreensão dessa postura devida ao Estado laico, é preciso ter em mente que o Estado não pode ficar neutro frente ao exercício da liberdade religiosa. Ele deve tomar partido, assegurando a sua promoção, posto que se trata de um princípio basilar das democracias modernas.

Contudo, não é correto afirmar que o Estado tenha interesse em promover a religião em si mesma. Sobre a confusão entre garantir a liberdade religiosa e valorar positivamente a religião, elucida Marco Palomino: "Isto não é dizer que o Estado valore positivamente a religião, pois segundo nossa firme posição isso não é conseqüência necessária do princípio da cooperação ou do princípio da liberdade religiosa e, ademais, viola a necessária neutralidade estatal frente às crenças, sejam estas ideológicas ou religiosas" (Palomino, 2005: 349).

A imposição – via decisão judicial – de uma determinada visão de mundo, calcada na fé, viola a liberdade religiosa. Como destaca Daniel Sarmento, "a laicidade do Estado não se compadece com o exercício da autoridade pública com fundamento em dogmas de fé – ainda que professados pela religião majoritária –, pois ela impõe aos poderes estatais uma postura de imparcialidade e eqüidistante em relação às diferentes crenças religiosas, cosmovisões e concepções morais que lhes são subjacentes" (Sarmento, 2006: 116).[22]

No caso específico do casamento entre pessoas do mesmo sexo, parece ainda necessário trazer à lembrança a distinção entre as diferentes visões do casamento: a primeira, religiosa, propõe um sacramento nos moldes em que concebido no Concílio de Trento, em 1563: "Se alguém disser que o Matrimônio não é verdadeiro e propriamente um dos sete Sacramentos da lei Evangélica, instituído por Cristo nosso Senhor, porém, inventado pelos homens na Igreja, e que não confere a graça, seja excomungado".

Essa visão do casamento como uma instituição sagrada, todavia, foi superada no Brasil quando da queda da Monarquia. Oportunidade em que o Estado brasileiro consolidou a separação entre Estado e igreja, conforme expresso na Constituição de 1891: "A República só reconhece o casamento civil, cuja celebração será gratuita".

Constatada a laicidade do Estado brasileiro, é necessário que se observe, como destaca Alexandre de Moraes, que "a liberdade de convicção

---

[22] No mesmo sentido, Ariani Sudatti, manifestando-se acerca da necessidade de razoabilidade nas decisões judiciais, sustenta que "O juízo que emana de um juiz ou tribunal, depois do trânsito em julgado da sentença, é lei entre as partes. Ou este juízo se pauta em critérios identificáveis e passíveis de racionalização ou está fadado à arbitrariedade" (Sudatti, 2003: 13). Também Luís Barroso e Ana Barcellos, "no caso da interpretação constitucional a argumentação assume, muitas vezes, um papel decisivo: é que o caráter aberto de muitas normas, o espaço de indefinição de conduta deixado pelos princípios e os conceitos indeterminados conferem ao intérprete elevado grau de subjetividade. A demonstração lógica adequada do raciocínio desenvolvido é vital para a legitimidade da decisão proferida" (Barroso e Barcellos, 2006: 356).

religiosa abrange inclusive o direito de não acreditar ou professar nenhuma fé, devendo o Estado respeito ao ateísmo" (2006: 123).

Como visto ao longo do presente trabalho, ao assumir uma postura parcial, aderindo a uma determinada convicção religiosa, o Estado-Juiz viola os princípios republicanos, adotando uma postura opressiva, que atinge significativa parcela da população, a qual se vê religiosamente minorizada por não comungar do pensamento religioso que lhe impõe (ou tenta impor) o Poder Judiciário.

Pode-se afirmar, numa figura de linguagem, que no Estado Democrático de Direito, a Constituição é único Livro ao qual devem obediência os agentes do Estado – sejam governantes, legisladores ou juízes. Por isso mesmo, é devido aos agentes políticos, no exercício de suas funções, uma postura eqüidistante de todas as doutrinas religiosas.

Nesses termos, o discurso religioso encontra legitimidade somente entre os fiéis que voluntariamente aderem a uma determinada crença. Além dessa fronteira, os dogmas religiosos se mostram completamente fora de lugar, especialmente quando surgem revestidos de uma pretensa racionalidade científica.

Essa discussão adquire novos contornos quando a Lei n° 11.340, de 2006, traz uma nova definição do que seja a família, que passa a ser juridicamente compreendida como a "comunidade formada por indivíduos que são ou se consideram aparentados, unidos por laços naturais, por afinidade ou por vontade expressa; independentemente de orientação sexual" (art. 5°, inciso II, e parágrafo único).

A nova definição legal da família brasileira se harmoniza com o conceito de casamento "entre cônjuges" do art. 1.511 do Código Civil, não apenas deixando de fazer qualquer alusão à oposição de sexos, mas explicitando que a heterossexualidade não é condição para o casamento. Derruba-se, enfim, a última barreira – meramente formal – para a democratização do acesso ao casamento no Brasil. Trata-se de uma conquista republicana a ser festejada, cuja magnitude remete a outros episódios históricos, como a normatização do casamento religioso para pessoas não-católicas em 1863, a instituição do casamento civil em 1890, e a aprovação do divórcio em 1977.

Não obstante, ficou demonstrado ao longo desse trabalho que diversos argumentos utilizados no enfrentamento jurídico de questões ligadas à cidadania sexual são de ordem religiosa, chegando-se mesmo a privilegiar a aplicação da doutrina católica em detrimento da aplicação da legislação vigente.

Diante da presente análise, espera-se que esse trabalho possa contribuir para o debate sobre liberdades laicas e as razões que retardam a implementação da cidadania sexual no Brasil, pois a presente reflexão sugere que também em outros temas ligados aos Direitos Sexuais, as razões de decidir dos juízes estejam contaminadas por dogmas religiosos, revelando-se a necessidade de se aprofundar a investigação acadêmica sobre esse tema, oportunizando-se uma leitura crítica das decisões do Poder Judiciário em matéria de cidadania sexual.

Referências bibliográficas

AAA, American Anthropological Association. *Statement on Marriage and the Family from the American Anthropological Association.* Disponibilizado no site http://www.aaanet.org/

ALEXY, Robert. *Teoría de los Derechos Fundamentales.* Madrid: Centro de Estudios Políticos y Constitucionales, 2002.

ARENDT, Hannah. *Reflections on Little Rock,* In (Andrew Sullivan) Same-sex Marriage, Pro & Com – A Reader. New York: Vintage Books, 2004, p. 145.

BLANCARTE, Roberto (compilador). *Laicidad y Valores em um Estado Democrático.* México: El Colégio de México, 2000.

———. *Entre la Fe y el Poder. Política e Religión en México.* México: Grijalbo, 2004.

BRAUNER, Maria Cláudia Crespo. *O pluralismo no Direito de Família brasileiro: realidade social e reinvenção da família.* In (Belmiro Welter e Holf Madaleno, coord.) Direitos Fundamentais do Direito de Família. Porto Alegre: Livraria do Advogado, 2004, p. 255-278.

BORRILLO, Daniel. *Homofobia.* La Biblioteca del Ciudadano. Barcelona: Edicions Bellaterra, 2001.

———. *O indivíduo homossexual, o casal de mesmo sexo e as famílias homoparentais: análise da realidade jurídica francesa no contexto internacional.* Artigo publicado na Internet: http://www.mundojuridico.adv.br em 2005. Acesso: outubro/2006.

———. *Matrimônio entre pessoas do mesmo sexo e homoparentalidade; uma nova etapa da modernidade política e jurídica.* Conferência proferida no Fórum do Casamento entre pessoas do mesmo sexo, no Centro de Estudos de Antropologia Social – Associação ILGA Portugal. Disponibilizado no site http://pwp.netcabo.pt/0170871001/DanielBorrillo.pdf. Acesso: setembro/2006.

BOSWELL, John. *Christianity, Social Tolerance, and Homosexuality. Gay People in Western Europe From the Beginning of the Christian Era to the Fourteenth Century.* Chicago: The University of Chicago Press, 1981.

BOURDIEU, Pierre. *O Poder Simbólico.* Rio de Janeiro: Bertrand Brasil, 2001.

COMAROFF, John; COMAROFF, Jean. *Ethnography and the Historical Imagination.* Oxford: Westview Press, 1992.

CORRÊA, Mariza. "Repensando a Família Patriarcal Brasileira". In *Colcha de Retalhos, estudos sobre a família no Brasil.* Campinas Editora da Unicamp, 1994, p. 15-42.

DALLARI, Dalmo de Abreu. *O Poder dos Juízes.* São Paulo: Saraiva, 2002.

DORTIER, Jean-François. *Histoire e diversité des formes familiales.* In (Jean-Frnaçois Dortier, coord.) Familles. Paris: Sciences Humaines Éditions, 2002, p. 27-30.

EADIE, Jo. *The Essential Glossary – Sexuality.* London: Arnold, 2004.

EVANS, David T. *Sexual Citizenship – The material Construction of Sexualities.* London/New York: Routledge, 1993.

FERREIRA, Aurélio Buarque de Holanda. *Novo Dicionário da Língua Portuguesa.* Rio de Janeiro: Editora Nova Fronteira, 1986.

Em Defesa dos Direitos Sexuais

GOLIN, Célio *et all* (orgs.). *A Justiça e os Direitos de Gays e Lésbicas – Jurisprudência Comentada*. Porto Alegre: Sulina, 2003.

HELBORN, Maria Luiza (org.). *Família e Sexualidade*. Rio de Janeiro: Editora FGV, 2004.

HÉRITIER, Françoise. *A coxa de Júpiter. Reflexões sobre os novos modos de procriação*. Revista Estudos Feministas, ano 8, vol. 1, 2000, pp. 99-114.

HERVIEU-LÉGER, Danièle. "Croire enm modernité : au-delà de la problématique dês champs religieux et politiques". In : Patrick MICHEL (org.) *Religion et Démocratie. Nouveaux enjeux, nouvelles approches*. Paris: Albin Michel, 1997, pp. 362-364.

——. "Preface". In Martine GROSS. *L'Homoparentalité*. Paris: Presses Universitaire de France, 2003, pp :5-8.

HORTAL, Jesús. *Código de Direito Canônico*. São Paulo: Edições Loyola, 2005.

KOTULSKI, Davina. *Why you should give a damn about gay marriage*. Los Angeles: Advocate Books, 2004.

LALLEMAND, Suzanne. *Familles Recomposées: la loi et non l'exception*. In (Jean-François Dortier, coord.) Familles, Paris: Sciences Humaines Éditions, 2002, p. 11-17.

LOPES, José Reinaldo de Lima. *O direito ao reconhecimento de gays e lésbicas*. In (Célio Golin *et all* – org.) A Justiça e os Direitos de Gays e Lésbicas – Jurisprudência comentada. Porto Alegre: Sulina, 2003.

LORDELLO, Josette Magalhães. *A secularização do casamento no Brasil do século XIX. Entre o Reino de Deus e o Reino dos Homens*. Brasília: Editora UnB, 2002.

LOREA, Roberto Arriada. *O amor de Pedro por João à luz do Direito de Família. Reflexões sobre o "casamento gay"*. Revista Brasileira de Direito de Família, ano VIII, n° 31, agosto-setembro de 2005, p. 31-38.

——. *Homoparentalidade por adoção no Direito brasileiro*. Revista do Juizado da Infância e Juventude, ano III, n° 5, 2005, pp. 37-44. Versão eletrônica disponível em http://jij.tj.rs.gov.br/jij_site/jij_site.home.

MATOS Ana Carla Harmatiuk. *União entre pessoas do mesmo sexo – aspectos jurídicos e sociais*. Del Rey: Beleo Horizonte, 2004.

MELLO, Luiz. *Novas Famílias. Conjugalidade homossexual no Brasil contemporâneo*. Rio de Janeiro: Garamond, 2005.

MOHR, Richard D. *The Long Arc of Justice – Lesbian and Gay Marriage, Equality, and Rights*. New York: Columbia University Press, 2005.

NUSSBAUM, Martha C. *Women and Human Development – The Capabilities Approach*. New York: Cambridge University Press, 2001.

PALOMINO, Marco Huaco. *Derecho de la Religíon. El principio y derecho de libertad religiosa em el ordenamiento jurídico peruano*. Lima: Fondo Editorial de la UNMSM, 2005.

PORTANOVA, Rui. *Motivações ideológicas da sentença*. Porto Alegre: Livraria do Advogado, 1992.

POSNER, Eric A. *Law and Social Norms*. Cambridge, MA: Harvard University Press, 2002, p. 84.

RIOS, Roger Raupp. *O princípio da igualdade e a Discriminação por Orientação sexual. A homossexualidade no Direito Brasileiro e Norte-Americano*. Porto Alegre: Editora Revista dos Tribunais, 2002.

——. *A homossexualidade no Direito*. Porto Alegre: Livraria do Advogado, 2001.

ROARO, Ester Martinez. Sexualidad, derecho y cristianismo. México: Instituto Cultural de Aguascalientes, 1998.

SARLET, Ingo Wolfgang. *A eficácia dos Direitos Fundamentais*. Porto Alegre: Livraria do Advogado, 2003.

SILVA, De Plácido e. Vocabulário Jurídico, Volume I, Rio de Janeiro: Forense, 1993, p.380

SULLIVAN, Andrew. *Same-sex marriage Pro & Com – A reader.* New York: Vintage Books, 2004.

THERBORN, Göran. *Sexo e Poder. A família no mundo, 1900-2000.* São Paulo: Editora Contexto, 2006.

TJRS, Tribunal de Justiça do Rio Grande do Sul. *Embargos Infringentes n° 70011120573*, IV Grupo Cível do Tribunal de Justiça do Rio Grande do Sul, julgado em 10/06/2005. Disponível em www.tj.rs.gov.br através de busca no link *jurisprudência*.

——. *Manual de Linguagem Jurídico-Judiciária*, 5ª edição, Porto Alegre: Departamento de Artes Gráficas do Tribunal de Justiça do Rio Grande do Sul, 2005.

VIANA, Rui Geraldo Camargo. "Evolução Histórica da Família Brasileira". In *A Família na Travessia do Milênio. Anais do II Congresso Brasileiro de Direito de Família.* Belo Horizonte, União OAB-MG, IBDFAM, 2000, p. 325-331.

WELTER, Belmiro Pedro. *A secularização do Direito de Família.* In (Belmiro Welter e Holf Madaleno, coord.) Direitos Fundamentais do Direito de Família. Porto Alegre: Livraria do Advogado, 2004, pp. 87-102.

WOLFSON, Evan. *Why marriage matters – America, Equality, and Gay People's Right to Marry.* New York: Simon & Schuster Paperbacks, 2004.

ZAMBRANO, Elizabeth *et al. O Direito à Homoparentalidade – cartilha sobre famílias constituídas por pais homossexuais.* Porto Alegre: Vênus, 2006.

Impressão:
Evangraf
Rua Waldomiro Schapke, 77 - P. Alegre, RS
Fone: (51) 3336.2466 - Fax: (51) 3336.0422
E-mail: evangraf.adm@terra.com.br